민속원 아르케북스 118 minsokwon archebooks

저주하는 일본인
저주받는 일본인
呪いと日本人

| 고마쓰 가즈히코 지음 |
| 김용의 외 옮김 |

민속원

한국어판에 부쳐

이번에 '저주'에 관한 필자의 작은 책이 전남대학교 김용의 교수의 노력에 의해 한국어로 번역·출판되었다. 이 책을 한국 독자들에게도 선보일 수 있게 되어 기쁘게 생각함과 동시에 김용의 교수를 비롯한 관계자분들에게 진심으로 감사드린다.

이 책은 연구자를 위해 썼다기보다는 일반 독자를 대상으로 일본의 역사와 문화에서 '저주'가 큰 역할을 담당해 온 사실을 되도록 알기 쉽게, 또 많은 자료를 소개해가면서 설명한 것이다.

'저주curse'란 신비한 방법으로 특정 개인이나 집단에게 죽음 또는 재액을 초래하게 하려는 행위이다. 즉 일반적으로 제삼자가 봤을 때, 신비한 방법으로 소망하는 상태를 만들어내고자 하는 '주술magic'의 탐탁지 않은 용법으로 간주된다. 그러나 저주를 행하는 자에게는 부득이한 행위이며, 또한 제삼자에게도 그것이 바람직하지는 않지만 동정할만하다고 여겨지는 경우도 있다. 예를 들면 무도한 방법으로 육친이 살해당하고, 사회적인 방법으로는 살인자를 벌할 방법이 없다고 판단하여 저주로써 복수하고자 하는 경우, 제삼자도 이를 무조건 비난하지는 못할 것이다.

물론 대부분의 현대 일본인은 저주의 유효성을 부정할 것이다. 메이지 유신明治維新 이후, 일본 사회가 서구 문물을 수입하여 과학적·합리적인 사고방식을 체득하는 과정에서 저주는 '미신'으로서 부정되고 박멸당해 왔다.

그렇지만 일본의 역사를 돌아봤을 때, 저주를 믿은 시대가 있어서 저주가 국가 정치를 좌우하거나 개개인의 운명을 망쳤으며, 혹은 문학과 미술, 예능 등에도 중요한 요소로서 이야기되거나 그림으로 그려온 사실이 존재했다. 일본의 역사와 문화를 생각할 때, 저주의 역할을 직시하지 않고 '미신'이라며 무시해버려서는 안 되는 것이다.

그럼에도 불구하고 일본에서는 지금까지 '저주의 역사'나 '저주의 사회학'이라는 다양한 관점에서 '저주론'을 성실하게 논한 경우는 없었다. 필자는 평소부터 저주는 일본 문화사 이해를 위한 필수 불가결의 문화요소라고 생각하고 있었기 때문에 여러 기회를 통해 저주에 관한 자료를 축적하고 있었다. 그리고 다행히 그 자료를 선보일 기회를 얻었으므로 일본의 저주 역사를 개설하는 본서를 엮어보았다.

　　앞서 말했듯이 대부분의 현대 일본인은 저주의 유효성을 믿지 않는다. 하지만 일상생활에서 저주라는 말을 배제하고 있는 것은 아니다. 이 말은 다양한 국면에서 사용되고 있다. 예를 들면 어떤 사람에게 심한 경우를 당한 사람이 상대방에게 "평생 원망할 테다."라는 말을 던질 때와 "평생 저주할 테다."라는 말을 던질 때 상대방에 대한 '마음'은 다르다. '원망'보다 '저주'라고 하는 편이 훨씬 그 '마음'의 깊이가 심오한 것이다. 그리고 때로는 심한 처사를 한 사람도 그 말을 들었기 때문에 자신의 행동을 반성하고 생활태도를 고칠지도 모른다. 이러한 경우에 '저주의 말'은 기존의 의미와는 달리 유효성을 발휘한 셈이다.

　　과거에 '저주'는 어떠한 사회라도 믿어온 시대가 존재하며, 그 비중에는 차이가 있을지라도 문화나 역사를 생성해 온 것은 틀림없는 사실이다. 한국에도 '저주'에 상당하는 말이나 행위가 있고, 그것을 믿은 시대가 있을 것이다. 본서를 통해 한국의 독자들이 일본의 '저주 문화'를, 더 나아가서는 한국의 '저주 문화'를 되돌아보는 데에도 도움이 되길 희망한다.

2018년 11월 30일

고마쓰 가즈히코小松和彦

차례

부록
———————— 190

왜 지금
'저주'를 문제 삼는가

왜 지금 '저주'를 문제 삼는가

'저주'를 찾아서

도쿄東京에 있는 어느 술집 주인이 젊은 시절에 바람을 심하게 피우고 다녔다. 이에 화가 난 부인이 신사神社에 가서 바람기를 잠재우는 주법呪法을 걸었더니, 뭔가 효험을 보이며 남편의 한쪽 발이 괴사와 같은 상태가 되어버렸다. 부인은 남편의 신발과 양말을 신목神木에 못으로 박아놓고 주문을 걸었다고 한다.

나는 이 이야기를 듣고 흥미가 생겼다. 이 바람기를 잠재우는 주법이 이른바 '우시노토키 마이리丑の時参り'[1]의 변형이라고 생각되었기 때문이다. 그래서 나는 저주에 관심을 가지고 있는 친구이자 사진작가인 나이토 마사토시內藤正敏와 함께 저주 공간을 찾아 여행을 하기로 하였다. 그리하여 우리는 그곳에서 여러 가지 저주증후군을 접하게 되었다.

---

1   일본의 저주의식이다. 축시(丑時)에 신사의 신목을 찾아가 저주하려는 대상의 대리물인 제웅(짚으로 만든 인형)을 못으로 박아놓는다. 축시는 새벽 1시에서 3시까지를 가리킨다.

먼저 첫날 머물던 곳인 교토京都 기타야마北山의 기부네 신사貴船神社²에서는 '연적은 병에 걸리고, 원하는 여성은 내 품으로'라는 내용이 적혀있는 에마繪馬³를 발견하였다. 기부네 신사는『에이가 이야기榮華物語』⁴에도 나오듯이 옛날 헤이안 시대平安時代⁵부터 저주를 들어 주는 곳으로 잘 알려진 신사이다. 장대비가 쏟아지는 가운데 그것도 한 밤중에, 이러한 역사적 배경을 지닌 기부네 신사의 숲이 울창한 경내를 방문하는 일은 솔직히 말해 기분 좋은 경험은 아니었다. 그러나 이곳이 우리의 저주와 관련된 사색 여행의 출발점으로 가장 걸맞다고 생각하였다. 그리고 예상대로 이곳은 여전히 저주신앙이 살아 숨 쉬고 있었다.

다음날 우리는 술집 주인을 저주했다는 신사에 가기로 하였다. 그 신사의 이름은 지요보이나리 신사千代保稲荷神社⁶로, 기후 현岐阜縣 가이즈 시海津市⁷ 히라타 정平田町에 있다. 기왕이면 축시丑時(오전 1시)에 가기로 하였다.

방문한 신사의 첫인상은 우리들의 기대감(공포심)을 저버렸다. 한밤중임에도 불구하고 경내는 조명이 휘황찬란하고 유흥업소 종사자와 취객으로 보이는 몇 커플이 참배하러 온 것이 아닌가. 나중에 들은 바로는 이 신사가 술장사가 번창하기를 기원하면 효험이 있다고 알려져 멀리 나고야名古屋에서 일부러 택시를 타고 오는 사람도 있다고 한다. 참배했다는 증거로 남긴 것인지 경내에는 유흥업소 종사자의 예명이 적힌 수많은 명함이 에마와 함께 봉납되어 있었다.

2　교토 시(京都市) 사쿄 구(左京區)에 있는 신사이다. 제신(祭神)으로 모시고 있는 오카미노카미(淤加美神)는 예로부터 기우(祈雨)의 신으로 신앙되었다. 수신(水神)으로서, 전국의 요식업자나 물 관련 업자들로부터 신앙되고 있기도 하다.
3　원래 소원을 빌 때나 소원이 이루어졌을 때 그 사례로 신사나 절에 말을 봉납하였다. 이것이 점차 말 그림을 그린 나무판으로 바뀌며 에마라고 부르게 되었다. 현재는 말 이외의 그림이나 글자를 넣은 에마도 사용된다.
4　헤이안 시대(平安時代, 794~1185) 후기의 이야기식 역사서이다. 작자 미상. 정편 30권과 속편 10권, 모두 40권으로 구성되어 있다. 후지와라노 미치나가(藤原道長, 966~1028)의 이야기가 중심을 이루는 가운데 헤이안 귀족의 생활상을 살펴볼 수 있는 작품이다.
5　일본 시대 구분의 하나이다. 수도를 나라(奈良)에서 교토(京都)로 옮긴 794년부터 가마쿠라(鎌倉)에 막부(幕府)가 설치된 1185년까지를 가리킨다.
6　교토 부(京都府)의 후시미이나리 신사(伏見稲荷神社), 아이치 현(愛知縣)의 도요카와이나리 신사(豊川稲荷神社)와 함께 일본 3대 이나리 신사(稲荷神社) 중 하나로 꼽히는 신사이다.
7　일본 혼슈(本州) 주부(中部) 지방의 기후 현 남서부에 위치하는 도시이다. 주요산업은 농업으로 벼, 보리, 오이, 토마토 등을 재배한다.

'우시노토키 마이리' 신앙은 현재도 존속하고 있다
© 나이토 마사토시

그런데 경내를 돌아다니던 중에 이상한 공간을 발견하였다. 신목으로 보이는 큰 나무의 주변에 울타리가 빙 둘러져 있는데 안을 들여다볼 수는 없었다. 자물쇠가 채워져 있지 않았기 때문에 문을 열어 보았다. 바로 그 순간 우리 눈앞에 이상한 광경이 나타났다. 한 아름은 될 것 같은 큰 나무에는 여러 가지 물건이 못으로 박혀 있었다. 구두, 일본식 나막신, 샌들, 슬리퍼, 양말, 팬티스타킹, 사진, 사람 형태를 그린 종이, 그리고 제웅[8]. 나이토 마사토시가 내심 흥분을 억누르면서 열심히 촬영한 것이 바로 왼쪽의 사진이다.

물론 그 중에는 재미삼아 박아 놓은 것으로 보이는 인형 종류도 있었다. 그러나 네 장이 한 세트로 되어 못이 박힌 사진에는 재미삼아 했다고는 도저히 생각할 수 없을 만큼 소름끼치는 분위기가 감돌고 있었다. 얼굴·가슴·하복부에 길이 약 15센티미터 정도의 대못이 박힌 한 여성의 수영복 차림 스냅사진 아래에는 그 여성의 약혼식·결혼식·피로연의 사진이 있고, 얼굴 부분에는 매직으로 ×표시가 그려져 있었다. 이것은 추측컨대 아마도 삼각관계에서 밀려난 여성이 상대방 여성을 불행하게 만들기 위해 저주한 것이리라. 그것도 결혼식과 피로연에 굳이 참석한 후의 일인 듯하다. 상당히 친한 사람이었을 것이다.

---

8 짚으로 만든 인형이다. 일본 민속세계에서 인형은 영적 대상물로서 질병퇴치, 오곡풍년, 자손번창을 기원하는 데 사용되거나 저주 목적으로 인간의 운명을 대신하는 역할을 하였다.

얇은 판자로 둘러져 있고, 사람 하나가 겨우 들어갈 수 있는 한 평 남짓한 이 공간에는 우리가 존재의 유무를 단언하지 못하게 만드는 그 '무언가'가 가득하였다. 적당한 말을 찾지 못했지만, 인간의 원념怨念이라고 해야 할까. 나는 촬영에 미련이 남은 나이토 마사토시를 다그쳐가며 서둘러 택시를 탄 순간, 솔직히 말해서 안도하였다. 택시를 타고 잠시 후, 정신을 차리고 보니 평소 냉정하고 침착한 나이토 마사토시의 코트 주머니 안에서 깜박 잊고 끄지 못한 회중전등이 번쩍거리고 있었다.

현대에도 이어지는 '저주하는 마음'

사람들에게는 많든 적든 누군가를 원망하거나 질투하거나 또는 저주하고 싶은 마음이 있다. '저 녀석이 없어진다면(죽는다면) 내 성적(회사 내에서의 지위)이 오를 텐데….'라고 생각하거나, 남의 발목을 잡아서라도 출세하려는 동료 혹은 매번 못살게 구는 동급생이 '불행해지면 좋겠다.'고 생각하는 것은 현대의 복잡한 인간관계에서 그다지 드문 일이 아닐 것이다. 이는 '원념'이라고 할 수 있는 것이다. 이 책에서는 이러한 인간의 마음을 '저주하는 마음'이라고 하기로 한다.

'저주'에는 또 다른 측면이 있다. 즉 이러한 '저주하는 마음'에 이끌려 누군가에게 위해를 가하기 위해서 실제로 주문을 외우거나, 도구를 사용하는 신비적인 방법에 호소하는 것이다. 이를 '저주 행위'라고 하기로 하자. 요컨대 '저주'는 '저주하는 마음'과 '저주 행위'가 한 세트가 되어 이루어진다.

그러나 내가 '저주'에 대해서 이렇게 정의했지만, 많은 현대인이 표면적으로는 '저주'를 믿지 않는 척한다는 것이 틀림없는 사실일 것이다. 특히 저주에 대해 이러쿵저러쿵 말하면, 과학적 이해 방법을 만능으로 여기는 우리 사회의 공동환상에서 일탈한 이상한 사람이라고 생각할 것임에 틀림없다.

현재는 신사에서 제웅이나 사진에 못을 박는 현장을 경찰이 발각한다고 해도 법률적으로는 처벌받지 않는다. 설령 저주받는 쪽에 '장해'나 '재액'이 생겼다고 해도 둘 사이에 과학적인 인과관계를 입증할 수 없기 때문이다.

그렇다고는 해도 사람들의 의식 깊은 곳에서 '저주하는 마음'이 완전히 없어진 것은 아니다. 솔직히 누구나 앞의 예와 같은 경우를 한 번쯤은 생각해보지 않았을까. 저주 따위는 비과학적이며 미신에 불과하다고 생각하는 한편, '혹시'라는 기분 또한 부정할 수 없을 터이다. 인간의 마음까지 '과학적'이 된 것은 아니기 때문이다.

그렇다면 '저주 행위'는 어떨까.

앞서 소개한 우리의 여행은 '저주'와의 만남을 위한 것이었다. 그러나 현대의 저주 사례는 고대 '저주'의 잔존이라고만은 할 수 없다. 내가 보기에 아무래도 현대인은 한때 잊고자 했던 '저주 행위'를 회복시키는 중인 듯하다.

현대 일본인이 공공연하게 행하고 있는 저주를 몇 가지 거론해 보자. 예를 들면 내가 저주에 관한 자료를 모으기 시작했을 무렵, 〈아사히 신문朝日新聞〉(오사카 판大阪版)의 석간 제1면에 기묘한 사진이 게재되었다. 신문의 설명에 따르면, 이 위아래를

거꾸로 걸린 해골 깃발
(〈아사히 신문〉 오사카 판 1986년 10월 20일)

거꾸로 한 해골 깃발은 아파트 주민들이 아파트 옆에 건축 중인 모 전기제조 공장으로 인해 일조권을 빼앗긴 점에 항의하기 위해서 걸어 놓은 것이라고 한다. 공장 건축 자체는 합법이기 때문에 법적으로는 싸울 수가 없었다. 그래서 호소할 곳이 없는 억울함을 분출하고자 이 거꾸로 걸린 해골 깃발을 즐비하게 세우기에 이르렀다. 이것은 바로 아파트 주민의 전기제조 공장에 대한 '저주하는 마음'이 만들어 낸 '저주 행위'라고 할 수 있다.

말할 것도 없이 해골은 '죽음'의 상징이다. 게다가 뒤에서 언급하겠지만, 일

본에서는 해골을 이용한 여러 가지 저주법이 옛날부터 존재하였다. 주민들이 의식하고 있었는지 아닌지는 제쳐두고, 또한 깃발의 위아래를 거꾸로 뒤집어 거는 행위는 이것 역시 일본의 전통적 저주법 중 하나이며 불만스러운 현재 상황을 주술로 역전시킨다는 의미를 지니고 있다.

앞의 사례는 현실 세계에서의 '저주 행위'이다. 이러한 시대 상황을 반영하기라도 하듯이 최근 다양한 미디어에 '저주' 또는 이와 유사한 내용이 당당히 등장하고 있다. 공포영화나 전기소설에서 '저주'는 이야기를 구성하는 중요한 모티프가 되었다.

누군가가 당신을 저주하고 있다

그런데 픽션의 세계에 등장하는 저주는 별도로 치더라도, 실제로 저주 행위에 이르렀던 사람들은 적어도 '저주'가 어떠한 형태로든 효과가 있다고 생각하고 있을 것이다. 효과가 없다고 생각하면서 저주를 걸지는 않기 때문이다. 신비적인 힘이 발동하지 않더라도 적어도 상대에 대한 '생각의 깊이'는 전달된다고 생각했던 것이다.

그렇다면 저주가 '걸리는' 쪽은 어떠할까. 현대에는 효과가 없다고 생각하는 사람들이 압도적으로 많을 것이다. 그러나 여기에 한 가지 큰 문제가 있다. 저주의 대부분은 사람들이 모르는 사이에 행해진다. 기후 현의 신사에서 봤던 못이 박힌 사진 속 여성도 자신이 저주받고 있다고는 꿈에도 생각하지 못할 것이다. 즉 당연한 일일지도 모르지만, 저주에 걸리는 쪽은 자신에게 저주가 걸리고 있다는 사실을 알지 못한다. 이러한 점에서 '저주'에 대한 신앙은 저주를 거는 쪽의 마음만으로도 성립된다는 것이 분명해진다.

좀 더 구체적으로 설명해 보자. 당신이 모르는 곳에서 친구 A씨가 몰래 당신에게 저주를 걸었다고 치자. 당신을 대신하는 제웅 또는 당신이 찍힌 사진에 못이 박히거나 칼이 꽂혀 있다. A씨는 당신에게 불행이 일어나면 자신의 저주 효과 때문이라고 생각할 것임에 틀림없다. 따라서 여기에서는 '저주하는' 쪽의 마음만으로 저주가 성립하고 있는 것이다.

당신이 자신에게 닥친 여러 가지 재액을 항상 합리적으로 해석하려고 한다면, 당신은 저주신앙이라는 문화적인 판에서 내려와 있으므로 A씨의 저주와 자신의 재액을 관련짓지 않는다. 그러나 자신의 재액의 원인이 '신비적인 것'과 관련 된 것은 아닐까라고 생각하며 신사나 불당에서 불제 또는 기도를 해 달라고 청할 뿐만 아니라, 그 원인을 명확하게 알고 싶어 한다면 점술가나 민속종교인을 방문할 것이다. 그리고 그들의 점이나 기도에 따라 자신에게 닥친 재액의 원인이 '신비적인 것'에 의해 생긴 것이며, 또한 A씨의 '저주'라고 밝혀지는 경우가 있을 것이다. 그리고 이 '판정'을 당신이 받아들일 때, 당신 또한 저주신앙의 판으로 들어오게 되는 셈이다.

그러나 당신이 그 '판정'을 확신을 가지고 받아들였다고 해도 A씨가 정말로 당신을 저주하기 위하여 제웅 등을 만들어 '저주 행위'에 이르렀는지에 대한 사실 여부는 알 수 없다. 저주는 비밀리에 행해지기 때문에 A씨 외에는 아무도 모르는 것이다.

또한 A씨가 설령 정말로 저주했다고 해도 "네, 제가 저주했습니다."라고 솔직하게 인정할리 없을 것이다. 요컨대 여기에서도 '저주받는' 쪽의 저주에 대한 신앙은 '저주하는' 쪽 인물의 실제 마음이나 행동과는 전혀 상관없이 성립하고 있다.

이러한 '저주하는' 쪽과 '저주받는' 쪽의, 말하자면 일방통행적이며 단절된 관계는 물론 구체적인 '저주 행위'가 수반되었는지 아닌지는 별도로 치고, 현대 사회의 다양한 인간관계에서도 볼 수 있다.

예를 들면 부모는 모자란 아이를 저주하고, 아이는 그러한 자신을 저주받은 태생이라고 여기며 낳아 준 부모를 저주한다. 출세경쟁에서 밀려난 샐러리맨은 라이벌을 저주하고, 저주받은 쪽은 자신의 뜻대로 되지 않는 부하를 저주한다. 그리고 부하는 부하대로, 가정교육 문제까지 거론하며 업무 실수를 비난하는 상사를 저주한다 등, 이와 같이 상대의 마음과는 관계없이 성립하는 '저주하다'－'저주받다'의 관계는 현대사회의 이곳저곳에서 찾아볼 수 있다.

그러한 의미에서 당신 주위에 있는 사람의 입장에서 보면, 당신은 저주를 거는(가능성을 지닌) 무서운 인물일지 모른다. 당신이 알지 못하는 곳에서 누군가가 당신의 저주 때문에 시달리고 있다고 믿으며 당신을 원망하고 있을지도 모르는 것이다.

또 그 반대로 누군가가 당신에게 몰래 저주를 걸고 당신의 신변에 일어난 재액을 기뻐하고 있을지도 모른다. 여기에 저주가 지니는 두려움이 있다고 할 수 있다.

따라서 이 책에서는 이러한 현대 상황을 고려하며 일본문화사에서 '저주'는 어떠한 것이었는지, 그 저주는 현대를 살아가는 우리들의 마음에 어떻게 이어지고 투영되어 있는지, 또한 저주하는 인간의 마음이란 어떠한 것인지 등의 문제에 대해 탐색해 나가고자 한다.

이러한 '저주' 문화를 규명하다 보면 대관절 어떤 모습을 한 일본문화가 출현하는 것일까. 이 책의 진정한 목적은 이를 확인하는 데에 있다.

되살아나는
'저주'의 세계

———

되살아나는 '저주'의 세계

'저주'와 관련된 사색의 시작

고치 현高知縣 가미 군香美郡 모노베 촌物部村(현 가미 시香美市 모노베 정物部町). 일본의 어느 곳이든 있을 법한 전형적인 이 산촌이 바로 나의 '저주' 연구 및 일본문화 연구의 출발지이다.

고치 시高知市에서 직선거리로 40킬로미터, 인구 약 2천 2백 명, 고치 현 거의 중앙을 남북으로 흐르는 모노베 강物部川의 상류, 영봉靈峰 쓰루기 산劍山[1] 남부 기슭에 위치한 이 마을은 고치 평야에 살고 있는 사람들이 봤을 때, 옛날에는 쓰루기 산 속 깊이 들어간 '가쿠레자토隱れ里'[2] 같은 곳이었다.

내가 이 지역에 발을 들여놓은 것은 1971년이다. 처음에는 '저주'와 관련된 민속

---

1 고치 현과 도쿠시마 현(德島縣)에 걸쳐 있는 높이 1,955미터의 산이다. 예로부터 수험도(修驗道)에서 산악신앙의 대상으로 삼으며 신성시하던 산이다. 수험도란 일본의 전통적 산악신앙이 불교에 도입된 일본만의 독특한 혼합 종교이다.
2 일본 민담이나 전설에서 확인되는 일종의 이상향이다. 사람들은 깊은 산속이나 동굴을 통과한 지점에 가쿠레자토가 있다고 믿었다.

조사를 하겠다는 생각 없이 주로 친족관계나 은거관계隱居關係[3] 그리고 가능하다면 이누가미犬神[4] 신앙 등의 인류학적 조사를 하기 위해서였다. 그런데 몇 주간 모노베 촌에 머물면서 조사를 하는 동안에 고치에 오기 전까지는 들은 적도 없었던 '이자나기류いざなぎ流'[5]라고 하는 저주 관련 신앙과, 그 신앙을 전승하고 있는 다수의 민속종교인들의 존재를 알게 되었다. 민속종교인들은 평소에는 농업이나 임업에 종사하면서 우리들과 마찬가지로 현대적인 생활을 영위한다. 따라서 특별한 제의祭儀라도 행하지 않는 한, 이곳을 찾은 여행객은 그 존재조차도 알아차리지 못할 것이다.

특히 나를 놀라게 한 것은 이 지방에서 '다유太夫'[6]라고 부르는 이자나기류의 민속종교인들이 제의에서 구술하는 종교적 이야기인 '제문祭文'을 꽤 많이 보유하고 있다는 점이었다. 그 중에 나를 완전히 매료시킨 '스소呪詛의 제문'(저주 이야기)이 포함되어 있었다.

이후 나는 조사를 위해 모노베 촌에 수없이 드나들었다. 그러나 유감스럽게도 그 사이 마을사람들이 실제로 누군가를 저주하고 있는 현장을 목격하기는커녕, '저주 행위'로 보이는 흔적조차도 찾아볼 수 없었다. 이는 당연한 일일지도 모른다. 외부인의 눈에 띄는 곳에서 대놓고 '저주 행위'를 할 사람이 세상 어디에 있겠는가. 게다가 민속종교인에 의한 '저주 행위'는 제쳐 두고라도, 옛날부터 일반인이 하는 저주는 그 현장을 다른 사람에게 들키면 저주의 효험이 없어져 버린다고 믿고 있었다.

그러나 목격한 적이 없다고 해서 이 마을에 저주를 행하는 사람이 없다고 말하는 것은 결코 아니다. 이자나기류의 민속종교인 중에는 다른 사람의 간청으로 어쩔 수 없이 누군가를 저주한 경험이 있는 사람도 존재한다. 어떤 민속종교인의 경우에

옛 모노베 촌의 안개 가득한 숲과 마을 지도

는 지금도 어디서 소문을 듣고 오는지, 때때로 저주를 의뢰하는 편지 혹은 전화를 받거나 방문객이 찾아온다고 한다.

이 경우에 민속종교인은 다른 사람을 저주하면 그 재앙이 본인(의뢰자)에게 되돌아오기 때문에 관두기를 권한다고 한다.

그런데도 꼭 저주하고 싶다는 사람에게는 다른 민속종교인을 소개해준다고 하였다. 다만 그 후 실제로 저주를 의뢰했는지 어땠는지는 모른다. 민속종교인의 말에 따르면, 한번 저주를 걸면 설령 상대가 지구 반대편에 있어도 효험이 있다고 한다. 따라서 전문가도 아니면서 함부로 저주를 걸면 안 된다며 타이른다고 하였다.

한편 마을의 신사나 산속에서 큰 나무에 못으로 박은 인형이나 사진이 때때로 발견되었다. 따라서 이 마을 안에도 저주를 행하는 사람이 분명히 존재하고 있는 셈이다. 나도 조사 도중에 마을사람들끼리 "우리 아버지는 다유 일을 하고 있는 저놈 아버지가 저주를 걸어서 죽었다."는 등 이런 종류의 이야기를 하는 것을 여러 번 들은 적이 있다.

하지만 이 마을에서 저주가 실제로 어느 정도 행해지고 있는지는 전혀 가늠할 수 없었다. 그래서 나는 이와 같이 뿌리 깊은 저주 신앙, 저주 환상을 지닌 모노베 촌 사람들이 도대체 어떠한 세계관을 가지고 있는지 조사하기로 하였다. 그 조사에서 내가 맨 처음 느낀 것은 이 마을사람들이 자신이나 가족에게 닥친 여러 가지 재액이나 불행, 특히 병에 걸린 원인을 누군가의 '저주' 때문이라고 생각하는 경향이 대단히 강하다는 점이었다.

의사도 고치지 못하는 병

모노베 촌 사람들의 세계관에서 '저주'의 실상을 이해하는 키워드는『빙령신앙론 憑靈信仰論』[7](講談社)에서 상세히 기술한 바 있다. 마을 사람들이 일상생활 속에서 자주 언급하는 단어인 '스소すそ'가 바로 그것이며, 이 '스소'가 '저주咀呪'에서 유래했다는 것은 분명하다. 그러나 마을 사람들이 일상에서 사용하는 '스소'의 의미는 '저주' 그 자체와는 매우 다르며 훨씬 광범위한 의미로 쓰고 있었다. 간단히 말하면 '스소'는 사회 질서나 자연 질서가 깨지면서 파생된 것으로, 사람들에게 해를 끼치는 전반적인 '게가레ケガレ'[8]를 가리킨다.

예를 들면 마을 사람들 중에 병에 걸린 사람이 있다고 가정해보자. 이러한 경우, 보통은 먼저 의사가 환자를 진찰한 후에 약을 처방하게 된다. 다행히 그 약으로 병이 낫는 일도 있지만, 불행하게도 낫지 않는 경우가 있을 것이다. 이렇게 약으로 낫지 않는 경우가 문제시 된다. 특히 환자의 병이 장기간 지속될 때 마을사람들은 '어쩌면 이 병은 의사가 고칠 수 없는 병일지도 모른다.'는 의구심을 품게 된다.

의사도 고치지 못하는 병. 그것은 뭔가 '신비적인 것'이 환자의 신체에 해를 끼쳤기 때문에 생긴 병이며, 마을사람들은 그것을 '사와리障 り'라고 한다. 마을사람들은 특별한 무언가가 환자와 접촉하고 있다고 생각하지만, 평범한 그들 입장에서는 어떤 것이 접촉하고 있는지를 명확히 알지 못한다. 왜냐하면 '사와리'의 원인을 찾아서 설명하는 기술을 모르기 때문이다. 그래서 마을사람들은 '사와리'의 원인에 대해 이자나기류 민속종교인에게 점을 의뢰한다. 그 결과, '사와리'의 원인이 명확히

---

7 『빙령신앙론; 요괴연구 시도(憑靈信仰論;妖怪研究への試み)』는 빙의라는 종교현상의 개념과 그 행위의 체계를 통해 일본인의 어둠의 역사 속 정념의 세계를 밝히고 있다. 1984년 아리나쇼보(ありな書房)에서 신장판이 간행된 후, 1994년 고단샤(講談社)에서 문고판이 발간되었다.

8 야나기타 구니오(柳田國男)는 일상생활을 게(ケ), 제례 때를 하레(ハレ)로 보고 게의 생활 중에 하레 기회를 삽입함으로써 생활에 리듬주기가 이루어진다는 견해를 제시하였다. 사쿠라이 도쿠타로(櫻井德太郎)는 게를 곡령 또는 영혼을 나타내는 기(氣)라고 보고, 이것이 충만해 있는 상황에서 속된 일상생활이 가능해지지만 속된 생활을 이어나가는 동안 점차 기가 약해지고 감소하거나 출산, 월경, 근친이 죽었을 때 급격히 기가 감소하는 것을 게가레(気枯れ)라고 설명하였다. 이러한 때에는 특정 장소에 들어가 있거나 제례를 하여 기를 충당시켜야 하는데, 이것이 하레를 하는 시기라고 보았다.

밝혀지게 된다.

원래 '점'이란 특별한 방법을 동원하여 평범한 사람들이 알 수 없는 '이면' 세계의 모습을 알아내는 것을 의미한다. 그렇다면 과연 이자나기류 민속종교인들은 어떠한 점술 기법이 있었느냐 하면 실로 다양한 기법을 지니고 있었다.

현재 가장 일반적으로 행하고 있는 점술은 염주 점이며, 그 방식은 다음과 같다. 주문을 외우면서 문지르던 염주를 왼손으로 단단히 잡고 오른손으로 염주를 세게 훑어 내린다. 그리고 이 때 왼손 손가락 사이에 있는 염주 알의 수를 세어서 그 수가 짝수인가 홀수인가에 따라 묻고자 하는 것의 길흉과 옳고 그름을 판단한다. 또 쌀 점이라는 것도 있다. 유다테湯立て는 물을 끓인 가마솥 안에 쌀알을 넣어서 그 쌀알이 나타내는 모양으로 길흉을 점치는 것이다. 이외에 산보三方[9] 등의 그릇에 가득 담겨진 쌀알의 형태를 보고 점을 치기도 한다.

그런데 병을 일으키는 '사와리'의 원인은 크게 두 가지로 구분할 수 있다. 하나는 신불神佛이나 조령祖靈(영기靈氣라고 한다)의 재앙(마을사람들은 '꾸짖음'이라고 한다)이다.

예를 들면 신불이 마을사람들에게 금한 터부를 누군가가 파기했다 치자. 신불이 머문다고 여겨지는 성스러운 곳에 마을사람 중 누군가 함부로 들어가는 경우가 바로 이에 해당될 것이다. 이때 잘못을 저지른 것은 인간 쪽이며, 신불은 성지를 함부로 침범한 인간에게 신비적인 제재(병)를 가하여 터부 침범으로 인해 깨진 관계의 회복을 강요한다. 그렇기 때문에 병에 걸린 사람은 노여워하는 신불에게 정성스럽게 공물을 바쳐서 사죄하는 것이다. 그들은 신불이 공물을 선선히 받아들이면 병이 나을 수 있다고 믿고 있다. 실제로는 병이 낫는 것으로 신불의 노여움이 풀렸다고 여기는 것이다. 또한 제대로 모셔지지 않는 사령死靈이 다양한 '사와리'를 일으켜서 사람들에게 자신의 제사를 요구하기도 한다. 이 경우도 '영기'를 환자로부터 떨쳐내고 받들어 모시면 병이 낫는다.

---

9   신도(神道) 의식에서 신찬(神饌) 등을 담아놓는 용도로 사용된다.

여담이지만, 이른바 영감상법靈感商法[10]은 신불이나 조령에 대해 인간이 갖는 두려운 마음을 이용 (악용)한 것이라고 할 수 있다. 이전의 한 조사에서는 각지의 변호사협회, 소비생활 센터에 7년 동안 접수된 영감상법 관련 상담건수가 14,500건이나 되었으며, 피해액은 317억 엔에 이르렀다고 한다. 영감상법의 수법은 죽은 근친자나 낙태한 태아의 영, 혹은 몇 대 위의 조령까지 들먹이며 그들

쌀알 형태를 보고 점을 치는 이자나기류 다유

의 재앙이 피해자에게 재액을 끼치고 있으므로 공양을 위해 재산을 바치라고 압박하는 것이다.

'생령生靈'이 타인에게 재액을 끼친다

'사와리'의 원인 중 또 하나의 유형으로 인간의 사악한 마음으로 인해 생기는 사악한 영靈이나 신비스러운 힘이 있다. 이것은 누군가가 특정인에 대해 원한이나 질투 등 인간으로서 바람직하지 않은 감정을 품고, 더 나아가서는 그 '저주하는 마음'에 이끌려 무서운 행위, 예를 들면 '저주 행위'에 이르렀을 때 발생한다.

모노베 촌 사람들은 병이 잘 낫지 않을 때는 만일 그 원인이 재앙이 아니라고 하면

---

10 악덕상술의 일종이다. 영적 능력이 있는 것처럼 행동하면서 상대방의 불안 심리를 자극하여 부적, 펜던트 등의 상품을 값비싸게 팔아서 부당한 이익을 취하는 상법을 말한다.

'혹시 이 병이 스소에 걸려서 생긴 것은 아닐까'라는 의심을 품는다. 즉 자신들(환자와 그 가족)에 대해 악의나 적의를 가진 사람이 있고, 그 사람의 감정이 모종의 형태로 신비스러운 힘을 발동시켰기 때문에 병이 생긴 것은 아닐까라고 생각하는 것이다.

사람의 사악한 감정이 신비스러운 힘을 발동 시킨다. 이것은 도대체 무슨 말일까. 어떤 힘이 작용한다는 것일까. '스소'라는 말이 '저주'라는 말에서 유래한 것에서도 짐작할 수 있듯이 그 중심에 있는 관념은 사악한 감정을 품은 인간이 직접 '저주 행위'를 하는 것을 의미한다. 혹은 자신이 직접 하는 대신에 이자나기류 민속 종교인을 은밀히 고용하여 '저주 행위'를 하게 함으로써 사악하고 신비스러운 힘을 발동시키는 것이다.

그러나 '스소'가 의미하는 내용은 이것만이 아니다. 마을사람들이 믿고 있는 '생령'에 의해서도 '스소'가 생긴다. '생령'이라는 것은 인간이라면 누구나 그 몸 속에 지니고 있는 '영혼' 혹은 '기氣'를 말한다. 바로 이 영혼이 증오하는 상대에게 빙의하여 그 사람을 병들게 하거나 목숨을 빼앗기도 한다는 것이다. 이 '생령 빙의生靈憑依'는 생령의 소유자가 미처 인지하지 못하는 사이에 발동할 수도 있다.

단순히 저 사람이 밉고 샘이 난다고 생각했을 뿐인데, "저 놈을 죽이고 싶고 병에 걸리게 하고 싶다. 그러니 생령이여, 네가 저 놈에게 빙의해서 내 소원을 이루어주렴."이라고 말이라도 한 것처럼, 즉 구체적인 저주 행위를 하지 않았음에도 불구하고 생령이 제멋대로 미워하는 사람에게 빙의한다고 생각되었던 것이다.

참으로 소름끼치는 신앙이다. 자신의 생령을 자신이 조절할 수 없다. 이것은 자신의 내부에 자신의 의사에 반하여 다른 사람을 해칠 수도 있는 무서운 힘이 존재한다는 말이다. 미처 개발되지 않은 내부에서 발동하는 힘의 존재이다.

생령도 인간의 내부에 잠재되어 있는 그러한 힘, 무의식의 영역에 있는 힘이 강한 분노나 증오에 의해 발동하는 것이라고 말할 수 있을지도 모른다. 또한 '생령 빙의' 신앙은 병에 걸린 쪽에서 병의 원인이 되는 범인을 고발할 때에도 참으로 편리하다. 고발당한 쪽이 아무리 부정해도 자신의 뜻대로 움직이지 않는 생령 탓이라고 평계를 댈 수 있기 때문이다.

이누가미犬神는 부_富도 재액도 초래한다

이 지방에서는 또 한 가지 엄청나고 신비적인 힘을 믿고 있다. 생령의 스페셜·버전이라고도 할 만한 것이다. 이 지방에는 '이누가미 계통'이라든가 '사루가미猿神 계통', '나가나와長繩(뱀) 계통'이라는 가계家系가 존재한다. 그리고 이러한 가계(민속학에서는 '빙의 가계'[11]라고 한다)에서는 '이누가미', '사루가미', '나가나와가미長繩神'와 같은 동물 신을 모신다고 생각된다.

이 동물 신은 자신을 모셔주는 가계의 사람을 수호하고 풍요롭게 하기 위해 활동하며, 그 일환으로 모셔주는 자와 적대적 관계의 사람에게 신비적인 공격을 가한다고 한다. 즉 자신을 모셔주는 자의 적에게 빙의하여 그 정기를 흡수하거나 내장을 물어뜯는다고 한다. 요컨대 흡혈귀와 같은 속성을 가지고 있다는 것이다.

더구나 이 동물 신은 자신을 모셔주는 자의 명령으로 활동할 뿐만 아니라, 생령과 마찬가지로 모셔주는 자가 어떤 사람을 미워하거나 질투하는 것만으로도 발동한다고 한다. 이 때문에 이누가미 계통의 사람이 '이웃집의 오늘 저녁 반찬이 맛있겠는 걸!'이라고 생각만 했을 뿐인데도, 이누가미는 곧바로 이웃집으로 가서 가족 중의 누군가에게 빙의하여 음식을 요구하거나 식탁 위를 엉망으로 만들기도 한다고 여겨지고 있다.

내가 조사 중에 만났던 한 여성은 이누가미에게 빙의되어 이십년 이상을 고통 받았다고 한다. 그 여성은 기도를 의뢰하기 위해 외부에서 이 마을로 찾아왔다. 이 여성의 증상에 대해서 자세히 듣지는 못했지만, 이누가미가 날뛸 때는 자신의 몸을 자신의 의지로 컨트롤할 수 없게 된다고 하였다. 병원도 여러 군데 다녀봤고 평판이 좋은 각지의 민속종교인을 통해 기도도 해보았지만, 전혀 효과가 없었다. 그래서 한 가닥 희망을 걸고 모노베 촌으로 왔고, 다행히 민속종교인이 빙의물을 떼내

---

11 일부 농촌에서는 빙의령이 가계에 의해 발생한다고 믿었다. 그 가계에서 빙의령을 사역해 다른 사람의 재물을 훔쳐서 부자가 되거나, 다른 사람에게 빙의령을 씌운다고 믿었기에 사람들이 꺼려하였다.

주어 이누가미로부터 겨우 해방될 수 있었다고 한다.

빙의 가계 가운데 압도적으로 수가 많은 이누가미 계통의 기원에 대해 모노베 촌에서 폭넓게 전해지고 있는 이야기는 다음과 같다.

옛날에 어떤 사람에게 깊은 원한을 품은 자가 있었다. 그는 원한을 풀기 위해 자신이 키우던 개를 머리만 나오게 해서 땅에 묻었다. 그리고 개가 굶주려서 괴로워지기 시작할 때를 가늠하여, "자, 내 한을 풀어다오."라고 부탁하며 머리를 잘라서 그 영혼을 증오하는 적에게 보내어 죽였다고 한다. 그 자손이 바로 이누가미 계통이라고 한다.

이것은 '고독蠱毒'[12]이라는 중국의 저주법과 매우 비슷하다. 이에 대해서는 3장에서 자세히 소개하기로 한다.

이누가미 빙의와의 만남

도시에서 생활하는 대부분의 현대인에게는 이러한 이누가미 빙의나 생령 빙의 현상이 전혀 다른 세계의 일이라고 생각될 것이다. 한 출판사의 편집장 B씨도 그렇게 생각하는 사람 중 하나였다.

그가 나의 조사에 동행했을 때의 일이다. 조사하던 집에서 갓 잡아 올린 산천어 소금구이 등을 대접받게 되어 기분이 좋아져서 술을 여러 잔 마신 후에 우리는 잠자리에 들었다.

다음날 아침 내가 눈을 뜨자, 기다리고 있던 B씨가 이야기하기 시작하였다. B씨는 어제 밤 제대로 잠을 자지 못했다는 것이었다. 이유를 묻자, 내가 잠이 들고 얼마 지나지 않아서 그도 꾸벅꾸벅 졸았다고 한다. 그런데 그 때 옆방에서 인간인지 동물인지 구별이 안 되는 이상한 목소리가 들리더라는 것이다. 처음에는 꿈인 줄

---

12 뱀이나 지네 등의 독으로 사람을 해하는 것이다. 고독에 관한 자세한 설명은 3장을 참고하기 바란다.

알았던 B씨도 너무나 낌새가 이상해서 잠이 완전히 깼고, 혹시 이것이 말로만 들었던 이누가미 빙의가 아닐까라고 생각하기에 이르러 너무나 두려워졌다고 하였다. 이상하고 시끄러운 소리는 한 시간 정도 지나 잦아들었지만, 언제 다시 시작될까 신경이 쓰여서 B씨는 전혀 잠을 잘 수 없었다고 하였다.

이것은 나의 배려가 부족했는지도 모른다. 사실 이 집 안주인은 이전부터 이누가미에게 빙의되었다고 하며, 병원에도 다녀보고 이자나기류 민속종교인이 여러 차례 빙의물을 쫓아내는 기도를 해주기도 하였다. 나는 조사차 이 집에 머물 때마다 같은 일을 경험해서 익숙했기 때문에 B씨에게 말해두는 것을 잊어버렸던 것이다. 이 마을에서는 심한 잠꼬대 같은 것을 해도 이누가미 신앙과 결부시켜서 해석하는데, B씨도 그러한 신앙적 토양 속으로 들어가 버린 것이다.

모노베 촌 사람들에 의하면 이누가미는 신이라고는 하지만, 개의 영을 신으로 모신 것이기 때문에 지위가 높은 신과 비교하면 그 지위가 훨씬 낮고 머리도 그다지 좋지 않다고 한다. 그러므로 선악의 판단이 애매하여 결과적으로 악행을 저지르고 만다는 것이다. 그리고 일단 사람에게 빙의하면 트랜스 상태로 빠지게 하여 평소의 의식을 잃게 만들고 그 결과, 빙의된 사람은 이누가미처럼 되어 이상한 말을 지껄인다든지, 개처럼 네 발로 기어 다닌다고 한다.

이러한 이누가미를 비롯하여 동물령을 모신다고 간주되었던 가계는 혈연관계로 확산된다고 해서 사람들이 혼인을 기피하는 일도 많았다. 말하자면 차별받는 집안이었던 셈이다.

이누가미 대 민속종교인의 대결

그런데 지금까지 기술했던 신불의 '꾸짖음', '생령 빙의', '동물령 빙의'[13], 그리고

---

13 일본에서는 동물령은 인간뿐 아니라 물건에도 들러붙을 수 있고, 동물령에 빙의된 사람은 요괴가 된다고 믿었

'저주' 그 어느 것이나 촌락사회에서 보기 드문 신앙은 아니다. 과거로 거슬러 올라가면 어디에서나 볼 수 있는 신앙이었다. 근대의학이 침투하기 이전에는 병(특히 정신병)의 원인 중 대부분을 이러한 신앙으로 설명하였다.

따라서 자신에게 일어난 재액이나 불행에 대한 모노베 촌 사람들의 설명 방식이 다른 유례를 찾아볼 수 없는 독자적인 것이라는 말은 아니다. 만일 모노베 촌에 특징이 있다면 이러한 신앙이 아직 뿌리 깊게 남아있고, 그렇기 때문에 '사와리'나 '스소', '꾸짖음', '저주' 등과 같은 말을 우리들은 믿기 어려울 정도로 일상적으로 사용하고 있다는 점, 그리고 그 중에서도 '저주'를 특별히 두려워했다는 점이다.

우리는 모노베 촌에서의 저주신앙의 실상을 알게 됨으로써 일본의 전통적 사회인 촌락 사회에서 '저주'란 대체 어떤 것이었으며 '저주'를 생기게 하는 인간의 심성은 무엇이었는지, 그와 같은 의문을 푸는 실마리를 발견할 수 있다.

그러나 모노베 촌에서도 인간에게 닥치는 재액이나 불행의 원인을 전부 저주의 탓으로 돌리지는 않는다. 다만 '신비적인 것'의 일부로서 저주가 있다는 말이다. 마을사람들은 재액의 원인을 찾아내고 그것을 제거하기 위해 이자나기류 민속종교인을 고용한다. 민속종교인은 의뢰인의 요청에 응하여 '신비적인 것'에 대한 신앙 지식을 활용해 어떤 '신비적인 것'이 재액을 초래했는지 점친다. 그 다음에는 재액을 제거하기 위한 의례, 즉 '치료'를 행한다. 그리고 그 치료의 기본이 되는 것이 '불제祓除'[14]이다.

이 치료 의례의 기본 패턴은 먼저 환자의 신체에 들어가서 해를 끼치고 있는 '신비적인 것'을 몰아낸다. 이어서 '미테구라みてぐら'[15]라고 하는 짚으로 만든 그릇에 고헤이御幣[16]를 두른 주구呪具를 만들어서 거기에 '신비적인 것'을 넣은 다음에 강이나 마을 밖 혹은 '스소 숲'(사악한 영물을 버리는 '쓰레기장')에 버리는 것이다.

다. 옛날에는 정신병이 있는 사람을 여우가 씌었다며 차별하기도 하였다.

14 신에게 빌어 죄·부정(不淨)·재앙 등을 떨쳐버리는 행위 또는 그것을 위한 의식을 가리킨다.

15 신도(神道) 의례에서 금전, 신찬(神饌) 등 신에게 봉납하는 물건을 총칭하는 말이다.

16 신제(神祭)용구의 하나인 헤이소쿠(幣束)의 높임말이다. 접어서 자른 백색 또는 금색·오색(五色)의 종이를 가늘고 긴 나무에 끼워서 늘어뜨린 것을 가리킨다. 신관(神官)이 불제 의례 등에 사용한다.

앞에서 소개했던, 이십년 이상이나 이누가미에게 빙의되어 힘들어 했던 여성을 치료한 민속종교인은 환자 기도를 전문으로 하고 있다. 그에 의하면 환자의 머리맡에 앉는 것만으로도 접촉해 있는 '신비적인 것'의 종류와 힘의 강도를 알 수 있다고 한다. 그리고 치료 후에 빙의된 것이 환자로부터 떨어져 나갈 때는 집안의 기둥이나 천정이 엄청난 소리를 내며 움직이는 일도 있다고 한다. 말하자면 폴터가이스트 현상[17]이다.

그러나 의례=치료에 의해 재액이 제거되는 경우도 있지만 실패하는 경우도 있다. '신비적인 것'이 지니는 힘에 민속종교인의 '법(주법呪法)'이 패했기 때문이다. 이것을 '주력이 밀렸다'라고 한다. '주력이 밀린' 경우는 환자의 병이 더욱 악화되어 죽음에 이를 뿐만 아니라, 민속종교인까지 재액을 당하는 일도 있다. 그래서 민속종교인은 한층 더 강력한 '법'을 사용하여 그러한 사태를 극복하려고 한다. 따라서 환자가 나을 때까지 며칠이고 몇 달이고 기도를 계속하게 된다.

'저주'의 전문가가 '저주'를 조작한다

민속종교인이 재액의 원인을 점으로 확정하는 것은 매우 중대한 국면이라고 할 수 있다. 왜냐하면 그가 이 재액=병의 원인을 '저주'라고 하면, 그때 '피해자'들의 머릿속에서 저주가 발생하고 저주자의 이미지가 떠오르게 되기 때문이다.

그러나 병의 원인이 저주가 아니고, 예를 들어 수신水神의 꾸지람이라고 하면 저주는 발생하지 않은 것이 되고 당연히 저주자도 존재하지 않게 된다(원래 수신의 꾸짖음도 넓은 의미에서는 수신의 '저주'라고 할 수 있을 것이다). 즉 극단적으로 말하자면 이자나기류의 민속종교인이 저주 행위가 있었던 것처럼 조작을 하는 것이다. 민속종교인은

---

17 심령현상의 일종이다. 폴터가이스트(poltergeist)란 독일어로 '시끄러운 소리를 내는 유령'이라는 뜻이며, 이유 없이 물건이 쓰러지거나 비명 소리가 들리는 현상등을 말한다.

'이누가미 그림'(부분) 제작 장소, 제작자, 제작 연도 불명
(국제일본문화연구센터 도서관 소장)

저주자로 확정된 인물이 '저주 행위'를 했는지 안 했는지를 증명하는 물적 증거를 확보하고 있는 것은 아니다. 점이나 탁선이 그렇게 말해주고 있을 뿐이다.

그렇다면 민속종교인은 '사와리'의 원인을 어느 정도까지 '스소'로 판정하고, 또 얼마나 생령 빙의, 동물 빙의, 저주로 판정하는 것일까. 안타깝지만 이에 대해서는 상세히 알지 못한다. 내가 조사한 바로는 현재의 민속종교인이 치는 점 결과의 대부분은 '꾸짖음'이다. 그 중에는 '저주' 때문인 것으로 간주된 예가 있기도 하지만, 누가 저주했는지는 피해자에게 확실히 밝히지 않는 경우가 많다. 밝히지 않은 채 '저주'를 의례적으로 처리하려고 한다. 즉 '저주'를 신체로부터 몰아내서 불제하는 것이다.

물적 증거도 없이 점을 친 결과만으로 아무개가 저주하고 있다고 피해자에게 알려서 그것이 공공연해지거나 하면 역으로 저주하고 있다고 여겼던 자로부터 비방 중상이나 인권 침해로 고소를 당할지도 모르기 때문이다.

그렇다면 과거에는 어땠을까. 결론부터 말하면 시간을 거슬러 올라감에 따라 '저주'에 의해 야기된 재액으로 간주하는 일이 많았을 것으로 생각한다. 왜 그렇게 말할 수 있는가. 그 이유 중 하나로, 이자나기류 민속종교인의 신앙체계가 저주를 특히 중시하여 저주와 관련된 제문(종교적 기원담)이나 나중에 소개 할 법문(주술 행사를 위해 외우는 말)이라는 것이 너무나 많이 오늘날까지 전해지고 있다는 점을 들 수 있다.

이자나기류가 저주를 중시하는 마을사람들의 의식을 키웠는지, 아니면 저주를 중시하는 마을사람들의 세계관이 이자나기류를 저주 중시형의 신앙으로 내세웠는지 확실히는 알 수 없다. 이 문제는 닭이 먼저인지 달걀이 먼저인지를 논하는 것과 같을지도 모른다.

그러나 이자나기류의 민속종교인이 '저주'에 능통했던 주술사라고 할 수 있는 음양도陰陽道[18]의 전문가 음양사陰陽師[19]의 말류末流라는 점을 감안한다면, 이자나기류의 민속종교인이 '저주' 중시형의 세계관을 만들었다고 생각하는 편이 좋을 것 같다.

이 구조는 단순히 모노베 촌과 이자나기류와의 관계에만 국한되지 않는다. 일본 문화사에서 공동체(구성원)와 저주(주술사)의 관계를 생각할 때도 들어맞는다. 이에 대해서는 나중에 다시 상세히 기술하기로 하겠다.

저주신앙 이자나기류いざなぎ流

이자나기류란 무엇인가. 이에 답하는 것은 쉽지 않다. 그 이유 중 하나는 이자나기류라는 신앙체계가 다양한 신앙이 융합되어 만들어졌다는 점을 들 수 있다(고마쓰 가즈히코小松和彦 『이자나기류 연구いざなぎ流の研究』 角川學藝出版 참조). 하지만 그 핵심에 음양도적인 지식이 있다는 것만은 확실하다.

음양도는 근대에 이르러 급속히 소멸하였다. 그러나 길모퉁이에 자리잡은 역자易者의 점은 음양도에 뿌리를 둔 것이며, 액년厄年[20]이나 귀문鬼門[21]을 두려워하는 민간신앙도 음양도에서 나온 것이다. 이러한 의미에서 음양도는 여전히 존속하고 있다고도 할 수 있다.

---

18 중국 고대의 음양오행사상에 바탕을 둔 신앙적 사상 또는 그것을 논하는 학문이다.
19 고대 일본의 율령제도 하에서 중무성(中務省) 음양료(陰陽寮) 소속 관직 중 하나이다. 음양오행사상에 근거하여 달력을 만들고 천문을 관측하며 길흉화복을 점치고 요괴를 퇴치하는 일 등을 맡던 왕실의 주술사이다. 잘 알려진 음양사로는 아베노 세이메이(安部清明, ?~1005) 등이 있다.
20 음양도에 근거하여 일생 중 운수가 모질고 사납다고 하는 연령이다. 보통 남자는 25세, 42세이고 여자는 19세, 33세라고 한다.
21 귀신이 드나드는 문이다. 음양도에서 북동쪽은 귀신이 출입하는 방위라고 하여 불길하게 생각하였다.

이자나기류 산신 제사에서의 제단

음양사를 중세에는 '하카세博士'나 '소닌相人'[22]이라고도 했으며, 민간에서 활동했던 하급 음양사는 '쇼모지唱門師'[23]라고도 불렀다. 이에 비해 본토박이 사람들은 이자나기류 민속종교인을 '다유'라고 불렀다.

그러나 이 다유라는 말이 시코쿠四國 지방에서는 무녀巫女, 행자(야먀부시山伏)[24], 신직神職 등 치유를 위한 기도를 행하는 종교자의 총칭이므로 이자나기류 민속종교인에게만 사용하는 것은 아니다. 이자나기류 민속종교인들이 다른 다유와 자신들을 구별할 때는 '하카쇼博士'라는 호칭을 사용하는 경우가 있다. 이것으로도 이자나기류가 음양도의 말류라는 것을 알 수 있다.

음양도의 영향은 민속종교인이 집행하는 각종 제의에도 농후하게 나타나고 있다. 그들은 '환자 기도'뿐만이 아니라, 모노베 촌의 우지가미氏神[25] 제사나 집집마다의 조상 제사(야기토家祈禱라고 한다), 혹은 산신山神이나 수신水神 등의 제사에서도 제의 지도자로서 마을사람들에게 고용된다. 이 제의 방식에 음양도의 전통이 강하게 나

---

22 관상을 보는 사람이라는 의미이다.
23 12세기에서 16세기에 걸치는 중세 시대에 금고(金鼓)를 치며 경문을 읊고 점이나 구세마이(曲舞)라는 춤을 추던 걸립 예능인이다.
24 산야에 기거하며 수행하는 승려 또는 수험도(修驗道)를 수행하는 수험자(修驗者)를 가리키는 말이다.
25 조상의 영(靈)을 신으로 모신 씨족신을 말하며, 사는 곳의 진수신(鎭守神)을 칭하는 경우도 있다.

타난다.

옆의 사진을 봐주기 바란다. 이자나기류에서는 다양한 종류의 고헤이와 고헤이 인형(종이를 오려서 신을 본뜬 것)을 만들어서 제단을 장식한다. 그리고 유다테湯立て라는 쌀 점을 보거나 가구라神樂²⁶를 한다. 이 인형을 사용하는 의례나 점 등은 음양도에서 특히 뛰어난 분야이다. 이때 다유의 복장 또한 매우 흥미롭다. 시로무쿠淨衣²⁷에 삿갓을 쓰고, 고헤이를 흔들면서 석장錫杖 방울을 울린다. 하나가사의 둘레에는 오색의 종이 시데四手(금줄 등에 붙이는 종이 장식)를 많이 늘어뜨려서 얼굴이 거의 보이지 않기 때문인지 매우 신비스럽다.

되돌려주는 주술적 방식으로 다른 사람을 저주한다

이것은 나의 추측이지만, 초창기 이자나기류의 다유들은 아마 어디에선가 이 지역으로 흘러들어온 음양박사였을 것이다. 그들은 정착해가는 과정에서 이 지역 원래의 민속적인 신앙을 수용해서 정치적·경제적·사회적 관계에도 적응하는 신앙체계로 변형시켰다. 그리고 그 중핵에 인간관계의 뒤틀림에서 생겨난 '저주'를 설정한 것이다. 이 점을 확실히 말해주고 있는 것이 중요한 제의의 처음에 하루종일 행하는 '구분'이라는 의례이다.

이것은 '스소의 구분'이라고도 한다. 일본이나 모노베 촌 또는 마을사람의 집과 같은 공간, 나아가 제의 참가자의 신체(이것도 일종의 공간이다) 속에도 있다고 간주되지만 눈에 보이는 형태로는 아직 '재액'이 되지 않은 '스소', 즉 '게가레'를 정성껏 찾아서 모은다. 그리고 그것을 '미테구라みてぐら'에 봉하여 일본과 당나라(중국)와 천축(인도)의 경계 상에 있다고 생각되는 '스소의 사당すその御社'으로 흘려보낸다는 내용의 의례이다.

---

26   궁중에서 신에게 제사 지낼 때 연주하는 일본 전통의 무악(舞樂)이다.
27   제사나 법회 등 종교적 의식을 거행할 때 착용하는 옷이다.

이 스소는 대단히 위험한 것이어서 제거하지 않으면 제례가 붕괴되는 경우도 있다고 믿는다. 이전에 나는 약 삼십 년에 한 번씩 행해진다는 우지가미의 대제를 보기 위해 모노베 촌의 가장 오지에 있는 마을인 베후別府를 방문하였다. 이곳의 제례에서는 특히 정성스럽게 '스소의 구분'을 행한다. 이것은 아주 오랜 옛날 우지가미 제례 때, 산 너머에 있는 마을(현재의 고치 현 아키 시安藝市) 다유들의 저주를 받아서 신전 입구의 장지문에 선혈이 흩뿌려질 정도로 피해를 입었기 때문이라고 한다.

'스소'를 상징적으로 나타내는 것으로는 손톱, 다리털, 때, 집 다타미畳의 먼지, 기둥을 깎아 낸 것, 집 주변 네 귀퉁이의 흙, 아궁이의 재, 묘지의 흙, 현재는 모셔지지 않는 성지의 흙 등이 있다. 제의가 있을 때는 우지코氏子[28]들이 이것들을 다유의 집으로 모은다. 다유는 이것들을 '미테구라'에 옮기고 마을에서 특정한 장소로 정해져 있는 '스소 숲'에 구멍을 파서 묻는다. 그리고 그 위에 무거운 돌을 얹어서 '스소 밀봉'을 하는 것이다.

이 '스소의 구분' 의례는 기본적으로 환자 기도와 동일한 의례이다. 앞에서 살펴본 것처럼 환자 기도는 환자의 몸 안에 있는 '스소'를 민속종교인이 모아서 그것을 '스소의 사당'으로 보내어 진정시킴으로써 병을 낫게 하는 것이었다. 즉 '환자 기도'는 이미 발생한 재액을 떨쳐내는 의식인 반면에, '스소의 구분'은 아직 재액이 되지 않은 상태의 '스소'를 떨쳐내는 의례이다.

그런데 일찍이 이 '스소'를 떨쳐내는 것뿐만이 아니라, 저주 그 자체를 저주를 건 사람에게 돌려보내는 '저주 되돌려주기'(조복調伏 되돌려주기)도 빈번하게 행해졌다. 이러한 사실은 현재도 다유들이 '저주 되돌려주기'에 이용하는 다량의 문서를 보유하고 있는 점에서도 명백히 알 수 있다.

저주를 상대에게 되돌려준다. 다유들이 '되돌려주기 바람을 일으킨다'라고 칭하는 이 주법은 바로 저주 의뢰자나 저주를 의뢰 받은 다유를 저주하는 것이다. 상대가 먼저 공세를 취했을 뿐이고, 주술적 행위로는 동일한 것이라서, 상대에 대항하

---

28 조상신인 씨족신의 후손 또는 같은 씨족신을 모시는 사람이다.

여 보다 강력한 주술을 걸려고 하는 것이다.

그렇다면 이러한 '스소'를 막기 위해서는 어떻게 해야 할까. 이자나기류에서는 '스소'의 침입을 막기 위해서 다양한 주술적 울타리를 친다. 다유들은 제례를 행할 즈음에 요소요소에서 반드시 호신 주법을 몸에 실시한다. 제장에는 사방에 금줄을 둘러치고 그 금줄에 각각의 방향으로 세 사람씩 합계 열 두 명의 '고미코コミコ'[29] 또는 '히나고ヒナゴ'라고 하여 외부의 침입을 막는 수호·경호의 신을 배치한다. 요컨대 주술적인 장벽을 겹겹이 설치하는 것이다.

악마·외법外法을 잘라 내다

이러한 '저주 되돌려주기' 때에 사용하는 '천도혈화식天道血花式'이라는 법문을 소개한다. 이해하기 어려운 문구가 나열되어 있지만, 가능하면 소리를 내서 읽어보기 바란다. 꽤 박력 있는 리듬으로 되어 있음을 알 수 있을 것이다.

抑も ち巻七段國にわ 中段國より 空手障 差正障成したる 五人五性 萬人す上の五ぞふ(臟)六府(腑)を打ちみだす 切りみだす おんみだれやそばか 東方朝日の天道血花くずし ちりまくさの大神様行ひ下す

打つけん(劍) 飛ぶけん なぐけん 切るけんと 行ひ下す(天地守護) 天ち要合天地和合のこたか(小鷹)の印と 言車の矢ぐいの ひつ手にむすんで 巻立 巻下す 生血と切りこむ 白血ときりこむ 黒ちと切りこむ 段國より 億々九億十方億の 其空に 南無天道血花くずしの大神様 文部の屋方に行ひ下すわ 七度の祓いで祓ひ清め 屋掛三丈 高天原より 三尺一分の御幣の宇豆の折目を かんなき ひとへぎかいで 一時半に行ひ下す 東方天道血花くづしの大神ちりまくさの王子と行ひ下す(五方) 天道血花くづしの法もつて 惡する悪魔 邪魔する 外法 法障 まなち(眞血)ときりこむ 五式(色)五色(いろ)の血花がおちこめ ちりこめ 惡まのたい

---

29 히나고(ヒナゴ)라고도 하는 고미코는 고헤이의 일종이며, 인간의 형상을 하고 있다. 동서남북 각 방향에 고미코 셋을 설치해둔다. 총 열두 개의 고미코는 의례를 방해하는 다른 다유의 저주 또는 악령의 침입을 저지하는 역할을 한다.

(体)わ 七ツにかきわり 八ツにけわり 玉水こんぱく切つて放す[30]

대략적인 내용은 '나무덴도치바나구즈시 대신南無天道血花崩しの大神'을 '지리마쿠사노오지ちりまくさの王子'로서 불러내어 그 검으로 환자에게 '사와리'를 일으키고 있는 '악마', '외법'(사악한 법) 종류를 산산조각 내려는 것인 듯하다.

이 지리마쿠사노오지의 '오지王子'를 이자나기류에서는 '시키오지式王子'라고 한다. 민속종교인은 시키오지를 수호신·사역신使役神으로서 조종하여 주술을 행한다. 또 이러한 주술(법술)을 '시키호式法'라고 총칭하며, 실제로 주술을 행하는 것을 '시키式를 행한다' 또는 '시키를 친다'라고 한다. 즉 이 시키오지는 고대부터 중세의 음양사가 사역신으로 조종했던 '시키가미式神'[31]의 자손인 것이다. 시키가미에 대해서는 3장에서 언급하겠지만, 일찍이 모노베 촌에서는 다유들이 풀어놓는 시키가 빈번하게 날아다니며 주술적인 싸움을 전개하였다.

예를 들면 아주 먼 옛날에 서로 다른 마을에 사는 두 명의 다유가 싸웠을 때, 각자가 풀어놓은 시키 인형(시키가미를 본 뜬 종이 인형)들이 공중에서 격렬하게 싸웠다. 그런데 주력이 막상막하여서 승부가 나지 않았고, 그 격렬한 주력 때문에 근처에 있던 큰 바위가 공중으로 떠올랐다고 한다. 이 바위는 현재도 '시키이와式岩'라는 이름으로 존재한다.

어떻게 하면 사람을 저주로 죽이는가

이러한 '시키 저주법'의 하나로 '부동왕不動王 생령 되돌리기生靈返し'라는 것이 있

---

30 해당 법문을 정확하게 번역하기 위해서 저자에게 확인해 보았으나 저자도 알 수 없다는 회신을 받았다. 이 부분의 일본어 원문을 그대로 옮겨 놓는다.

31 음양사가 사역하는 귀신이며, 인간의 선행과 악행을 감시하는 역할을 한다. 시키가미는 음양사를 소재로 하는 이야기 속에서 평상시에는 종이 상태로 존재하지만, 음양사의 술법에 의해 사용될 때는 사역 의도에 맞는 능력을 갖춘 짐승 또는 이형(異形)의 존재로 변신하는 것으로 묘사되는 경우가 많다.

다. 여기에는 이자나기류가 보유하고 있는 전형적인 저주법이 등장한다. 이를 원문
대로 소개한다.[32]

もえん不動明王 火炎不動王 波切不動王 大山不動王 吟伽羅不動王 吉祥妙不動王天竺不動 天竺坂山不
動 逆しに行ふぞ 逆しに行ひ下せば 向ふわ 血花にさかすぞ みぢんと 破れや 妙婆訶 もえ行け 多(絶)へ
行け 枯れ行け 生靈 狗神 猿神 水官 長繩 飛火 変火 其の身の胸元 四方さんざら みぢんと亂れや 妙婆訶
向ふわ知るまい こちらわ 知り取る 向ふわ 清血 黒血 赤血 眞血を吐け 血を吐け あわを吐け 息座味塵に
まらべや 天竺七段國へ行なへば 七ツの石を集めて 七ツの墓を付き 七ツの石の外羽を建て 七ツの石の じ
ょう(綜)鍵下して みぢん すいぞん あびらうんけん妙婆訶と行ふ 打ち式 返し式 まかだんごく 計反國と
七ツの ぢこくへ 打ちおとす 唵あびらうんけんそばか

그야말로 무시무시한 어휘를 나열해 놓았다. 이 이자나기류에서 말하는 이 '법문'
은 '저주 되돌려주기', 즉 저주를 상대에게 되돌려주는 주문이다. '시키오지'로서 부
동왕(부동명왕)을 거꾸로 끌어내서 해가 되는 각종 영靈과 그 영을 조종하는 인간에
게 피바람을 일으켜 주살呪殺하려는 것이다. 이 법문의 말미에는 인형 그림이 그려
져 있는데, '인형 12 못 73 21 33 49'라고 기재되어 있다. 즉 이 주문을 외운 다음
에 준비했던 인형 열두 개에 못을 박았던 것이다.

이미 기술한 것처럼 이자나기류에서는 모든 제의에서 종이로 신을 본떠 만든 고
헤이 인형이 다수 사용된다. 환자 기도에서도 마찬가지이다. '인형 기도'는 이자나
기류의 커다란 특징인 것이다.

이자나기류에서는 계절에 따라 인형 재료를 다르게 사용한다고 한다. 정월에는
소나무, 2월에는 띠, 3월에는 복숭아꽃, 4월에는 보리 짚, 5월에는 싱싱한 새잎, 6월
에는 댕강목, 7월에는 사철쑥, 8월에는 볏잎, 9월에는 국화, 10월에는 갓, 11월에는

---

32 해당 법문을 정확하게 번역하기 위해서 저자에게 확인해 보았으나 저자도 알 수 없다는 회신을 받았다. 이 부
분의 일본어 원문을 역주에 그대로 옮겨 놓는다.

백지白紙, 12월에는 얼음 인형이라는 식이다. 아마 각각의 달에 따라 소재를 달리 사용하는 것은 관념상일 뿐이고, 실제로는 제웅[33]이나 종이 인형을 저주 인형으로 사용했을 것이다. 그러나 이러한 관념이 생겨났다는 자체가 이자나기류 저주신앙이 심오하다는 것을 말해주고 있다.

누군가를 '저주 조복'(인연 조복이라고도 한다)하는 경우에는 이와 같은 인형을 만들어서 사용한다. 즉 '나는 잘 되게 해주고 저 사람은 나빠지게 해 달라. 그 자손을 끊겨라.'는 주문을 외우며 땅에 엎드려서 하늘을 우러러본 후에 인형에게 저주를 요구한다고 한다.

이 저주방법에도 몇 가지의 변화가 있었다. 예를 들면 '소마祀法'라는 것은 먹줄을 활의 현으로 해서 밑에 놓인 인형을 향해 끝이 날카롭고 작은 화살로 쏜다고 한다. 또한 '천신법天神法'이라는 것은 모루[34] 위에 놓은 사람 모양의 인형을 쇠망치로 두드리는 법이다. 이외에 인형의 눈이나 심장 부분에 못 또는 바늘을 박는 '침법針法'이라는 것도 있다.

이러한 저주법은 원래 이자나기류의 스승에게서 제자에게로 구전으로 은밀하게 전달되었다. 그렇기 때문에 다유가 되려는 사람은 많은 사람을 스승으로 모시면서 경쟁자인 다유보다 조금이라도 강한 파워(주술)를 익히는 일에 열정을 쏟으며 수많은 법술=법문을 고안해냈던 것이다.

'제문'이 말해주는 '이자나기류'의 기원

이자나기류의 다유들이 법문과 함께 신앙의 중심으로 여기는 것으로 '제문'이 있다. 제문은 다유들이 신성시하고 중요시하는 신들이나 제구祭具에 대한 기원신화이

---

33 짚으로 만든 인형이다. 일본 민속세계에서 인형은 영적 대상물로서 질병퇴치, 오곡풍년, 자손번창을 기원하는 데 사용되거나 저주 목적으로 인간의 운명을 대신하는 역할을 하였다.
34 대장간에서 불린 쇠를 올려놓고 두드릴 때 받침으로 쓰는 쇳덩이이다.

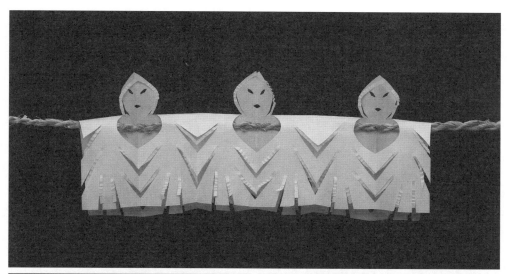

이자나기류 다유가 사용하는 다양한 고헤이
사진 위부터 시계 방향으로 열 두 개의 히나고, 대저주 고헤이, 3단 미테구라

며, 어떠한 제의에서든 그 주요한 내용이 반드시 읊어진다. 말하자면 불교 경전에 해당되는 것이다.

그 중 하나로 이자나기류의 근본 제문이라고 할 수 있는 '이자나기 제문'이 있다. 여기에는 이자나기류가 무엇인지 알 수 있는 커다란 실마리가 시사되어 있다. 이야기의 내용은 점에 능숙한 일본의 공주(무녀)가 천축(이자나기류에서는 천축천天竺天이라고 하는 것이 일반적이다)에 사는 이자나기류의 다유로부터 이자나기류를 배워서 일본에 전했다는 것이다. 줄거리를 소개하면 다음과 같다.

옛날, 일본 다이오지마大王島라는 섬의 왕에게 덴추天中라는 공주가 있었다. 공주는 일곱 살에 학문을 시작하여 모든 경전과 점법을 다 익혔다. 그러나 이것들을 사용해서 사람을 구하는 기도법만은 아무래도 알 수가 없었다. 그러던 어느 날, 공주는 천축천에 이자나기 대신이라는 기도의 명인이 있다는 소문을 들었다. 공주는 기뻐하며 곧바로 천축으로 건너가서 이자나기 대신을 찾아 여행을 하였다. 그러던 중에 공주는 운 좋게도 '환자 기도' 요청을 받고 일본으로 가고 있던 이자나기 대신 일행을 만났다. 덴추 공주는 그 즉시 이자나기 대신에게 제자가 되어 기도법을 배우고 싶다고 말씀드렸다. 그러자 대신은 "내가 '환자 기도'를 부탁받았는데, 혹시 공주가 쌀 점을 칠 줄 안다면 어떤 병인지 점쳐 줄 수 없겠는가?"라고 물었다.

그러자 쌀 점에 능숙한 덴추 공주는 강가의 모래를 쌀 대신으로 해서 점을 쳤다. 점에 따르면 목수가 환자 집의 대들보 밑에 끝부분을 마흔 여덟 개로 쪼갠 먹 꽂이를 묻어두었기 때문에 그것이 고진荒神(원래는 난폭한 신이라는 의미였지만, 점차 산보코진三寶荒神[35]과 같은 신격 중의 하나가 되었다)에 대한 큰 조복(저주)이 되었고, 이를 알게 된 고진이 재액을 일으켰다는 것이었다.

그러나 공주의 점괘를 믿을 수 없었던 이자나기 대신은 또 다시 자신이 갖고 있는 함(수험자修驗者나 행각승行脚僧이 등에 짊어지던 다리 달린 상자) 속에 무엇이 들었는지 점

---

[35] '고진'은 원래 악신(惡神)의 일종이었다. 하지만 점차 불보(佛寶), 법보(法寶), 승보(僧寶)의 삼보(三寶)를 수호하는 신의 성격을 지니게 되었다. 부정(不淨)을 싫어하고 불을 좋아한다는 점 때문에 근세 이후 조왕신으로 모시게 되었다.

을 쳐서 맞춰보라고 하였다. 그러자 공주가 함 속에는 열두 마리의 외법外法(사술邪術에 이용되는 짐승)이 있다고 점쳤다.

공주가 친 점 결과에 대해 대신은 격노하였다. "내 가문은 시키(시키가미)를 사용하는 집안이 아니다. 이누가미나 사루가미도 사용한 적이 없다. 외법 같은 것이 함 속에 들어있을 리가 없다. 점을 다시 쳐라."라고 말하였다. 그러나 공주도 승복하지 않았다. "내 점에 실수는 없으니, 함 뚜껑을 열어 보세요."라고 대답하였다.

뚜껑을 열어보니 놀랍게도 공주의 점괘대로 열두 마리의 쥐가 사방팔방이 아니라 열두 방향으로 튀어나와서 주위를 돌아다녔다. 이자나기 대신 일행은 당황해서 주문을 외며 쥐들을 불러 모으려고 했지만 모이지 않았다. 그런데 이때 태연한 얼굴을 하고 있던 공주가 주문을 외우자 쥐들이 순식간에 한 장소로 모였다. 그리하여 공주는 이 쥐들을 고진의 권속眷屬으로 삼기로 하였다. 사실 이 쥐들은 함 속에 들어 있던 귤을 공주가 법술을 써서 변신시킨 것이었다.

이 광경을 본 이나자기 대신은 매우 감탄하며 "내 집으로 먼저 가서 내가 환자 기도를 마치고 돌아올 때까지 기다려 달라."라고 말하고 떠났다. 공주가 집에서 기다리고 있자, 이윽고 이자나기 대신이 무사히 기도를 마친 대가로 엄청나게 많은 사례품을 받아들고 돌아왔다. 그리고 둘은 스승과 제자의 관계를 맺게 되었다. 이후 공주는 기념祈念 기도의 수행에 힘써서 삼 년 삼 개월이 걸리는 수행을 석 달 반 만에 전부 익혔다. 공주는 일본으로 돌아갈 때에 자신이 수행했다는 확실한 증거가 될 만한 시키호式法를 배우고 싶다고 대신에게 청하였다. 대신은 흔쾌히 '인형 기도'를 가르쳐주었다. 그리고 마지막 질문(시험)으로 '이자나기 가문의 최고 보물이 무엇인지 맞춰보라'고 하였다.

쌀 점을 친 후, 공주는 이번에도 "이나자기 집안의 천장에 네 치 크기의 구슬 상자가 숨겨져 있는데, 그 안에 열두 마리의 외법이 있다."라고 하였다. 대신은 화를 내며 "이자나기 집안은 칠대 째 이어지는 집안이지만, 외법은 사용하지 않는다."라며 구슬 상자의 뚜껑을 열었다. 그러자 놀랍게도 가나메かなめ라는 새가 한 마리 튀어나왔다. 이 새의 정체는 분명하지 않지만, 이자나기 대신의 수호신이거나 시키가

미였을지도 모른다. 대신은 감탄하며 공주에게 이자나기류의 최고 기도법인 '활 기도'법을 가르쳐 주었다. 이리하여 이자나기류는 일본에서 천축까지 건너간 덴추 공주에 의해 마침내 일본으로 전해지게 되었다.

이자나기류 민속종교인은 '외법 사용자'인가

이자나기류의 기원설화라고도 할 수 있는 '이자나기 제문'을 살펴보면 이자나기류가 이계(천축)에 전승되고 있던 기도법(실제로는 일찍이 일본 각지에서 행해지고 있던 다양한 종교)을 바탕으로 하여 만들어졌다는 것을 알 수 있을 것이다. 또한 '인형 기도'와 '활 기도'가 이자나기류 기도법의 중심이 된다는 것도 알 수 있다.

이처럼 활을 사용하는 기도법이나 저주법은 인형을 사용하는 저주법에서도 나왔던 것처럼 이자나기류 제의에서는 자주 이용된다. 신을 불러내거나 혹은 신령을 위협해서 쫓아내기 위해서이다. 여기에는 '아즈사梓 무녀'[36]가 활을 두드려서 접신을한 후에 신탁을 하는 신앙이나, 활줄을 울려서 악령 종류를 쫓아내는 '히키메 법蟇目法'도 들어가 있다.

원래 이자나기류의 '히키메 법'은 활과 화살로 태양을 쏜다는 엄청난 주법으로, 당치도 않은 목적을 억지로 실현시키고자 할 때 사용된다고 한다. 태양을 쏜다. 화살이 태양까지 닿을 리는 없을 텐데 어떻게 맞춘다는 것일까. 여기에는 트릭이 있다. 대야에 물을 담고 거기에 비친 태양을 쏘는 것이다.

그런데 이 이야기에는 또 하나 주목해야 할 점이 있다. 이자나기 대신이 소중하게 여기는 수호신을 넣어둔 구슬 상자의 내용물이 덴추 공주의 쌀 점에 의해 두 번이나 '열두 마리의 외법'으로 설명되었다는 것이다. 이에 대응하여 이자나기 대신

---

36 특정 신사에 소속되지 않은 채 전국 각지를 떠돌아다니며 활동하는 무녀이다. 가래나무로 만든 활을 의식의 도구로 사용한다.

은 필사적으로 "나는 시키(시키오지)를 사용하지 않으며 이누가미나 사루가미도 사용하지 않는다."라고 주장하였다.

확실히 덴추 공주의 점 결과는 이자나기 대신이 외법을 사용한다고 단정할 만한 것이 없었다. 그러므로 이자나기 대신의 체면도 지킬 수 있었다. 그러나 이는 오히려 덴추 공주가 스승인 이자나기 대신의 체면을 세워주면서도 사실은 이자나기류의 다유들이 은밀히 시키를 사용하거나, 이누가미 또는 사루가미를 사용하는 외법의 측면도 있음을 폭로 했다는 것을 암시하고 있다.

사실 현재의 이자나기류 다유들도 이자나기 대신이 외법을 사용하는 가계였다고 생각한다. 또한 그들은 이 이자나기 대신과 덴추 공주 두 사람을 이자나기류의 시조로 여기며, 자신들은 그 자손에 해당된다고 주장한다. 즉 자신들 또한 외법을 사용하며 외법의 지식과 기술을 알고는 있지만, 대부분의 다유들이 그것을 악용하는 일은 없는데, 다유 중의 일부가 외법을 악용하는 일이 있다고 한다.

어떤 저주 이야기

'이자나기 제문'을 통해서 이자나기류 다유의 기본적인 이미지가 한층 명료한 형태로 우리들 앞에 떠올랐다고 생각한다. 그러나 누가 그들에게 저주를 의뢰하고 그들이 왜 저주를 받아들이며, 구체적으로 어떤 저주 조복이나 저주 되돌려주기, 저주 진정법을 행하는지에 대한 의문은 여전히 남아 있는 상태이다.

이 점에 대해 가장 정확한 이미지를 부여하는 이야기가 있다. 이 제문이 '저주의 제문'이라는 것이며 정곡을 찌르는 저주 이야기이다. 이 제문을 처음으로 알게 되었을 때 나는 이런 이야기를 용케 잘도 만들었다고 놀라며 감탄하였다. 그 내용을 학회에 보고했을 때는 모두 놀랐다. 어떤 연구자가 곧바로 "너무 지나칠 정도로 잘 만들어졌다. 이런 것이 현재까지 전해지고 있다고는 아무래도 믿기 어렵다. 고마쓰 씨가 조작한 이야기가 아닌가?"라고 말할 정도였다. 그 정도로 잘 만들어진 저주

이야기이다.

이 이야기는 길기도 하지만, 의미가 불분명한 문구와 방언이 섞여있다. 따라서 원문이 아닌 개요로 '저주의 제문'을 소개하고자 한다.

석가라불釋迦羅佛의 아들인 석가석존 치세 때의 일이다. 어느 날 석존의 비가 중병에 걸리게 되어 석존은 신불에게 칠십 오품의 진기한 물품을 진상할 테니 왕비의 병을 낫게 해달라는 기원을 하였다. 석존은 이 칠십 오품의 물품을 가져오는 자에게 '왕위'를 넘기겠다고 하였다. 이 말을 들은 남동생 제바왕提婆王이 칠십 오품을 가지고 와서 약속대로 '왕위'를 넘기라고 석존에게 요구하였다. 이때 백성들이 만약 앞으로 석존 전하의 비가 아들을 낳으면 그 아들이 일곱 살이 될 때까지는 제바왕 전하에게 '왕위'를 맡기고 그 후는 석존의 아들에게 건네는 것으로 하며, 만약 딸을 낳으면 제바왕이 '왕위'를 건네지 않아도 된다는 제안을 하여 승낙을 받았다.

이윽고 병이 나은 왕비에게 석가왕이라는 아들이 태어났다. 석가왕이 일곱 살이 되었을 때, 백성들은 제바왕에게 약속대로 석가왕에게 '왕위'를 넘기라고 요구하였다. 제바왕은 자신이 칠십 오품의 물건과 교환한 소중한 '왕위'를 그렇게 쉽게 돌려줄 수는 없었다. 그래서 석가왕과 제바왕이 활쏘기를 해서 이긴 쪽이 '왕위'를 차지하기로 하고, 진 쪽은 '왕위'를 포기하고 행각수행行脚修行에 나서자는 제안을 하였다. 이리하여 제바왕과 석가왕이 활쏘기 시합을 하게 되었다.

제바왕은 천축천에 올라가서 돌 과녁·흑철 과녁·납작날 괭이 과녁을 세 개씩 합계 스물 한 개를 준비하였다. 그리고 제바왕은 엄청난 위력의 활인 흑철제黑鐵製의 활을 갖고, 석가왕에게는 그보다 훨씬 위력이 떨어지는 적철제赤鐵製 활을 주었다.

석가왕이 먼저 과녁을 쏘게 되었다. 석가왕이 신불에게 기도를 하며 첫 번째 화살을 쏴서 돌 과녁을 꿰뚫었다. 두 번째 화살은 흑철 과녁과 납작날 괭이 과녁을 동시에 꿰뚫었다. 제바왕도 이에 지지 않으려고 첫 번째 화살을 시위에 메겨서 쏘았지만, 돌 과녁에 맞은 화살은 튕겨 나가서 천축천으로 올라가 버렸다. 그 다음 화살도 첫 번째 화살과 마찬가지로 튕겨서 제바왕의 손을 찔렀다. 이에 극도로 화가 난 제바왕은 활을 부러뜨리더니 상투를 허리춤의 단도로 베어버리고 행각수행을 떠났다.

그런데 제바왕에게는 왕비가 있었다. 그녀는 제바왕이 떠나자 비탄에 잠겨 모든 것이 석가왕 탓이라며 석가왕을 저주로 죽이려고 여러 신불에게 기원하러 다녔다. 그러나 보람도 없이 석가왕에게는 저주가 걸리지 않았다. 그런데도 왕비는 석가왕에 대한 저주 조복·인연 조복을 멈추려 하지 않았다.

그러던 어느 날, 이 왕비가 '사카사마가와逆さま川'에 가서 하늘을 우러르고 땅에 엎드려서 수매화를 '바잔ばざん'이라고 하며 세 번 걷어차면서 인연 조복을 하고 있었다. 때마침 세상을 떠돌던 중국인 주술사가 그곳을 지나갔다. 중국인 주술사는 제바왕의 비에게 해서는 안 될 일을 하고 있다고 꾸짖었다. 하지만 왕비는 여자의 몸으로 이렇게까지 하고 있는 것은 이유가 있기 때문이라며 오히려 그에게 저주 조복을 의뢰하였다. 중국인 주술사가 저주 조복은 해서는 안 되는 법이기 때문에 할 수 없다며 거부했지만, 결국 왕비에게 설득당하여 공물을 많이 준비해서 가지고 온다면 해보겠다고 승낙하였다.

왕비는 즉시 요구받은 물품들을 가지고 왔다. 중국인 주술사는 자신이 지금까지 사람을 저주 조복한 적은 없지만, 이번에만 저주 조복을 해보겠다며 '사카사마가와'로 내려갔다. 이어서 칠 단으로 된 단을 장식하고, 띠로 사람 형상을 한 인형을 만들어서 색깔 옷을 거꾸로 입혀 꿰맸다. 그리고 역도逆刀를 사용하여 육도 고헤이六道御幣[37]를 흔들면서 수매화를 '바잔'이라고 하며 세 번 위아래로 걷어차면서 하늘을 우러르고 땅에 엎드려 저주 조복을 하였다. 이 저주 조복으로 석가왕은 중병에 걸리게 되었다.

한편 석가왕에게는 팔만 네 명의 제자가 있었다. 그 중에서 수제자인 고테이 보살은 장애자였기 때문에 팔만 세 명의 다른 제자들에게 구박을 받아 혼자 야타니산八谷山에 살고 있었다. 석가왕의 중병은 팔만 세 명의 제자가 기도를 해도 차도가

---

[37] '고치현립역사민속자료관'의 우메노 미쓰오키(梅野光興) 주임학예원에 따르면, 모노베 촌에서는 수많은 고헤이가 사용되고 있는데, 그 고헤이마다 신의 이름이 붙여져 있다. 여기에서의 '육도'는 그 신 중 하나라고 한다.

없었다. 그래서 고테이 보살이 점을 잘 쳤기 때문에 그에게 점을 치게 하려고 다른 제자가 고테이 보살이 사는 산을 방문하였다. 그는 옛 동료의 모습을 보고 화가 났지만, 다름 아닌 스승과 관계된 일이었기 때문에 점을 쳐보겠다고 하였다. 그가 핫포나게후마八方投げ米(쌀 점)를 여러 가지 방법으로 쳐본 끝에, '사카사마가와'를 지나가는 중국인 주술사에게 점을 치게 하면 된다고 가르쳐주었다.

석가왕이 고테이 보살의 점괘대로 '사카사마가와'에서 기다리고 있었더니, 이윽고 중국인 주술사가 그곳을 지나갔다. 석가왕은 중국인 주술사에게 병의 원인을 점쳐달라고 부탁하였다. 중국인 주술사는 점치는 것쯤은 손쉬운 일이라며 핫포나게후마로 점을 치더니 석가왕에게 최근에 다른 사람의 원한을 살만한 일을 하지 않았느냐고 물었다. 석가왕이 제바왕의 일을 이야기하자, 중국인 주술사는 그 제바왕의 비가 인연 조복을 했기 때문에 병이 생긴 것이라고 점을 쳤다.

석가왕은 병을 낫게 해달라고 부탁하였다. 그러자 중국인 주술사는 죄 없는 석가왕이 인연 조복을 당한 것이니 그 저주가 상대에게 되돌아가는 '저주 되돌려주기'를 해주겠다고 하였다. 그리고 제바왕의 비에게 요구했던 것과 같은 물품을 준비시킨 후에 '사카사마가와'로 내려가서 칠단의 단을 장식하고 곡물가루로 사람 모양의 인형을 만들어 색깔 옷을 거꾸로 입혀서 꿰맸다. 이어서 역도를 사용하여 육도 고헤이를 흔들며 하늘을 우러르고 땅에 엎드려서 수매화를 세 번 위아래로 걸어차면서 나무주조신南無呪詛神의 '되돌려주기'를 행하였다.

그 결과, 석가왕의 병은 나았지만 그 조복 되돌려주기가 제바왕의 비에게 돌아가 이번에는 왕비가 중병에 걸리고 말았다. 곤란해진 왕비가 중국인 주술사에게 병의 원인을 점치기 위하여 '사카사마가와'에서 기다리고 있자 중국인 주술사가 지나갔다. 왕비가 병에 대해 점을 쳐달라고 부탁했더니 문제없다며 핫포나게후마로 점을 쳤다. 그리하여 왕비의 병은 지난번에 행했던 인연 조복에 대해 조복 되돌려주기의 바람이 불었기 때문이라는 점괘가 나왔다.

왕비는 그러면 저주 되돌려주기를 해달라고 부탁하였다. 그러나 중국인 주술사는 저주 되돌려주기는 행하면 안 되는 주법이라며, 그 대신 '저주의 재 기원법'을

행해서 병을 낫게 해주겠다고 하였다. 그리고 이번에도 역시 많은 물건들을 준비시킨 후에 나무주조신을 일본·당나라·천축의 경계에 있는 도로쿠노시마とろくの島의 저주 사당에 보내서 진정시켰다.

저주의 기원과 보수報酬의 시스템

이런 이야기를 읽고 현대의 친족, 가족 간의 재산 분쟁이나 가족 회사의 권력 다툼을 떠올린 사람도 틀림없이 있을 것이다. 숙모와 조카라는 관계 사이에서 저주를 걸려고 했던 제바왕의 왕비, 그 저주 때문에 병에 걸려서 저주 되돌려주기를 한 석가왕, 그리고 저주 되돌려주기에 걸려서 병에 걸린 왕비, 그들과 모노베 촌 사람들의 모습이 오버랩 된다. 그리고 현대를 살아가는 많은 사람들도 함께 오버랩 된다. 다른 점이라면 우리들 주변에는 현대의 중국인 주술사, 즉 이자나기류 다유가 없다는 것 뿐이다.

이처럼 이자나기류 다유들은 '저주의 제문'에 멋지게 묘사되어 있는 것과 같이 저주 전문가이기도 했다는 것이 분명해졌다. 사실 이자나기류 다유들은 중국인 주술사가 '저주'에 관한 여러 가지 의례, 즉 '구분'이나 '환자 기도', 그리고 '저주 조복' 등을 행할 때의 조상신이라고 한다. 또한 여기에 등장하는 다양한 저주법은 현재에도 그들이 계승하고 있는 것들이다.

다만 오해하지 말아야할 것은 이러한 '저주의 제문'은 '저주'를 걸 때만 사용된 것이 아니라는 점이다. 이 제문은 '저주의 구분'이나 환자 기도 등 '저주'를 떨쳐낼 때에 저주신의 공양을 위해 외우던 것이다. 그렇기 때문에 이렇게 전승되었고, 더구나 일반인들에게도 쉽게 보여주는 것이다. 요컨대 '저주'의 기원에 대한 이야기이다.

그리고 간과하지 말아야할 것은 이러한 전문가로서 활동할 때마다 다유들의 주머니에는 '하늘이 뚜껑이고 땅이 그릇'이라고 말할 정도로 엄청난 양의 사례비가 들어 왔다는 점이다. 모노베 촌에서는 다유에게 주는 사례를 가능한 한 많이 주어야

한다고 생각한다. 마을사람 중에는 다유에게 여러 가지 의례를 부탁하고 그에 대한 사례를 지불하기 위해 일하고 있는 듯하다고 술회하는 사람조차 있다.

그러나 이러한 마음은 우리들도 예외가 아니다. 다수의 일본인이 신불에 대한 새전賽錢[38]이나 장례비용의 많고 적음에 따라 신불로부터 그에 걸 맞는 '부'나 '행복', '재액'까지 받는다고 생각하는 것은 아닐까. 나는 최소한 그러한 심층의식이 작용한다고 생각한다.

왜 현대인은 미즈코水子의 재앙을 신경 쓰는가

인간은 누구나 '저주하는 마음'을 지니고 있다. 저 사람이 밉다, 저 사람이 없어지면 좋겠다고 생각하는 것처럼 다른 사람을 미워하거나 시기하는 것은 다른 사람을 좋아하게 되거나 사랑하는 것과 마찬가지로 인간을 인간답게 만드는 속성 중 하나라고 해도 될 것이다. 그러나 아무리 '사람을 저주하고 싶다' 혹은 '저주 받고 있는 것은 아닐까'라고 생각해도 그것만으로는 '저주'가 발생했다고 하지 않는다.

즉 저주신앙이 성립하기 위해서는 사람의 저주하는 마음에 설명을 부여하여 '당신은 저주 받고 있다'고 판단해주는 전문가가 필요하다. 얼마 전까지는 이러한 역할을 담당하는 민속종교인들이 전국 각지에서 많이 활동하고 있었다. 그러던 것이 서양의학을 비롯한 근대 과학이 침투함에 따라 대부분은 후계자를 배출하지 못하고 사라져갔다. 그에 따라 '저주하다'와 '저주받다'라는 관계를 설명하는 신앙도 급속히 쇠퇴해 버리고 말았다.

따라서 지금까지 기술해온 저주의 지식이나 기술도 현대인은 '어리석다, 비과학적이다'라며 부정하거나, 그렇지 않으면 그저 옛날 사람들의 상상력에 경탄할 수밖에

---

38 신불에게 소원을 빌거나 소원이 이루어졌을 때 그 사례로 바치는 돈이다. 옛날에는 돈이 아니라 쌀 또는 고헤이 등을 바쳤다.

없는지도 모른다.

그러나 이와 같이 생각하는 것은 우리들이 과거 일본인의 생활을 잘 알지 못하기 때문이며, 일찍이 일본인은 이러한 정신세계 속에서 살았다. 옛 일본인들이 자신을 에워싼 세계에 일어나는 다양한 현상을 '저주'라는 일종의 지知의 체계나 설명 체계로 이해하고 납득했던 것에 반해 우리들 현대인은 '과학적'인 지의 설명으로 이해하고 느끼고 있지만, 그 이해 방식에 결정적인 차이가 있다고는 생각하지 않는다.

오히려 미즈코의 재앙[39]을 두려워하거나 영감상법=선조의 재앙에 휘둘리고 있는 현대인은 '과학적'인 이해 방법으로 설명할 수 없는 '저주'의 존재를 마음 속 어딘가에서 믿고 있다고 할 수도 있지 않을까.

저주 세계로의 타임머신

모노베 촌에서는 이자나기류가 쇠퇴해 가고 있는 중이지만, 현재도 존속하고 있다. 왜 이자나기류가 존속해온 것일까. 아마도 가장 큰 이유는 마을사람들 각 가정의 제의를 이자나기류 다유들이 장악하고 있기 때문일 것이다. 특히 이자나기류 제식祭式에 의한 조상제례로서의 성격을 지닌 야기토家祈禱[40]는 그 유례를 찾아볼 수 없을 정도로 대규모의 것이다. 명문가의 야기토에서는 여섯 명의 다유가 이상적이라고 여겼고, 아주 오래전에는 열두 명이나 되는 다유가 필요하다고 여겼다.

이러한 제의에 오랫동안 익숙했던 마을사람들이 이자나기류 방식의 제의를 계속

---

39 미즈코란 유산 또는 임신중절로 사망한 태아를 의미한다. 유산, 인공임신중절 등으로 사망한 태아의 영이 살아 있는 인간에게 영향을 끼친다고 생각하였다. 일본의 경우 1970년대 이후 미즈코를 공양하는 미즈코 공양이 유행하게 된다. 여기에는 사원(寺院)이 경제적 이익을 위해 미즈코 공양을 대대적으로 선전하기 시작한 것이 큰 영향을 끼쳤다.

40 신직(神職)이나 수험자(修験者) 등의 종교인이 우지코(氏子), 단가(檀家)에 가서 가내 안전을 위해 행하는 기도를 뜻한다. 서일본 특히 주고쿠(中國), 시코쿠(四國)지방에서 한다. 지역에 따라서는 가구라 다유(神楽大夫)나 음양사(陰陽師)가 하는 경우도 있다.

해서 추구해왔다. 거기에서 자신들의 정체성을 찾고자 했다고 말할 수 있을지도 모른다. 그리고 모노베 촌 사람들은 이러한 대규모 제의가 가능할 정도로 수많은 다유를 계속 부양해 왔다. 이 때문에 주위의 다른 지역 사람들에게는 이상하리만큼 다유가 많은 일종의 '다유 촌'으로 알려지게 되었다.

그렇다면 왜 이렇게까지 다유를 반드시 필요로 하는 제의가 만들어진 것일까. 이에 대해서는 역사의 어둠 속으로 사라져버려서 이제는 명확히 알 수가 없다. 단지 적은 수의 문헌을 통해 가까스로 추측해 보자면, 이 지방의 정치 시스템을 지탱하기 위해서 이자나기류 다유의 조상들의 힘이 동원되었던 것 같다. 즉 이 지방의 정치적 지배자는 단순히 물리적인 강제력만으로 지배했던 것이 아니라, 다양한 제의를 집행하여 종교적인 권위도 이용함으로써 지배체제의 확립을 꾀했던 것이다.

그리고 다유들은 정치적 체제의 존속·번영을 기원함과 동시에 적대 세력에 대해서는 '저주 조복'을 행했음에 틀림없다. 앞에서 소개했던 것처럼 이웃 마을 다유의 저주로 피해를 입었다는 사례는 이러한 정치적·종교적 집단의식과 무관하지 않을 것이다.

물론 이러한 권력자와 주술사·민속종교인의 관계는 모노베 촌에만 한정되지 않는다. 이 책에서 차차 기술하겠지만, 일본 역사에 등장하는 권력자의 배경에는 이러한 주술사들의 모습이 어른거린다. 그것은 현대라고 해도 예외가 아닐 것이다. 권력(자)와 주술(사)의 관계, 이것은 이 책의 커다란 테마 중 하나이다.

왜 모노베 촌인가. 왜 이자나기류인가. 나는 지금까지 자신의 '저주 여행'을 되돌아보며 이렇게 자문자답을 하면서 여기까지 써내려왔다. 그러나 독자 중에는 '일본의 저주'에 대해 다루는 이 책에서 왜 이렇게까지 장황하게 시코쿠의 깊은 산속 마을의 일을 적고 있는지 의아하게 생각하는 분이 있을지도 모른다.

확실히 깊은 산속 마을의 일이다. 그러나 진리는 세부細部에 깃드는 경우가 있다. 모노베 촌과 이자나기류에는 '일본의 저주'를 연구하는 데에 필요한 거의 모든 것이 전승되고 있다고 할 수 있다. 이자나기류에서 말하는 체계적인 '저주'에 대해 여기에서는 단순히 '저주'로 압축해서 소개하였다. 그것은 요컨대 '게가레'이며, 그것을 신체나 사회로부터 떨쳐내어 신체나 사회를 정화하고 재생시키는 의례를 행하는 것이 다유들의 기본적인 역할이었다. 이러한 '저주'와 그 '불제'의 역동성이야말로 일본 '저주'의 구조와 일본 사회의 구조를 이해하는 기본이 되는 시스템이다. 그것만이 아니다. 모노베 촌은 현재도 '저주'가 살아 있으며, 그렇기 때문에 그 실태를 아는 데에 더할 나위 없는 현실세계이다. 일본에서 저주의 지식과 기술이 꽃피었던 것은 고대와 중세이다. 우리들은 문헌으로 밖에 들여다볼 수 없는 세계이다. 그러나 모노베 촌을 알게 됨으로써 우리들은 이러한 역사적 세계로 시간 이동을 하여 현대의 시점에서 다시 한 번 '저주신앙'에 접근할 수 있는 것이다.

왜 사람들은 '저주'를
두려워하는가

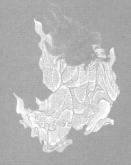

왜 사람들은 '저주'를 두려워하는가

"당신을 저주하겠다!"

'저주'란 적의의 표명이며, 살의의 표현이기도 하다. 만약 다른 사람으로부터 면전에서 "당신을 저주하겠다!"라는 말을 들었다면 누구라도 왠지 모를 불안감이나 공포심을 갖게 된다.

원념怨念이 존속하는 한, 원한을 가진 사람에 의한 방해가 이윽고 어떤 형태로든 자신의 앞길에 나타날지도 모른다는 불안이나 공포를 느낀다. 과학적 해석을 중시하는 현대인이라 하더라도 그러한 방해나 재액이 신비적인 형태를 띠고 실현될지도 모른다는 불안을 전면적으로 부정할 수는 없다. 어쨌든 '신비적인 것'에 대해 과학적 해석은 무력하다. 오히려 '비과학적'이라는 딱지를 붙여서 무시하는 편이 훨씬 정확할지도 모른다.

이 저주와 관련된 개인적 환상과 공동환상과의 관계에 대해서는 차차 밝혀 나가기로 하겠지만, 그 전에 독자들을 저주의 공동환상이 모노베 촌物部村을 확대시키는 형태로 존재했던 사회·시대로 안내하고자 한다.

그 곳은 저주의 공포가 개인은 물론 국가까지도 지배하는 세계였다. 사람들은 상하귀천을 막론하고 저주를 두려워하고 저주에 휘둘려서, 한편으로는 저주에 걸릴 위험성을 느끼고 그 방어에 부심하며 생활하였다. 그와 동시에 다른 한편으로는 시기와 상황을 선택하여 '저주 행위'에 의탁하였다. 그 전형 중 하나가 나라奈良¹에서 헤이안平安²에 걸치는 시대였다.

'저주'가 지배하는 세계

나라 시대. 그것은 우리에게 "아오니요시靑丹よし³, 나라의 수도는 지금 피어나는 꽃향기처럼 번성하고 있다."라는 노래로 상징되며 화려하게 번영했고 평화로 가득했던 시대라는 이미지를 상기시킨다. 그리고 강력한 율령체제의 상징인 도다이지東大寺⁴ 대불전大佛殿도 떠올리게 한다.

그러나 실제로는 그렇지 않았다. 피어나는 꽃인 나라의 수도라는 곳에서는 저주가 성행했으며, 궁정 안 정치도 저주에 좌우되었다.

8세기의 율령국가가 편찬한 정사正史『속 일본기續日本紀』⁵를 보면 이러한 나라 시대 저주의 실태가 두드러진다. 아무개가 저주를 행했다는 등의 이유로 처벌당했다

---

1   나라 시대(奈良時代)란 일본 시대 구분의 하나이다. 나라(奈良) 지역에 수도를 두었던 710년부터 794년까지를 가리킨다.
2   일본 시대 구분의 하나이다. 수도를 나라에서 교토(京都)로 옮긴 794년부터 가마쿠라(鎌倉)에 막부(幕府)가 설치된 1185년까지를 가리킨다.
3   나라를 수식하는 마쿠라코토바(枕詞)이다. 아오니(靑丹)는 검푸른 흙으로 염료 및 화료(畫料)로 사용된다. 나라 부근에서 아오니(靑丹)를 산출한 데서 나라를 수식하게 되었다.
4   나라 현(奈良縣)에 있는 일본 화엄종(華嚴宗)의 대본산이다. 고대 일본은 율령체제를 정비하여 천황 중심의 율령 국가를 확립하기 위해 불교를 국가 통일의 사상적 기반으로 삼으려 하였다. 쇼무 천황(聖武天皇, 재위 724~749)은 국가 안정을 기원하며 지방 각지에 절을 건립하는 한편, 도다이지 건립을 명하였다. 본존은 비로자나불(毘盧遮那佛)로 앉은키가 약 15미터의 금동불이다. 현존하는 세계 최대 목조건물인 대불전(大佛殿)에 안치되어 있다.
5   『일본서기(日本書紀)』에 이어 두 번째로 만들어진 역사서이다. 697년부터 791년까지 95년간의 역사를 다루고 있으며 전 40권으로 구성되어 있다. 율령국가 체제의 정비로 기록 및 공문서 등이 체계적으로 수집되면서 『일본서기』보다 사료로서의 신뢰도가 높다. 신라나 발해에 관한 기록도 포함되어 있어 한국 고대사 연구에도 중요시되는 사료이다.

든가, 저주 금지의 칙령(천황의 대권으로 내려지는 명령)이 발포되었다든가 하는 기재가 곧잘 등장한다.

예를 들면 진키神龜[6] 6년(729) 2월, 덴무 천황天武天皇[7]의 손자에 해당하는 좌대신左大臣[8] 나가야 왕長屋王[9]의 저주사건이 있었다. 나가야 왕은 '좌도左道', 즉 사술을 남몰래 배워서 국가 반역을 꾀했다는 이유로 쇼무 천황聖武天皇[10]의 분노를 사서 천황의 명에 따라 처자식과 함께 자살로 내몰렸다.

나가야 왕은 천황의 거처에 필적하는 광대한 저택을 소유했던 모양으로, 현재 그 터가 확인되고 있다. 이 사건을 계기로 이후, 천황·귀족·민중이 전부 얽힌 저주사건이 전개되었다. 사건 직후인 같은 해 4월, 쇼무 천황에 의해 다음과 같은 칙령이 발포되었다.

"정부 관리 및 백성을 불문하고 이단의 주술을 배워서 염매厭魅 저주(인형을 이용한 저주)를 하여 다른 사람을 해하려 하는 자가 있으면 주모자는 참수하고, 가담자는 유형에 처한다. 또 산야에 들어가 불교수행을 가장하고 사술을 배우고 가르치거나, 혹은 부적이나 약을 조합하여 독을 만들어서 다른 사람에게 해를 끼치고자 하는 경우도 같은 죄로 다스린다."

나가야 왕 사건에 충격을 받은 천황이 저주 금지와 저주를 한 자에 대한 처벌을 선언한 것이다.

쇼무 천황이라고 하면 현재의 천황[11]이 미치코美智子 황비[12]를 맞아들인 것처럼 황

---

6   일본 연호의 하나이다. 724년부터 729년까지를 가리킨다.
7   (?~686, 재위 673~686) 제40대 천황이다. 신도(神道)를 정비하여 국가 신도를 확립하고, 불교를 보호하여 국가 불교를 추진하였다. 중앙의 관제를 정비하고 신분제를 강화하여 중앙집권국가를 건설하고자 하였다.
8   조정의 최고 기관인 태정관(太政官)은 태정대신(太政大臣), 좌대신(左大臣), 우대신(右大臣)의 세 명의 장관으로 구성되어 있다. 좌대신은 태정대신 다음가는 권력과 영향력을 지니고 있었다.
9   (684?~729) 황친 대표로서 정계에서 정치적 실권을 쥐지만, 대립 관계에 있던 후지와라(藤原) 가문에 의해 모반 혐의를 받고 자살하였다.
10 (701~756, 재위 724~749) 제45대 천황이다. 불교의 힘을 빌려 국가 안정화를 꾀하며 새로운 사원을 건립하지만, 이는 민중의 부담을 가중시켜 국가의 지배 질서를 무너뜨리는 결과를 낳게 되었다.
11 (1933~, 재위 1989~) 현재의 제125대 아키히토 천황(明仁天皇)을 가리킨다.
12 (1934~) 근대 이후 최초의 서민 출신 황태자비이다. 1959년 당시 아키히토 황태자와 결혼하여 이후 황후가 되었다. 황족이나 명문 귀족 출신이 아닌 황태자비 탄생은 일본 사회에 큰 화제를 불러일으켰다.

족 중에서 황후를 맞아들이던 그때까지의 관습을 깼으며 당나라의 선진문화를 적극적으로 수입한 것으로 알려진, 이를테면 개명파 인물이다. 그 천황이 저주의 효력을 굳게 믿었다. 그래서 금지를 했던 것이다. 그리고 칙령으로 금지를 했다는 것은 천황을 비롯하여 귀족과 관리 및 민중 사이에 저주를 두려워하는 신앙이 광범위하게 유포되어 있던 상황을 말해준다. 법(금지)의 근원이란 그런 것이다. 아무도 하지 않는 일을 구태여 금지하지는 않는다. 그리고 법(칙령)의 발동 또한 권력자의 두려움을 의미한다.

실제로 『속 일본기』에 의하면 이 사건의 전후에 '수도에 거주하는 승려들이 괴상한 모습으로 방랑 생활을 하며 무리를 이루고 요와妖訛(사람들을 현혹시키는 주술)를 하였기 때문에 금단·통제의 통지'가 내려지거나, '아키安藝[13]·스오周防[14] 지역 사람들이 함부로 화복禍福을 설하고 죽은 혼을 모시며 기원'하는 상황이 나타나고 있었다.

금지하기 때문에 더욱 저주한다

우리의 관점으로 보자면 이 나가야 왕 사건은 완전한 날조·누명이라고 생각할 수도 있다. 앞에서 거론한 모노베 촌 사례로도 알 수 있듯이 저주의 공동환상에 사로잡힌 사람들은 자신이나 주변에서 발생한 병 또는 기타 재액의 원인을 저주에서 찾는 경우가 있기 때문이다.

즉 나가야 왕 자신은 저주와 전혀 관계가 없었다고 해도 쇼무 천황에게 고용된 주술적 경호원인 점술가가 후지와라 씨藤原氏[15]의 교사를 받아서 천황에게 일어난 재액을 나가야 왕의 저주 탓이라고 점쳤기 때문에 '저주사건'이 발각되었다고도 생

---

13 현재 히로시마 현(廣島縣) 서부에 해당한다.
14 현재 야마구치 현(山口縣) 동남부에 해당한다.
15 일본 고대의 대표적인 씨족이다. 729년 정치적 실권을 쥐고 있던 나가야 왕을 모반 혐의를 씌워 제거한 뒤, 황족 출신 이외의 황후 책립에 성공한 후지와라 씨 일족은 조정 내에서 독점적인 지위를 확립해갔다.

각할 수 있다. 사실 기록에 따르면 수 년 후에 나가야 왕은 무고하다는 것이 판명되었으며, 나가야 왕보다 열세에 놓여 있던 후지와라 씨가 꾸민 음모였던 듯하다.

요컨대 쇼무 천황과 나가야 왕 사이에 모종의 긴장관계가 있었고, 그 정치적 해결수단으로 '저주'가 동원되었다는 점이 중요하다. 저주를 두려워하는 공동환상이 성립되어 있는 사회에서 그것은 조작이 아닌 정당한 권력행사로 받아들여졌을 것이다. 어쨌든 저주는 금지의 대상이었다. 현재로 말하자면 살인·상해·국가전복·소요 등 온갖 죄목이 적용되는 '사건'이었던 모양이다.

금지와 그 침범. 이것은 어느 시대이건 권력자를 골치 아프게 하는 문제이다. 하물며 저주를 믿고 두려워하는 공동환상이 성립되어 있는 것이다. 금지=효과라는 인지가 오히려 저주신앙에 박차를 가하게 된다.

그러한 인물 중에 고켄 천황孝謙天皇(여제)[16] 시대의 좌대신 다치바나노 모로에橘諸兄[17]의 장남 다치바나노 나라마로橘奈良麻呂[18]가 있었다. 9세기 전반에 성립된 일본 최고最古의 설화집인 『일본영이기日本靈異記』[19]에 의하면 그는 '승려 인형을 그린 과녁을 세워두고 그 눈동자를 화살로 쏘는 술법을 배운' 사술가라고 하며, 덴표쇼호天平勝寶[20] 9년(757)에 반란을 일으켰다가 진압되어 옥사되었다. 또 대불大佛 건립에 공이 있다 하여 포상을 받았던 우사하치만宇佐八幡[21]의 신관과 무녀도 덴표쇼호 6년(754), 저주사건에 연좌되었다는 이유로 유배에 처해졌다.

16　(718~770, 재위 749~758, 764~770) 제46대 천황으로, 일본 최초의 여성 천황이다. 제47대 천황인 준닌 천황(淳仁天皇)이 폐위된 뒤 제48대 쇼토쿠 천황(稱德天皇)으로 다시 즉위하였다.

17　(684~757) 나라 시대의 정치가이다. 좌대신에 오르며 정권을 잡지만, 후지와라노 나카마로(藤原仲麻呂, 706~764)의 대두 후에는 정권을 휘두르지 못하였다.

18　(721?~757) 아버지 다치바나노 모로에가 후지와라노 나카마로에 의해 실각하자 나카마로를 제거하기 위해 거사를 꾸미지만, 밀고로 미수에 그친다. 이 일을 '다치바나노 나라마로의 난'이라고 하며, 이로 인해 다치바나 가문 일족 등은 처형되거나 유배되었다.

19　인과응보라는 불교사상에 근거하여 헤이안 시대 초기에 쓰이고, 전승된 최초의 설화집이다. 저자는 교카이(景戒, 생몰년 미상)이고, 상·중·하 3권으로 구성되어 있으며 변칙적인 한문으로 표기되어 있다.

20　일본 연호의 하나이다. 749년부터 757년까지를 가리킨다.

21　정식 명칭은 우사 신궁(宇佐神宮)이다. 오이타 현(大分縣) 우사 시(宇佐市)에 소재하며, 일본 전역의 4만여 개의 하치만(八幡) 신사의 총본사이다. 제신은 하치만이며, 오진 천황(應神天皇)을 주좌(主座)로 한다. 예로부터 궁시(弓矢)·무도(武道)의 신으로 널리 신앙되었다.

우리는 이와 같이 저주를 두려워하는 선인들의 모습을 일소에 부쳐서는 안 된다. 누군가가 저주하고 있을지도 모른다는 공포에 사로잡혀 더욱 더 저주를 확대시켜가는 심리는 가상적국의 군비강화가 두려워 자국의 군비증강이나 병기개발 경쟁에 광분하는 현대인의 그것과 다를 바가 없다.

이 외에도 8세기 중엽 나라의 수도에서는 귀족과 승려·신관들이 국가전복을 도모하여 당대의 천황·권력자를 저주했다는 정쟁이 수없이 발생하였다.

그러나 그것은 나라 왕조의 저주 받은 역사의 개막을 알리는 서곡에 지나지 않았다. 이후 저주사건은 간무 천황桓武天皇[22]이 추진한 나가오카쿄長岡京·헤이안쿄平安京 천도라는 커다란 역사적 전환을 이끌어낸 순간까지 빈발하였다.

저주 받은 나라奈良 왕조

시오야키 왕塩焼王[23] 일족의 저주·복수. 간무 천황이 천도까지 결심하기에 이르러 틀림없이 저주 받았다라고 밖에 표현할 수 없는 나라 왕조 후기의 상황은 이 '저주하는 마음'을 축으로 하여 전회轉回하였다.

주나곤中納言[24] 시오야키 왕. 이 인물은 덴무 천황天武天皇의 손자에 해당하며 앞서의 저주사건으로 어쩔 수 없이 자살하게 된 나가야 왕과는 종형제 관계였다. 그런 그가 에미노 오시카쓰惠美押勝, 즉 후지와라노 나카마로藤原仲麻呂의 난(764년)[25]에 연좌되었다는 이유로 처형당하였다.

22　(737~806, 재위 781~806) 제50대 천황이다. 794년 도읍을 나라에서 교토로 천도하였다.
23　(?~764) 나라 시대의 황족이다. 제40대 천황인 덴무 천황(天武天皇, 재위 673~686)의 손자이다. 764년 '후지와라노 나카마로(藤原仲麻呂)의 난'에 연좌되어 처형되었다.
24　태정관에 소속된 영외관(令外官)의 관직이다. 차관에 해당한다.
25　후지와라노 나카마로(706~764)는 나라 시대 중기의 귀족이자 정치가이다. 조정 최고관직인 태정대신에까지 오르지만, 764년 고켄 천황(孝謙天皇)의 총애를 받던 승려 도쿄(道鏡)를 제거하기 위해 정변을 일으켰다. 이 정변을 '후지와라노 나카마로의 난'이라고 한다.

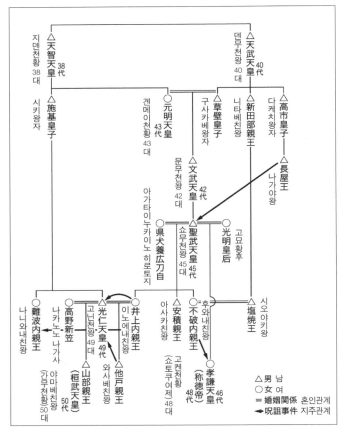

저주에 지배당한 나라 왕조

후지와라노 나카마로는 앞에서 언급한 다치바나노 나라마로의 반란을 진압한 인물이다. 고켄 여제를 모시는 주술사로서 권세를 휘둘렀던 승려 도쿄道鏡²⁶를 제거하려다가 오히려 참수를 당한 것이다. 도쿄는 한 번 익히면 염매, 야도野道, 고독蠱毒이 전부 소멸한다는 '스쿠요宿曜 비법²⁷'이라는 주술을 사용하는 주술사였다고 한다. 저주의 인과는 돌고 돈다고나 할까.

이로부터 앞 장에서 소개했던 '스소의 제문すその祭文'의 내용과도 상통하는 것 같은 골육상쟁의 저주사건이 전개되어 갔다.

먼저 시오야키 왕이 처형당하고 5년 후인 진고케이운神護景雲²⁸ 3년(769), 그 부인

26　(?~772) 나라 시대 법상종(法相宗)의 승려이다. 고켄 천황의 병을 낫게 해준 것을 계기로 천황의 총애를 받았다. 766년 승려의 최고 직위인 법왕(法王)의 자리에 올랐지만, 770년 쇼토쿠 천황(=고켄 천황) 사망 후에는 권세가 추락하여 좌천된다.

27　인도의 점성술을 토대로 만든 일본의 점성술이다. 별자리 이십팔수(二十八宿)와 칠요성(七曜星) 등으로 운명 및 길흉을 점친다. 헤이안 시대에 전해졌고 중세에 걸쳐 유행하였다.

28　일본 연호의 하나이다. 767년부터 770년까지를 가리킨다.

인 후와 내친왕不破內親王(쇼무 천황의 황녀)²⁹이 천황에 대한 불경과 악행을 저질렀다는 이유로 수도에서 추방당하고 왕자는 도사土佐³⁰로 유배되었다.

이 불경과 악행의 내용은 천황에 대한 저주였다. 후와 내친왕이 후궁을 중심으로 했던 아가타이누카이노 스쿠네오토메縣太養宿禰姉女 등의 교사를 받아 쇼토쿠稱德(고켄) 여제의 머리카락을 훔쳐내 사호가와佐保川에서 주워온 더러운 해골 안에 넣고 '염매'를 했다고 한다. 남편을 죽음으로 내몬 여제(46대와 48대에 즉위)를 향한 여자의 원한이다. '스소의 제문'에 등장하는 제바왕提婆王 왕비의 저주를 상기시킨다.

사건 다음 해에 쇼토쿠 천황이 붕어하고, 고닌 천황光仁天皇³¹이 즉위하였다. 그리고 후와 내친왕과는 자매 관계였던 이노에井上 내친왕³²이 황후가 되었다. 그 결과, 저주사건의 재조사가 이루어져서 사건은 다지히노 스쿠네오토메丹比宿禰乙女라는 여자의 무고(거짓 사실의 고발) 때문이었다는 것이 판명되었고, 후와 내친왕과 왕자의 죄는 벗겨졌다. 그런데 기쁨도 잠깐, 이번에는 황후인 이노에 내친왕이 자신의 아들인 황태자 오사베 친왕他戶親王³³과 공모하여 하필이면 남편인 고닌 천황을 저주했다는 이유로 황후에서 폐위되었다.

오늘날의 우리로서는 도저히 상상도 할 수 없다. 행복의 절정기에 있는 인물이 그것을 가져다준, 이를테면 복신福神적 존재에게 위해를 가하려 한 것이기 때문이다. 후대의 기록에 의하면 후지와라노 모모카와藤原百川³⁴의 음모였다고 한다.

이노에 내친왕 일족의 불행은 계속되었다. 오사베 친왕도 황태자 자리에서 폐위

---

29 (생몰년 미상) 나라 시대에서 헤이안 시대 초기 사이의 황족이다. 제40대 천황인 덴무 천황의 손자 시오야키 왕과 결혼하였다.

30 현재의 고치 현에 해당한다.

31 (709~781, 재위 770~781) 제49대 천황이다. 제38대 덴지 천황(天智天皇, 625?~671, 재위 668~671)의 손자이다.

32 (717~775) 제45대 쇼무 천황의 첫째 황녀이다. 나중에 제49대 고닌 천황의 황후가 된다.

33 (761~775) 고닌 천황의 네 번째 황자이다. 11세의 나이로 황태자가 되지만, 어머니인 이노에 내친왕의 저주 역모사건에 연루되어 폐위되었다. 775년, 함께 유폐되었던 어머니와 같은 날 사망하였다. 후지와라노 모모카와(藤原百川)에게 독살되었다는 설이 있다.

34 (732~779) 나라 시대 말기의 정치가이다. 쇼토쿠 천황 사망 후 도쿄를 추방하고 시라카베 왕(白壁王, 709~781)을 황태자로 세워서 그를 제49대 고닌 천황으로 옹립하였다.

되었는데, 이노에 내친왕이 새로운 '염매 대역 행위'를 했다는 것이 이유였다. 고닌 천황의 손윗누이인 나니와難波 내친왕의 죽음이 그녀의 저주 때문이라고 여겨졌던 것이다.

이 사건 또한 정쟁이 낳은 사실무근의 누명이었을지도 모른다. 그러나 당시 이노에 내친왕의 주변은 저주가 행해져도 이상하지 않은 상황이었다는 것만은 분명하다. 황후 자리에서 폐위된 원한뿐 아니라 이노에 내친왕과 그 황자 오사베 친왕 일족, 그리고 고닌 천황의 또 다른 부인이었던 다카노노 니가사高野新笠[35]와 그 황자 야마베 친왕山部親王(훗날의 간무 천황桓武天皇)[36] 일족 사이에는 황위계승을 둘러싸고 첨예한 대립이 있었던 것이다.

이노에 내친왕 모자는 유폐되어 2년 후 같은 날(호키寶龜[37] 6년 4월 27일)에 세상을 떠났다. 자살한 것일까, 그렇지 않으면 암살당한 것일까. 『속 일본기』에도 그 이유는 기록되어 있지 않다.

어느 쪽이든 고닌 천황, 그리고 그 뒤를 이은 간무 천황도 이 모자의 영을 몹시 두려워하여 이후 그 원령怨靈으로 인한 재앙(다타리崇), 즉 죽은 자의 저주를 푸는 일에 각별한 신경을 쓰게 되었다. 간무 천황이 결국 나라의 수도 헤이조쿄平城京를 버리고 나가오카쿄로 수도를 옮기려고 했던 이유 중 하나는 이 두 원령의 재앙에서 벗어나기 위함이었다. 그러나 새로운 저주(친동생 사와라 친왕早良親王[38]의 재앙)의 발생이 간무 천황의 계획을 좌절시켜서 결국 헤이안쿄로 천도하게 되었다. 어령御靈(원령)의 시대라고도 할 수 있는 헤이안 시대는 이렇게 시작되었다.

---

35 (720?~790) 고닌 천황의 측실이다. 간무 천황과 사와라 친왕의 생모이며, 백제계 도래인 혈통이라고 한다.
36 간무 천황의 즉위 전 호칭이다. 어머니 다카노노 니가사(高野新笠)가 백제계 도래인 혈통이라는 점 때문에 정통성을 이유로 야마베 친왕의 황태자 책봉을 반대하는 세력이 있었으나, 후지와라노 모모카와의 강력한 추대로 황태자가 되었다가 훗날 천황으로 즉위하였다.
37 일본 연호의 하나이다. 770년부터 780년까지를 가리킨다.
38 (750?~785) 나라 시대 말기의 황족이다. 781년 간무 천황의 즉위와 동시에 황태자로 책봉되었다.

가까운 관계이기 때문에 '저주'가 일어난다

지금까지 서술해온 천황 관련 저주사건의 특징을 정리하면 다음과 같은 점이 명확해진다. 먼저 저주하는 자와 저주받는 자가 매우 가까운 사회적 관계에 있으면서도 양자 사이에 잠재적인 대립이 있었을 것으로 보이는 점이다. 일련의 저주사건은 덴지 천황天智天皇[39] 계통으로 이어지는 황족과, 덴무 천황 계통 황족 사이의 황위를 둘러싼 분쟁이다.

덴지 천황과 덴무 천황은 형제이다. 즉 가까운 관계에 있을수록 사랑과 미움, 부의 소유와 배제를 둘러싸고 일단 '저주하는 마음'이 생기면 끝없는 수렁으로 빠지게 된다. 일본 국토를 만들었다는 이자나키イザナキ와 이자나미イザナミ[40] 부부신이 이승과 저승의 경계에서 했다는 저주 싸움, 한 사내를 두고 다투었던 추녀 이와나가히메磐長姫와 미녀 고노하나사쿠야히메木花咲夜姫 자매[41], 낚싯바늘을 두고 경쟁했던 우미사치히코海幸彦·야마사치히코山幸彦 형제[42]의 저주사건도 이러한 카테고리에 들어간다.

사람들은 자신과 별 상관이 없는 대상에게 '저주하는 마음'을 품지는 않는다. 이전에 사랑했기 때문에 더욱 증오하거나, 이해관계가 밀접할수록 더 시기한다. 아파트의 이웃이 별장을 소유하고 있는 것을 시기하여 밉상 맞은 짓을 하는 일은 있어도 생면부지의 대부호를 시기하여 저주하거나 그러는 사람은 별로 없다.

---

39 (625?~671, 재위 668~671) 제38대 천황이다. 율령체제의 기반을 마련한 인물이다.
40 일본의 고대 설화에 등장하는 두 신이다. 남신 이자나키와 여신 이자나미의 결혼으로 일본 국토가 생성되었다고 한다. 이자나키와 이자나미 부부의 저주 싸움에 관해서는 3장을 참조 바란다.
41 아마테라스 오미카미(天照大神)의 손자 니니기노 미코토(瓊瓊杵尊)는 이와나가히메·고노하나사쿠야히메 자매 중 아름다운 동생 고노하나사쿠야히메를 아내로 맞이하자, 추한 언니 이와나가히메는 저주를 내린다. 이와나가히메가 내린 저주에 관해서는 3장을 참조 바란다.
42 이 이야기는 『고사기(古事記)』에 수록되어 있으며, 그 줄거리는 다음과 같다. 어느 날 동생인 야마사치히코는 형 우미사치히코에게 하루만 서로의 일을 바꾸자고 제안한다. 야마사치히코는 형의 낚시 도구를 빌려서 바다에 나갔지만, 아무것도 잡지 못하고 낚싯바늘도 잃어버린다. 형은 그 낚싯바늘을 돌려달라고 재촉한다. 야마사치히코가 바닷가에서 어찌할 바를 몰라 하고 있는데 시오쓰치노오지(塩土老翁)가 그 사정을 듣고 용궁으로 인도한다. 야마사치히코는 용왕의 딸 도요타마히메(豊玉姫)와 결혼한다. 용왕은 도미의 입에서 낚싯바늘을 꺼내 야마사치히코에게 돌려주며 형에게 대항할 주법을 전수해준다. 야마사치히코는 주법을 사용하여 형을 항복시킨다.

이러한 관계는 우리 주변에도 많지 않을까. 기업사회에서도 이전에 책상을 나란히 했던 라이벌의 출세를 시기하여 있지도 않은 소문을 조작해서 실각을 노렸다는 등의 이야기는 자주 듣는 바이다. 이 또한 '저주하는 마음'이 저지를 수 있는 일이다. 만약 거기에 나라 시대와의 차이가 있다면 확실한 '저주 행위'가 있느냐 없느냐일 뿐이다. 아니, 어쩌면 비밀리에 행해지고 있는 경우도 충분히 생각할 수 있다. 이는 그저 정도의 차이에 지나지 않는다.

'저주하는 마음'에 설명을 덧붙인다

이러한 저주사건의 대부분이 날조였던 듯하다. 그러나 사건을 날조하기 위해서는 많은 사람이 납득하는(속는) 사실감이 넘치는 허구를 만들어내야만 한다. 이리하여 그 방면의 권위자로서 '저주 전문가'가 등장한다. 저주 전문가가 사건=범죄의 존재를 인지하고 거기에 공동체 구성원이 납득하는 '이유', 즉 거기에 저주사건이 있는 것처럼 '설명'을 덧붙인다. 현대에서는 범죄를 인지하는 경찰이 때때로 그러한 역할을 맡는 경우가 있다.

예를 들면 이노에 내친왕이 천황을 저주하고 있다고 어떤 인물이 밀고했다고 치자. 그러나 아무리 저주를 믿는 천황이나 귀족이라 하더라도 그 주장을 그대로 받아들이지는 않았다. 모략의 가능성도 있기 때문에 밀고 내용이 사실인지 아닌지를 판단할 필요가 있었다. 그래서 저주 전문가가 동원되어 점 같은 것으로 저주의 유무를 '증명'했던 것이다.

주금사呪禁師. 나라 왕조에서는 중국 전래의 지식이나 기술을 구사했던 '저주 전문가'를 이렇게 불렀다. 그들은 크게 나누어 두 가지 주법을 행하였다. 인형을 사용하는 '염매'와, 동물의 영혼을 조종하는 '고독蠱毒'이다. 구체적인 방법에 대해서는 다음 장에서 소개하겠다.

이와 같은 주금사의 저주 기법은 시대가 흐름에 따라 궁중에서 민간으로 유포되어 갔다. 헤이안 시대로 접어들기 직전인 780년에는 다음과 같은 칙령이 발포되었다.

"요즈음 무지한 민중이 무격巫覡(민간 종교자)을 고용하여 멋대로 음사淫祀를 지내고, 스구蒭狗[43](동물령을 모셔서 부유해지려는 자)의 제단이나 부적 종류가 시중에 넘쳐나며, 그런 것에 의탁하여 구복求福을 하고 나아가 염매에까지 이르고 있다. 이와 같은 일은 앞으로 엄히 금한다."

요컨대 상하귀천을 막론하고 저주에 광분하고 있었던 것이다. 그 이면에는 '무巫'라고 불리는 다양한 종교자가 존재했으며, 저주를 포함한 종교적·주술적 활동을 하였다. 헤이죠쿄 터에서 발굴된 목제 저주 인형은 분명히 그러한 신앙의 일단을 말해주고 있다.

일본 역사를 바꾼 '죽은 자의 저주'

지금 언급한 것은 말하자면 '저주 행위'가 있었느냐 없었느냐 하는 문제이다. 그러나 실은 저주 받았다고 하는 사람이 가장 두려워했던 것은 단순한 저주 행위의 유무가 아니라 저주 행위를 하게 만든 '저주하는 마음'=원념이었다. '저주하는 마음'이 누군가의 마음속에서 커지고, 그것이 언젠가 자신에게 큰 재액을 초래하지나 않을까 하는 공포심에 괴로워하였다.

결국 눈에 보이지 않는 인간의 마음이 가장 무서운 법이다. 오히려 구체적인 형태가 된(되었다고 간주되는) 행위라면 대처 방법도 있기 때문이다. 그렇기 때문에 천황이나 귀족들은 저주 행위=저주사건을 날조하여 언제 저주받을지 모르는 공포에서 벗어나려 했던 것이다.

저주받기 전에 저주하라. 그것은 끝없는 저주 분쟁을 낳았다. 사람들은 저주사건을 계속 날조하여 아무리 발각되어도, 바꿔 말하면 금지에 개의치 않고 계속 저주

---

43 짚으로 만든 개를 의미한다. 쾌유기원이나 재앙 제거를 위해 신 앞에 바친다.

를 하였다. 비밀리에 금지를 침범한다는 의미에서 보면 공포를 뒤집는 일종의 쾌감이 그들의 저주행위를 부추겼는지도 모른다.

그리고 천황이나 귀족들의 이같은 세계관이 다다른 곳은 저주의 끝없는 늪이었다. 즉 산 자에 대한 저주뿐 아니라 죽은 자의 저주(원령의 재앙)라는, 산 자가 더 이상 대처할 수 없는 세계로까지 저주신앙을 끌고 간 것이다.

물론 그 이전에도 조상령이나 사령死靈의 재앙을 설파하는 민간 무격들이 이미 존재했던 듯하다. 그러나 천황이나 귀족이 원한을 남기고 죽은 적의 재앙=저주를 극도로 두려워하게 된 것은 나라 시대 말기부터였다. 이 죽은 자의 저주라는 관념을 일본사회가 받아들였을 때에 저주의 역사, 아니 일본의 역사 그 자체가 크게 전환한다.

죽은 자의 저주. 우리는 현대에 이르러서도 여전히 이 관념을 버리지 못하고 있다. 오히려 산 자의 저주에 대한 신앙은 쇠락했지만, 원한을 남기고 이 세상을 떠난 죽은 자의 저주에 대한 신앙은 더욱 성행하고 있다고 할 수 있지 않을까. 신문의 전단지 광고 등에서 다음과 같은 내용을 본 사람도 많을 것이다.

"1. 치료를 받거나 약을 먹은지 일정기간이 지났는데도 낫지 않는다. 2. 의사는 이상 없다고 하지만, 본인은 고통을 느끼며 그 원인을 알 수 없다. 3. 노이로제 등 정신적인 것. 노이로제나 심한 술주정의 90%는 영장靈障⁴⁴이 원인이다. 4. 끊임없이 병에 걸리는 사람. 5. 의사가 포기한 사람, 생명이 위태로운 병, 다른 사람에게는 창피해서 말할 수 없을 것 같은 병. 이상과 같은 원인에 짚이는 데가 있는 사람은 신속히 감정을 받을 필요가 있습니다. 영장의 원인이 판명되면 즉시 영을 해탈시키고 제령除靈하여 공양하는 해탈제령공양을 해야 합니다." 이것은 일본 최대의 역술 단체가 낸 광고이다.

이전부터 이상하다고 생각했지만, 현대인의 대부분은 살아있는 사람이 증오하는 상대를 제웅으로 저주했다는 등의 이야기를 들으면 "어리석기는, 비과학적이다."라

---

44 사령(死靈)이 인간의 영(靈)에 빙의 등의 형태로 원인불명의 질병이나 장애를 초래하는 현상을 뜻한다.

며 일소에 부친다. 그러나 이야기가 죽은 자의 원념이나 저주, 예를 들면 미즈코水子[45]나 조상이 재앙을 내리고 있다고 하면 그 순간 아주 진지해진다. 미즈코 공양이나 영감상법[46] 등에 휘둘리고 있는 현대인의 모습은 그 단적인 발현이다.

왜 죽은 자를 두려워하는가

나라 시대의 율령국가는 산 자의 저주에 겁을 내며 피 묻은 역사를 엮었다. 이어지는 헤이안쿄 시대에는 그에 더하여 죽은 자의 원념이 산 자에게 재앙(재액)을 초래하는 것으로 그 원한을 푼다는 원령신앙이 크게 유행하였다.

무릇 재앙이라는 것은 신불神佛이 시현示現하는 것, 즉 영험(기적)을 나타내는 일이었던 듯하다. 반드시 부정적인 이미지만을 지니고 있지는 않았다. 그러던 것이 점차 부정적인 면이 강조되면서 인간에 대한 분노로 시현하는 것을 재앙이라고 여기게 되었다.

재앙의 개념은 헤이안 시대가 되어 더욱 변질되었다. 신의 재앙뿐 아니라 죽은 자의 영靈이 생전의 원한을 풀기 위해, 즉 생전에 걸었던 저주를 실현시키기 위해 이승의 살아있는 자에게 재액을 초래한다고 생각하게 된 것이다.

죽은 자의 저주. 산 자의 입장에서는 이것만큼 처치 곤란한 것이 없다. 가령 증오하는 상대를 저주나 물리적 수단으로 죽이더라도 그 인물의 원령이 산 자를 계속 저주하여 재액을 당하게 만든다고 하기 때문이다. 이것이 산 자의 저주라면 행여 적대관계 그 자체를 되돌릴 수 있을지도 모르며, 저주를 건 인물을 발견하여 먼

---

45 유산 또는 임신중절로 사망한 태아를 의미한다. 유산, 인공임신중절 등으로 사망한 태아의 영 등이 살아 있는 인간에게 영향을 끼친다고 생각하였다. 태어나 죽게 된 태아를 강이나 바다에 흘려보낸 데서 수자(水子)라는 명칭이 유래했다고 한다.
46 악덕상술의 일종이다. 영적 능력이 있는 것처럼 행동하면서 상대방의 불안 심리를 자극하여 부적, 펜던트 등의 상품을 값비싸게 팔아서 부당한 이익을 취하는 상법을 말한다.

곳으로 유배를 보내거나 감옥에 가두어서 두 번 다시 저주할 수 없도록 만들 수도 있다.

그러므로 이 시대에는 사령이 되어 재앙을 내리는 것을 두려워한 나머지 반란·반역의 주모자를 처형하지 못하고 어쩔 수 없이 유형에 처한 사례가 있었을지도 모른다. 경우에 따라서는 정치적 라이벌의 자연사조차 두려워했을지도 모른다.

어령, 인간의 공포심이 '창조'한 신들

원령이 날뛰는 헤이안 시대. 그 막을 연 것은 간무 천황이다. 그가 계모에 해당하는 이노에 내친왕과 그 아들 오사베 친왕의 원령을 두려워하여 헤이죠쿄를 버리고 나가오카쿄로 천도하려고 했다는 것은 앞에서도 언급하였다.

그런데 간무 천황은 불과 십 년 만에 이 나가오카쿄를 버리고 헤이안쿄로 다시 천도를 하였다. 이 역시 원령을 두려워해서였으며, 친동생 사와라 친왕의 재앙 때문이었다.

사와라 친왕은 나가오카쿄 천도를 추진하고 간무 천황의 신임도 두터웠던 후지와라노 다네쓰구藤原種繼[47]가 암살당한 사건(785년)에 관여했다는 이유로 황태자에서 폐위되며 아와지淡路[48]로 유배당하였다. 그런데 유배 도중에 무죄를 주장하던 사와라 친왕은 단식투쟁을 하다가 굶어죽었다.

이것이 시작이었다. 몇 년이 지나 간무 천황의 부인夫人 다비코旅子[49], 모친인 다

---

47 (737~785) 나라 시대 말기의 정치가이다. 간무 천황의 신임을 얻어 권세를 누렸다. 나가오카쿄 조궁사(造宮使)로 임명되어 시찰하던 중 암살당하였다.
48 세토나이카이(瀬戸内海) 동부에 있는 섬이다. 효고 현(兵庫縣)에 속한다. 나라 시대인 764년에 '후지와라노 나카마로의 난'에서 패배한 준닌 천황(淳仁天皇) 등 고대에 정쟁에서 패배한 이들이 아와지(淡路)로 유배되는 경우가 있었다.
49 (759~788) 후지와라노 다비코(藤原旅子)는 헤이안 시대의 귀족으로, 후지와라노 모모카와의 장녀이자, 간무 천황의 부인이다. 또한 준나 천황(淳和天皇, 786~840, 재위 823~833)의 생모이다.

카노노 니가사高野新笠, 황후 오토무로乙牟漏[50]가 잇달아 죽고, 황태자인 아테 친왕安殿親王(훗날의 헤이제이 천황平城天皇)[51]도 자주 병을 앓았다. 이 일련의 불행이 사와라 친왕의 재앙이라고 여겨졌던 것이다.『속 일본기』및 그에 이어지는 정사『일본후기日本後紀』[52]에는 간무 천황이 아와지로 사신을 파견하여 사와라 친왕의 영靈에 용서를 빌었다는 기사가 종종 등장한다.

결국 간무 천황은 원령을 피하기 위해 헤이안쿄 건설에 착수하는 한편, 사와라 친왕에게 스도 천황崇道天皇이라는 이름을 추호追號하였다. 자신에게 재앙을 내리지 말아달라고 우러러 받든 것이다. 이전에 천황 호칭을 추호한 전례로는 모두 비명횡사한 구사카베草壁 황자[53], 도네리舍人 황자[54], 시키志貴 황자[55]의 세 명이 알려졌을 뿐이다. 이 점으로도 간무 천황이 사와라 친왕의 원령을 얼마나 두려워했는지를 알 수 있다.

이러한 죽은 자의 저주. 원령을 두려워하는 심성은 이 시대로만 한정된 것이 아니었다. 그 후에도 일본문화의 부負의 핵으로서 견고하게 뿌리를 내려 지속되었다. 원령의 재앙에 대한 신앙이 새로운 제사 형식, '어령신앙'을 만들어낸 것이다.

이것은 바꿔 말하면 원령이 재앙을 내린다는 공동환상에 지배당한 사람들이 그 재앙을 가라앉히거나 막는 방법을 어떻게 발견·발명했는가라는 문제이기도 하다. 결론부터 말한다면 그들은 새로운 신을 만들어냈다. 즉 신의 재앙을 막고 진정시키기 위해서는 그 신을 모시면 된다는 예로부터의 방식을 부연하여, 원령의 분노를

---

50 (760~790) 후지와라노 오토무로(藤原乙牟漏)를 가리킨다. 간무 천황의 황후이자, 제51대 헤이제이 천황(平城天皇, 774~824, 재위 806~809)과 제52대 사가 천황(嵯峨天皇, 786~842, 재위 809~823)의 생모이다.

51 헤이제이 천황의 즉위 전 호칭이다. 사와라 친왕이 폐위되면서 황태자로 책봉되었다. 어려서부터 병약했던 그는 즉위 3년 만에 병을 이유로 동생에게 자리를 물려줬다.

52 국가에 의해 편찬된 정사(正史)인 육국사(六國史) 중 하나이다.『일본서기』,『속 일본기』에 이어 세 번째로, 840년 후지와라노 오쓰구(藤原緒嗣, 774~843) 등이 편찬하였다. 간무 천황 때부터 준나 천황 때까지의 역사를 기록하고 있다.

53 (662~689) 덴무 천황의 아들이자, 몬무 천황(文武天皇, 683~707, 재위 697~707)과 겐쇼 천황(元正天皇, 680~748, 재위 715~724)의 아버지이다. 덴무 천황 사망 후, 오쓰 황자(大津皇子, 663~686)가 모반죄로 처형되며, 궁내의 반감 등을 이유로 즉위가 미뤄지던 중 사망하였다. 오카노미야 천황(岡宮天皇)으로 추존되었다.

54 (676~735) 덴무 천황의 아들이자, 준닌 천황의 아버지이다. 사후 스도진교 황제(崇道盡敬皇帝)로 추존되었다.

55 (?~716) 덴지 천황의 일곱 번째 황자이자 고닌 천황의 아버지이다. 그의 여섯 번째 아들이 제49대 천황으로 즉위함에 따라 가스가노미야 천황(春日宮天皇)으로 추존되었다.

푸는 온갖 수단을 다 쓴 후에 신으로 모셔서 저승으로 쫓아버리면 되리라고 생각하기에 이르렀던 것이다.

이러한 제사를 거행하기 위해 수많은 종교자가 동원되고, 그들이 설파하는 새로운 기술이 저주 방지, 저주 되돌려주기를 위해 사용되었다. 음양도나 밀교는 그와 같은 새로운 테크놀로지였다.

건드리지 않는 신에게 뒤탈 없다

산 자의 저주이든 죽은 자의 저주(원령의 재앙)이든 그 저주가 증오해야 할 적에게 향해져서 적 쪽에 재액이 닥치면 저주가 이루어진 것이다. 저주하는 쪽이 산 자에서 죽은 자에게로까지 확대되었다고는 하지만, 간무 천황 무렵 원령의 재앙은 '저주하는 자'와 '저주받는 자'라는 일대일의 저주관계 속에 있다고 생각되었다.

그런데 9세기 중반이 되자, 말하자면 한정적이던 원령사상이 새로운 전개를 보이게 되었다. 원령의 재앙이 확장되어 제삼자도 휘말리는 형태로 발생하기 시작한 것이다.

원래 산 자의 저주도 그렇지만, 원령의 재앙도 그 목표가 된 당사자 입장에서는 참을 수 없는 일이다. 그러나 제삼자라면 방관하기로 결정할 수도 있다. "건드리지 않는 신에게 뒤탈은 없는" 법이다. 그런데 강력한 원령이 출현하여 무차별적으로 재앙을 내린다면 이야기는 달라진다. 남 일로 끝나지 않기 때문이다.

이와 같이 제 삼자도 말려드는 원령의 재앙에 대한 민중의 집단의식에서 일본 역사에 연면히 이어져 오는 '어령신앙'이 생겨났다. 민중은 역병이 유행하거나 천재지변이 빈발하여 많은 사람들이 죽거나 하면 그것을 정쟁에 패하여 비명횡사한 자의 재앙 때문이라고 생각하였다. 이는 민중에 의한 일종의 지배자 비판이라고 해도 될 것이다. 거기에는 지배자들이 정쟁으로 세월을 보내며 정치를 제대로 하지 않았기 때문에 원령이 발생하여 우리들의 생활은 엉망진창이 되었으니 더 성실한 정치를 해달라는 비판과 바람이 나타나 있는 것이다.

'어령'이란 원령을 말한다. 그것도 저주하는 자와 저주받는 자라는 일대일 관계를 뛰어넘어 사회질서나 자연의 질서까지 어지럽히며 무차별적으로 사람들에게 저주를 거는 원령이다. 그와 같이 강력하고 무섭고, 민중 입장에서는 불합리하다고 볼 수도 있는 원령을 신으로 받들어 모신 것이 '어령'이었다. 이러한 어령신앙은 그 기원을 찾으면 지배자들 사이의 권력투쟁에서 생겨난 것이다. 그들이 정치적 라이벌의 존재를 겁내어 그 상대를 매장시켰기 때문이다.

그런데 어령신앙이 민중으로까지 확대되어 정치비판이라는 형태를 취하게 되자, 지배자 측은 입장을 바꾸어 원령과 재액과의 인과관계를 애써 부정하고자 하였다. 『일본후기』에 의하면 죽은 천황의 유계遺誡(훈계)를 빌려 "세상에서는 귀신이 나타날 때마다 이미 죽은 영의 재앙이라고 하는데, 이는 근거 없는 말이다."라고까지 훈계하고 있다.

그러나 결국은 국가의 지배자가 국가 차원에서 재앙 가라앉히기를 하게 된다. 그것이 '어령회御靈會'이다. 『삼대실록三代實錄』[56]에 따르면 조간貞觀[57] 5년(863), 교토京都의 신젠엔神泉苑에서 어령회가 최초로 행해졌다. 이 때에 간무 천황을 위협했던 스도 천황인 사와라 친왕, 간무 천황의 제1 황자인 헤이제이 천황 일당에게 멸시당하여 음독자살한 간무의 부인 후지와라노 요시코藤原吉子[58]와 그 아들 이요 친왕伊豫親王[59] 등 여섯 명의 영이 '육소어령六所御靈'으로 모셔졌다. 모두 원한을 남기고 죽어간 정치적 패자들이다.

위로는 천황·귀족에서부터 아래로는 민중까지 정쟁의 와중에서 비명횡사를 한

---

56 육국사 중 하나이며, 901년 후지와라노 도키히라(藤原時平, 871~909) 등에 의해 여섯 번째로 편찬되었다. 세이와 천황(清和天皇, 850~881, 재위 858~876), 요제이 천황(陽成天皇, 869~949, 재위 876~884), 고코 천황(光孝天皇, 830~887, 재위 884~887) 때까지의 역사를 기록하고 있다.

57 일본 연호의 하나이다. 859년부터 877년까지를 가리킨다.

58 (생몰년 미상) 간무 천황의 부인이다. 후지와라노 무네나리(藤原宗成, 785~858)에 의해 아들인 이요 친왕(伊豫親王)과 함께 모반죄로 유폐되었다가 음독자살하였다. 후지와라노 깃시라고도 부른다.

59 (783?~807) 헤이안 시대 초기의 황족이다. 간무 천황의 세 번째 황자이며, 후지와라노 요시코가 생모이다. 모반죄로 어머니와 함께 유폐되었다가 음독자살했지만, 나중에 무죄를 인정받았다.

희생자 원령의 재앙이 홍수나 역병의 원인이라고 생각하였다. 그리고 홍수나 역병 등의 천재지변을 가라앉히는, 즉 원령의 분노를 진정시키는 것은 지배자인 천황과 귀족의 역할이라고도 생각했던 것이다.

사람을 오니鬼로 바꾸는 '저주하는 마음'

헤이안 시대 중반쯤에 일본역사상 최대급의 원령이 등장하였다. 현재에는 학문의 신으로 알려진 스가와라노 미치자네菅原道眞⁶⁰의 원령이다.

학자·문인이었던 미치자네는 정계에서도 출세가도를 달려 우대신右大臣 직위에 올랐다. 선례로는 도쿄道鏡의 전성시대에 활동했던 문인정치가 기비노 마키비吉備眞備⁶¹가 있을 뿐이었다. 그런데 다이고 천황醍醐天皇⁶²과, 미치자네의 정치적 라이벌이면서 천황의 신임이 두터웠던 좌대신 후지와라노 도키히라藤原時平에 의해 규슈九州의 다자이후大宰府⁶³로 좌천되었다. 미치자네는 그 원한·원념을 "봄 동풍이 불면 꽃 피어 향기를 보내주렴, 매화여. 주인이 없더라도 봄을 잊지는 말아다오."라는 노래로 표현한 듯하며, 다자이후에서 사망하였다. 엔기延喜⁶⁴ 3년(903)의 일이다.

얼마 지나지 않아 홍수가 잇달아 발생하고 역병이 유행하는 이유는 미치자네의 재앙 때문이라는 소문이 수도 거리에 나돌며 점차 확산되었다. 이와 때를 같이 하여 궁정에서도 재액이 속출하였다. 미치자네 좌천의 주모자 후지와라노 도키히라,

---

60 (845~903) 헤이안 시대의 학자이자 정치가이다. 학문의 신으로 추앙받고 있다. 901년에 정적인 후지와라노 도키히라의 참소로 좌천된 뒤 903년 사망하였다. 그가 사망한 뒤 황족과 귀족들이 잇달아 사망하자, 사람들은 미치자네의 원혼이 복수한 것이라고 믿고 그를 덴진(天神)으로 추앙하여 신격화하였다.

61 (693?~775) 나라 시대의 학자이자 정치가이다. 지방 호족 출신이라는 한계에도 불구하고 우대신의 자리까지 올랐다.

62 (885~930, 재위 897~930) 제60대 천황이다. 제59대 우다 천황(宇多天皇, 867~931, 재위 887~897)의 첫 번째 황자이다. 황족의 신분이 아니었지만 아버지의 천황 즉위로 황족의 반열에 올랐다. 즉위 이후 천황 친정을 통해 국가 안정화를 이뤘다.

63 나라 시대와 헤이안 시대에 외교 및 방위를 위해 지쿠젠 국(筑前國) 지구젠 군(筑前郡), 현재의 후쿠오카 현(福岡縣) 다자이후 시(大宰府)에 설치했던 관청이다.

64 일본 연호의 하나이다. 901년부터 923년까지를 가리킨다.

그리고 두 황태자 야스아키라 친왕保明親王[65] 및 요시요리 왕慶賴王[66]이 연이어 죽었다. 또 천황이 기거하는 청량전淸凉殿에 벼락이 떨어져서 귀족 여러 명이 사망하였으며, 다이고 천황도 붕어하였다.

이전에 사와라 친왕에게 스도 천황이라고 추호했던 것처럼 미치자네를 우대신으로 복위시키고 정2위를 추증追贈하였지만, 재액은 끊이지 않았다. 그래서 결국 미치자네의 원령을 '천만자재천신天滿自在天神'으로 받들어 모시게 되었다. 미치자네가 사망하고 약 오십 년 후의 일이다. 이것이 현재의 기타노 텐만구北野天滿宮(교토 시京都市 가미교 구上京區)[67]의 기원이다.

그 후 스가와라노 미치자네의 어령은 오니鬼[68]의 모습을 한 뇌신雷神 혹은 오니들의 우두머리로 묘사되어 왔다. 또 앞에서 언급한 어령회에서 모셔졌던 어령들도 귀기어령鬼氣御靈으로 표현하게 되었다. 왜 어령이 오니인가?

원래 오니는 중국에서 죽은 자 전체를 가리키는 말이었다. 그것이 일본에서는 나라 시대 무렵부터 역병신을 오니로 표현하였고, 나중에는 바뀌어서 죽은 자 중에서도 특히 원령을 오니라고 부르게 되었다. 더구나 저주를 하면서 죽어간 자가 사후에 오니라는 형태를 띤 원령으로 인간계에 시현하는 데에만 그치지 않고, 저주하는 자가 그 원념이 깊은 까닭에 살아있는 상태에서 오니=원령으로 변해버리는 일조차 있다고도 생각하게 되었다.

---

65 (903~923) 헤이안 시대 중기의 황족으로, 다이고 천황의 두 번째 황자이다. 황태자로 책봉되었으나 요절하였다.
66 (921~925) 헤이안 시대 중기의 황족이다. 아버지이자 황태자였던 야스아키라 친왕이 사망함에 따라서 어린 나이에 황태자로 책봉되었지만 단명하였다.
67 후쿠오카 현(福岡縣) 다자이후텐만 궁(太宰府天滿宮)과 함께 천신(天神) 신앙을 중심으로, 전국 각지에 권청(勸請)이 행해지고 있다. 근래에는 학문의 신으로서 신앙의 대상이 되고 있다.
68 사람 형상을 하고 있는 상상의 괴물이다. 머리에는 뿔이 있고 입은 옆으로 찢어졌으며 긴 엄니가 있다. 괴력이 있고 몹시 사납다고 한다.

두려워해야 할 것은 사람의 마음

그러한 오니의 전형적인 모습이 중세 초기의 『우지슈이 이야기宇治拾遺物語』[69]에 묘사되어 있다. 거기에 등장하는 '몸의 색은 감청색이며, 머리카락은 불 같이 빨갛고, 목이 가늘며, 흉골은 몹시 튀어나와 뾰족해 보이고, 배가 불룩하고, 정강이는 가느다란' 오니가 자신의 처지를 이렇게 말했다고 한다.

"나는 사오백 년 정도 옛날에는 사람이었습니다. 그러나 다른 사람에게 원한을 품은 탓에 지금은 이렇게 오니 신세가 되었습니다. 증오하던 사람을 바라던 대로 죽이고 그 자식과 손자와 증손자, 고손자까지 남김없이 모두 죽여서 이제 그 자손은 한 사람도 남아있지 않습니다. 그런데도 아직 내 몸에서는 원한이 사라지지 않아 그 원념을 어디에 분출해야 좋을지 몰라서 몹시 고통스럽게 보내고 있습니다."

이와 같이 제정신을 잃을 것 같은 깊고 깊은 원념, 즉 저주하는 마음을 진정시켜 누그러뜨려서 신으로 받들어 모시고자 하였다.

중세 중기의 『헤이케 이야기平家物語』[70]에 보이는 우지宇治의 하시히메橋姬 이야기[71]는 저주하는 자가 오니로 변하여 원한을 푼다는 무서운 현장으로 우리를 이끈다. 이 전설은 에도 시대江戸時代[72]에 성행한 '우시노토키 마이리丑の時参いり'[73] 관습의 가장 오래된 형태를 전해주는 것으로도 알려져 있다.

이에 따르면 질투심이 심했던 어느 귀족 가문의 딸이 저주가 이루어진다고 해서

---

69 13세기 초기에 성립한 설화집으로 모두 197편에 이르는 설화가 수록되어 있다. 불교설화, 세속설화, 민간전승 (민담) 등이 수록되어 있으며, 이들 설화 중에는 『곤자쿠 이야기집(今昔物語集)』에 수록된 설화와 유사한 이야기가 다수 포함되어 있다.

70 다이라(平) 일족의 번영과 몰락을 묘사한 문학 작품이다. 1240년경에 완성되었다고 전한다. 비파법사라고 불리는 맹인 예능인에 의해 전파되어, 특히 문자를 읽지 못하는 서민들에게 많은 환영을 받았다.

71 교토 부(京都府) 우지가와(宇治川)의 우지바시(宇治橋)에서 모시는 귀녀 혹은 여신이다. 다양한 전승이 존재하지만, 『헤이케이야기』에서는 질투 때문에 귀녀가 된 것으로 묘사되고 있다.

72 일본 시대 구분의 하나이다. 도쿠가와 이에야스(德川家康, 1543~1616)가 에도(江戸)에 막부를 개설한 1603년부터 도쿠가와 가문(家門)이 정권을 잡아오다가 정권을 조정에 반환한 1867년까지를 가리킨다. 에도는 현재의 도쿄(東京)이다.

73 일본의 저주의식이다. 축시(丑時)에 신사의 신목(神木)을 찾아가 저주하려는 대상의 대리물인 제웅을 못으로 박아놓는다. 축시는 새벽 1시에서 3시까지를 가리킨다.

인기 있던 교토 기타야마北山[74]의 기부네 신사貴船神社[75]에 칠 일 동안 틀어박혀 "질투가 나는 그 여자가 죽게 해 달라."라고 기도하였다. 그러자 "외관을 바꾸고 우지가와宇治川의 강여울에서 목욕재계를 하라."는 기부네 신貴船神[76]의 시현示現이 있었다.

이 여자는 매우 기뻐하며 재빨리 긴 머리를 다섯 갈래로 나누어 뿔처럼 보이게 하고 '얼굴을 붉은색으로 그리고 몸에 붉은색을 칠한 다음, 철제 삼발이를 거꾸로 머리에 이고 삼발이의 세 다리에 소나무를 태워서 횃불을 만들고, 또 양끝에 불을 붙인 횃불을 입에 물고서' 밤이 깊은 후에 야마토 대로大和大路[77]를 남쪽으로 달려갔는데, 그 모습은 흡사 오니였다고 한다.

이 여자 또한 살아있는 상태에서 오니가 되어 원한을 풀고자 한 것이다. 이 우지의 하시히메를 묘진明神으로 모셔 진좌시켰던 듯 현재도 우지바시宇治橋에 그 사당이 남아 있으며, 저주를 풀거나 저주를 거는 데에 효험이 있다고 전해진다.

사람들은 이러한 원념을 두려워하였다. 원념이 저주 행위를 낳고, 오니로 변하여 산 자에게 화를 입히는 것을 두려워한 것이다. 반대쪽 견해에서 보자면 사람들은 병에 걸리거나 했을 때, 그 원인이 누군가 살아 있는 사람의 원념 혹은 죽은 사람의 원념 때문은 아닐까 하고 의심했다는 말이기도 하다.

요컨대 두려워해야 할 것은 인간의 원념, 우리가 말하는 바의 '저주하는 마음'이며, 극단적으로 말하자면 '저주 행위'는 그 원념이 밖으로 분출된 것을 타자에게 나타내는 것에 지나지 않는다. 그것은 다시 말하자면 적의·전의가 넘쳐나는 적에 대한 선전포고이다.

---

74 교토 시 기타 구(北區) 북서부 단바 고지(丹波高地)로 이어지는 산간부를 가리키는 호칭이다. 헤이안쿄에서 봤을 때 북쪽 방위에 위치하는 데서 연유한다.

75 교토 시(京都市) 사쿄 구(左京區)에 있는 신사이다. 제신(祭神)으로 모시고 있는 오카미노카미(淤加美神)는 예로부터 기우(祈雨)의 신으로 신앙되었다. 수신(水神)으로서, 전국의 요식업자나 물 관련 업자들로부터 신앙되고 있기도 하다.

76 기부네 신사의 주제신(主祭神)은 오카미노카미이다. 일본의 대표적인 수신이다.

77 교토 시 남부에 있는 길 중 하나이다.

인간사회는 처음부터 저주받았다

앞에서도 언급했지만, 법은 집단으로서의 질서유지를 위해 천차만별의 감정을 가진 사람들의 행동을 처벌하기 위해 생겨났다. 그러나 애초부터 사람들은 법과 감정의 괴리에 골치를 썩었다. 법이 인간의 감정까지 처벌할 수는 없기 때문이었다. 지금까지 살펴본 것처럼 지배자가 아무리 저주 행위를 적발하고 처단해도, 발생을 예방할 수도 재판을 할 수도 없는 사람들의 저주하는 마음은 끊임없이 새로운 저주사건을 만들어갔다.

명확하게 말하자면 법을 어겨서라도, 또는 타인의 원한을 사는 일이 있더라도 자신의 감정(욕망)을 채우려 하는 것이 인간이다. 자신의 연인에게 남몰래 연정을 품는 생면부지인 자로부터 원한을 사는 사람이 있는 한편, 친구의 연인인 것을 알고 있으면서 빼앗는 사람도 있다.

극단적으로 말하자면 인간 사회는 사회가 생겨난 처음부터 저주가 발생하였다. 아무리 개인적·주관적으로는 '깨끗하게 올바르게' 살아가려 해도 사회적 생물로서 불특정 인간들과 다양한 관계를 가지지 않으면 살아갈 수 없는 인간의 숙명이 저주하는 마음의 발생을 불가피한 것으로 만들고 있다고 해도 좋을 것이다.

가슴에 손을 얹고 잘 생각해보면 당신도 지금까지 한 두 번은 누군가 미운 상대에게 '저주하는 마음'을 품은 적이 있을 것이다. 그것이 인간이다. 그와 같은 저주하는 마음을 품고 또 실제로 저주 행위를 했다 하더라도 그 자체를 곧바로 부당하고 사악한 짓이라고 단정할 수는 없다.

설령 자신에게 저주 받아도 어쩔 수가 없는 이유가 있다 하더라도 저주받는 쪽에서는 분명 탐탁찮은 일이다. 그러나 입장을 바꿔 저주하는 쪽에서 보면 그 저주는 결코 사악한 것이 아니다. 정당한 공격, 즉 복수인 것이다.

예를 들어 앞에서 언급한 우지의 하시히메처럼 사랑하는 남자를 그와 정을 통한 다른 여자에게 뺏긴 경우, 당신이라면 어떻게 할까? 서로 손 잡고 자신에게서 도망쳐간 자들을 죽이고 싶을 만큼 증오할 수도 있지 않을까? 그런 경우에 원념=저주하는 마음이 생기는 것은 당연한 일이다.

따라서 저주가 사악한 행위라고 일방적으로 단정해버리는 것은 저주의 본질을 간과할 위험성이 있음을 알 수 있을 것이다. 사악한지 정당한지에 대한 판단의 배경에는 우리 입장에서의 가치판단이 어딘가에 들어가 있다. 도망친 쪽의 '사랑'의 논리를 취하느냐, 그렇지 않으면 남겨진 쪽의 '증오'의 논리에 서느냐라는 것이다.

이것은 지금까지 살펴본 정치적 저주사건에서도 마찬가지이다. 만약 우리가 스가와라노 미치자네를 실각시킨 쪽의 편을 든다면 미치자네가 자신에 대한 음모에 원한이 맺혀 원령이 되어서 재액을 초래한다고 할 때, 그 재앙은 사악한 공격이며 그것을 막으려 노력하게 될 것이다. 반대로 미치자네 쪽에 선다면 재앙은 당연한 인과응보이며 정당한 제재라는 셈이 된다.

'건널목의 빨간신호, 모두 함께 건너면 무섭지 않다.' 바로 이것이다. 자신이 속한 사회집단의 구성원 대부분이 자신들의 집단에 적대적인 자를 저주하고자 결정하거나, 혹은 암묵적인 동의하에서 저주했을 때 그 저주는 '정의'로 간주된다. 이에 반해 저주 받은 쪽이 이쪽으로 저주를 되돌렸을 때는 '악'의 저주가 된다. 즉 공동체에 인지되지 않는 저주는 항상 '악'이며, 금지 대상으로 여겨졌다.

그러므로 강력한 권력자 밑에서는 권력자의 저주가 '정의'이며, 그 권력자에 대한 저주는 '악'이 된다. 복수의 지배자·권력자가 존재하고 상호의 지배와 복종 관계가 분명치 않은 경우는 서로 자신들의 저주를 '정의'라고 생각하며, 상대의 저주를 '악'으로 간주한다. '귀축미영鬼畜米英'[78]은 정의로 여겨져도 '기억하라, 진주만'[79]은 '악'이 외우는 주문이었던 것이다.

---

[78] 오니와 짐승과 같은 미국과 영국이라는 뜻이다. 일제는 태평양전쟁 중 '귀축미영'이라는 구호를 내세우며 전쟁을 독려하였다.

[79] 'Remember Pearl Harbor.' 일본의 진주만 공습 후 미국에서는 '기억하라, 진주만'이라는 구호 아래 국론을 결집하여 제2차세계대전에 참전하였다.

'정의의 저주'란

정의'의 저주 의례 중 하나인 '도둑 보내기盜人送り'라는 의례를 행하는 마을이 있다. 예를 들면 니가타 현新潟縣 히가시칸바라 군東蒲原郡 히가시카와 촌東川村(현재의 아가 정阿賀町)에서는 마을에서 사소한 도난 사건이 발생했을 때에 '나쁜 놈 보내기惡者送り'혹은 '도둑 보내기'를 행하였다. 그 방식은 마을 사람들이 모두 나서서 도둑을 상징하는 인형을 만들어 온 마을을 돌아다닌 후에 마을의 외곽이나 도난 사건이 일어난 현장에 가서 호인法印(수험자修驗者)이 저주의 기도를 하고, 마지막에는 마을 사람들이 차례로 이 인형을 죽창으로 찔러대다가 방치하는 것이다. 범인을 찾지 못하더라도 이 저주 의례에 의해 범인은 눈이 멀거나 손발을 못 쓰게 되는 장애가 생긴다고 전해지고 있었다.

이와 같은 저주는 사회집단에 있어서 분명히 '정의'의 저주이다. 의례를 행함으로써 평소부터 범죄가 발생하지 않도록 하는 방어기능을 갖고 있기 때문이다. 그렇다면 이러한 의례가 없는 집단에서 도난 피해를 입은 사람이 민속종교인을 고용하여 아직 발견되지 않은 범인을 저주했을 때, 과연 사악한 행위라고 비난할 수 있을까?

앞 장에서 소개했던 고치 현高知縣 모노베 촌에 다음과 같은 사례가 있다. 고치 시내에서 찾아온 사람에게 저주를 의뢰받은 이자나기류いざなぎ流의 다유太夫가 직접 들려준 이야기이다. 그 이야기에 따르면 의뢰인이 누군가에게 거금을 도난당하였다. 그러나 경찰 조사로는 범인이 밝혀지지 않았다. 그는 범인에 대한 복수심을 떨쳐버릴 수가 없어서 저주를 의뢰할 사람을 찾아다닌 끝에 모노베 촌까지 왔다는 것이다. 다유는 이를 깊이 동정하여 범인에게 저주를 걸어 주었다고 한다.

이러한 저주에 대해 우리는 사악하다고 단정할 논리를 가지고 있지는 않을 것이다. 현 형법 36조 '정당방위' 항목에도 다음과 같이 적혀 있다.

위급하며 부당한 침해에 대해 자기 또는 타인의 권리를 보호하기 위해 어쩔 수 없이 행한 행위는 처벌하지 않는다.

요컨대 우리는 개별적인 관계성이나 이유를 완전히 무시하고 저주의 '타인에게 위해를 가하고자 하는 의도' 그 자체를 운운해서는 안 된다. 그리고 그것은 국가가 개인의 살인은 '사악'이라고 판정하는 한편으로 자신들이 저지르는 대량살인, 즉 전쟁에 대해서는 항상 '정의'라고 주장하려는 것과 마찬가지이다.

문명개화는 저주를 가라앉히는 것과 함께

저주를 두려워하는 일본인의 심성은 근대에 들어서도 법이라는 공동체의 총의(적의)로 드러나 있었다. 메이지明治 3년(1870)에 만들어진 '신율강령新律綱領'이라는 법률에 "무릇 염매厭魅를 행하고 부적을 만들어서 저주하여 다른 사람을 죽이고자 하는 자는 각 모살謀殺로써 교도敎導한다."라고 되어 있으며, 주범은 참수하고 가담자는 교수형에 처하였다.

그리고 메이지 41년(1908)에 시행된 형법(현 형법은 이를 부분 개정한 것) 조문 중 "함부로 길흉화복을 설하거나 또는 기도·주술 등으로 다른 사람을 현혹시켜 이익을 꾀하는 자"에 해당하는 자는 구류·과료科料에 처한다고 정해져 있었다.

근대 일본이라는 공동체 그 자체가 고대 왕정으로의 회귀(왕정복고)라는 점에서 저주를 인지하고 그에 대한 공포의 집단적 의식이 법(금지)으로 구현화 한 것이다.

메이지 40년대(1907~1916)라고 하면 일본이 서구열강과 어깨를 나란히 하기 위해 서양 근대과학을 앞뒤 가리지 않고 도입하고, 러일전쟁에서도 승리한 이후이다. 그러나 놀랄 필요까지는 없다. 원래 근대국가 일본의 문명개화 그 자체가 저주를 가라앉힘으로써 시작되었다고도 할 수 있다.

게이오慶應[80] 4년(1868) 8월 26일, 즉위 직후인 메이지 천황明治天皇[81]의 칙사가 가가

---

[80] 일본 연호의 하나이다. 1865년부터 1868년까지를 가리킨다.
[81] (1852~1912, 재위 1867~1912) 제122대 천황이다.

와 현香川縣 사카이데 시坂出市에 있는 어떤 인물의 능 앞에서 대략 다음과 같은 선명宣命82을 낭독하였다. 메이지로 개원改元되기 보름 전쯤인 이 날은 그 능에 모셔진 어령의 기일에 해당하였다. 때는 마침 메이지 유신明治維新83 정부군이 오우열번동맹군奧羽列藩同盟軍84에 공격을 개시하려던 참이었다.

> …존령을 모셔 그 동안에 쌓인 울분을 누그러뜨리고자… 하루빨리 오랜 원념을 푸시고 모시러 간 사람과 함께 황도로 돌아오셔서 천황과 조정을 굳건한 반석 위에 앉히시고 항상 지켜 주십시오. 최근에 황군에 반기를 든 무쓰陸奧85・데와出羽86의 적도賊徒를 신속히 진압하여 천하가 태평해질 수 있도록 도와주시기를 황송하게도 간청합니다.

메이지 천황은 704년 전에 세상을 뜬 이 인물의 원령을 두려워하였다. 바꿔 말하면 천황가는 700년 이상이나 이 원령 때문에 골치를 썩혀왔다는 말이기도 하다. 이 영靈이 오우 군奧羽軍의 편을 들어 자신들을 적대시하고 재액을 가져올 것을 두려워했던 것이다. 선명의 문장에는 원령을 달래어 진좌시키고자 하는 간절한 바람의 감정이 잘 나타나 있다. 이 원령이 일본의 '대마왕' 스토쿠 상황崇德上皇87의 원령이다.

스토쿠 상황은 겐에이元永88 2년(1119), 도바 천황鳥羽天皇89의 제1황자로 태어났다. 모친은 다이켄몬인待賢門院 다마코璋子90였다. 그는 출생부터 저주 받았다. 스토쿠는

---

82 천황의 명령을 한문이 아니라 일본어 문장인 화문체(和文體)로 기록한 것이다.
83 메이지 천황 때 막번체제(幕藩體制)를 무너뜨리고 왕정복고를 이룩한 일련의 변혁과정을 가리킨다.
84 보신(戊辰) 전쟁 중에 무쓰(陸奧) 지방, 데와(出羽) 지방, 에치고(越後) 지방 등 도호쿠(東北) 지방의 여러 번(藩)이 에도 막부를 지지하고 메이지 유신 정부에 대항하기 위해 결성한 동맹이다. 무진(戊辰)년인 1968년에 시작된 전쟁이기 때문에 보신 전쟁이라고 한다. 보신은 무진의 일본어발음이다.
85 현재의 후쿠시마 현(福島縣), 미야기 현(宮城縣), 아오모리 현(青林縣), 아키타 현(秋田縣) 일부 지역이 이에 해당한다.
86 현재의 야마가타 현(山形縣), 아키타 현에 해당한다.
87 (1119~1164, 재위 1123~1142) 제75대 천황이다. 퇴위 후에는 신인(新院), 사누키인(讃岐院)이라고도 불렸다.
88 일본 연호의 하나이다. 1118년부터 1119년까지를 가리킨다.
89 (1103~1156, 재위 1107~1123) 제74대 천황이다. 시라카와 상황(白河上皇)이 죽은 뒤, 상황이 직접 국정을 다스리는 원정(院政)을 열어 스토쿠 천황(崇德天皇), 고노에 천황(近衛天皇), 고시라카와 천황(後白河天皇) 이 3대 천황의 재위기인 28년에 걸쳐 조정을 장악하였다.
90 (1101~1145) 후지와라노 다마코(藤原璋子)이다. 쇼시라는 이름으로도 불렸다. 도바 천황(鳥羽天皇)의 중궁(中

도바 천황의 조부에 해당하는 시라카와 법황白河法皇[91]과 모친 다마코가 밀통하여 이 세상에 태어났다고 한다. 이때 시라카와 법황은 세는나이로 67세였다. 『고사담古事談』[92]이라는 설화집에 의하면 이 일을 부친인 도바 천황도 알고 있어서 스토쿠를 '꼬마 삼촌'이라 불렀다고 한다.

스토쿠는 다섯 살 때에 즉위하여 천황이 되고 부친 도바 천황은 상황이 되었다. 역사상 원정기院政期[93]라고 부르는 이 시기에는 천황에게는 거의 실권이 없었고, 천황이라는 지위를 자식에게 양위한 상황(불문에 들어간 경우는 법황)이 권력을 쥐고 있었다. 그러나 도바 상황의 경우는 부친(호리카와 천황堀川天皇[94])이 이미 세상을 떠났지만, 밀통으로 자신을 바보로 만든 시라카와 법황이 생존해 있었다. 도바 상황은 계속 기다렸다. 조부의 죽음을!

다이지大治[95] 4년(1129)에 시라카와 법황이 77세로 죽자, 권력을 손에 넣은 도바 상황은 다마코와 스토쿠 천황을 노골적으로 싫어하였다. 도바 상황은 시라카와 법황에게 미움을 받아 정계에서 멀리 떨어져 있던 후지와라노 다다자네藤原忠實[96]의 딸 야스코泰子를 황후로 맞아들여서 황자의 탄생을 기다렸다. 그러나 이 때에는 이루지 못하고, 이어서 후지와라노 나가자네藤原長實[97]의 딸인 비후쿠몬인美福門院 나리코得子[98]

宮)이 되어 스토쿠 천황, 고시라카와 천황 이하 일곱 명의 황자와 황녀를 낳았다.

91 (1053~1129, 재위 1073~1087) 제72대 천황이다. 양위 후 출가한 시라카와 천황을 가리킨다. 역사상 최초로 원정을 실시하면서 천황의 권력을 뛰어넘는 정치권력을 행사하였다.

92 가마쿠라 시대 초기의 설화집이다. 편자는 미나모토노 아키카네(源顯兼, 1160~1215)이다. 나라 시대부터 헤이안 시대 중기까지의 설화 462화를 수록하고 있다. 귀족사회의 일화, 사사(寺社)의 연기담 등의 내용을 담고 있다.

93 1086년 시라카와 천황이 양위 후 상황의 자격으로 원정을 시작한 이후의 150여 년간을 말한다. 재위 중인 천황 대신에 직계존속인 상황이 정무를 행하는 형태의 정치를 원정이라고 한다. 상황을 원(院)이라고 부른 데서 연유한다.

94 (1079~1107, 재위 1086~1107) 제73대 천황이다. 최초로 시작된 원정으로 인해 정치적 실권이 약화되었지만, 문학과 음악 등에서 두각을 나타내기도 하였다.

95 일본 연호의 하나이다. 1126년부터 1130년까지를 가리킨다.

96 (1078~1162) 헤이안 시대 후기의 귀족이다. 후지와라노 모로미치(藤原師通, 1062~1099)의 장남이다. 『덴랴쿠(殿曆)』라는 일기를 남겼다.

97 (1075~1133) 헤이안 시대 후기의 귀족이자, 가인(歌人)이다. 고노에 천황의 생모인 비후쿠몬인(美福門院)의 아버지로서 정1위 좌대신으로 추증되었다.

98 후지와라노 나리코(藤原得子, 1117~1160)를 가리킨다.

를 수태시켜서 대망의 황자 나리히토 친왕躰仁親王[99]을 얻었다.

　그리고 도바 상황은 스토쿠 천황에게 양위를 압박하여 원래대로라면 스토쿠의 황자 시게히토 친왕重仁親王[100]이 제위에 올랐어야 했지만, 불과 세 살이었던 자기 아들을 억지로 즉위시켰다. 이 도바 상황의 아들은 17세의 젊은 나이에 요절하게 되는 고노에 천황近衛天皇[101]이다.

　이후 16년간, 상황이 된 스토쿠는 도바 법황 밑에서 은인자중의 세월을 보냈다. 그의 원념은 점점 커져 갔다. 이는 무사 계급이 정치의 전면에 등장하는 계기가 된 호겐의 난保元の亂[102]의 간접적인 원인이 되었다.

동란기에 날뛰는 원령

　그런데 호겐의 난은 저주하는 마음을 낳는 '종종 있는 이야기'가 또 하나의 원인이 되었다. 이는 당시의 섭관가攝關家(섭정攝政·관백關白[103]으로 임명되던 가문) 후지와라노 다다자네 및 '아쿠사후惡左府'로 부르며 사람들이 두려워했던 차남 요리나가賴長 일파와, 장남 다다미치忠通의 부자·형제간의 골육상쟁이다.

　후지와라노 다다자네는 도바 상황이 권력을 잡음과 동시에 정계에 복귀하였다. 『고금저문집古今著聞集』[104]이라는 설화집에 의하면 이때 다다자네는 천태종 승려에게

99　고노에 천황(近衛天皇)의 즉위 전 호칭이다.
100　(1140~1162) 헤이안 시대 후기의 황족이다. 스토쿠 천황의 첫 번째 아들이다. 1155년 고노에 천황 사망 후 황위를 이어받으려고 했으나 고시라카와 천황의 즉위로 인해 즉위하지 못하였다.
101　(1139~1155, 재위 1142~1155) 제76대 천황이다. 도바 천황의 아들이다. 스토쿠 천황의 양위를 받아 즉위하였으나 17세의 젊은 나이에 요절하였다.
102　스토쿠 상황과 고시라카와 천황의 갈등이 심화되어 호겐(保元) 원년(1156)에 일어난 내란이다. 스토쿠 상황 측은 미나모토노 다메요시(源爲義)와 다이라노 다다마사(平忠正)를, 고시라카와 천황 측은 미나모토노 요시토모(源義朝)와 다이라노 기요모리(平淸盛)를 동원하여 싸웠는데 스토쿠 상황 측이 패배하며 스토쿠 상황은 사누키(讚岐)로 유배당한다. 귀족의 무력화(無力化)와 무사의 실력을 보여준 사건으로 무사의 정계 진출을 촉진하였다.
103　천황을 대신하여 정무를 총괄하는 관직이다. 실질적으로 귀족의 최고위 관직이었다.
104　1254년 다치바나노 나리스에(橘成季, 생몰년 미상)에 의해 완성된 세속 설화집이다. 헤이안 귀족의 생활에 관한 이야기 등을 수록하고 있으며,『곤자쿠 이야기집(今昔物語集)』,『우지슈이 이야기』와 함께 일본의 삼대 설화집으

'다지니천법茶枳尼天法'이라는 가지加持 기도법을 익히게 하여 '오랜 숙원'을 성취시켰다고 전해지고 있다. 이 '다지니천법'이라는 것은 실의의 밑바닥에 있는 인간이 어떻게든 빼앗긴 땅을 되찾거나 출셋길을 잡으려 할 때 특히 효과가 뛰어난 방법으로 여겨졌다.

당시 장남인 다다미치는 이미 관백의 지위에 올라 있었다. 그러나 차남인 좌대신 요리나가를 편애한 다다자네는 요리나가에게 후지와라 가문의 미래를 맡기고 다다미치를 집안 장자의 위치에서 끌어내렸을 뿐만 아니라, 관백 지위마저도 빼앗으려 하였다. 그러나 성공하지 못하고 출가出家 하였다.

메이지 천황이 두려워했던 스토쿠 상황의 원령
('백인일수百人一首 중의 스토쿠인崇德院' 우타가와 구니요시歌川國芳 작
가나가와현립역사박물관神奈川縣立歷史博物館 소장)

형제의 대립은 고노에 천황의 붕어에 의해 파국을 맞이하였다. 병약한 고노에 천황에게는 황자가 없었다. 뒤를 이어 제위에 오른 사람은 나중에 미나모토노 요리토모源賴朝[105]가 '일본 최고의 덴구天狗[106]'라고 불렀던 고시라카와 천황後白河天皇[107]이다. 이 일로 인해 실의에 빠지게 된 인물들이 있었다.

　　로 일컬어진다.
105 (1147~1199) 가마쿠라 막부의 초대 쇼군(將軍)이다.
106 깊은 산에 서식한다는 상상 속 괴물이다. 얼굴이 붉고 코가 큰 사람의 모습을 하고 있고, 날개가 있어서 자유로이 비행하며, 신통력을 가지고 있다. 거만하고 우쭐대는 사람이라는 의미도 있다.
107 (1127~1192, 재위 1155~1158) 제77대 천황이다. 도바 천황(鳥羽天皇)의 네 번째 황자이다. 제78대 닌조 천황(二条天皇)에게 양위한 후 5대에 걸쳐 약 30년 동안 원정을 행하며 왕권강화를 위해 노력하였다.

그 한 사람으로는 말할 것도 없이 스토쿠이다. 고노에 천황에게 혹시 일이 생기면 자신이 복위하거나, 또는 자신의 아들인 시게히토 친왕을 즉위시키려던 기대가 무너져버렸기 때문이다.

또 한 사람, 아니 두 인물로는 후지와라노 다다자네와 요리나가 부자이다. 두 인물은 도바 상황의 신임을 잃고 전혀 알지도 못하는 죄로 실각하였다. 요리나가의 일기 『대기臺記』[108]에는 고노에 천황이 붕어하고 얼마 지나지 않은 규주久壽[109] 2년 (1155) 8월 27일자에 다음과 같은 내용이 적혀 있다.

> 벗이 일러 준 바에 따르면 도바 상황이 아버지 다다자네와 나를 원망하고 있다고 한다. 선제 (고노에 천황)가 붕어하신 후, 공수[110] 무녀巫女에게 선제가 빙의하여 "수년 전, 누군가가 나를 저주하기 위해 아타고야마愛宕山[111]의 덴구天公(天狗) 상像 눈에 못을 박았다. 나는 그 때문에 죽었다." 라고 말하였다. 법황이 사람을 보내 조사해보니 과연 그 말 대로였다. 관백(다다미치)과 황후 비후쿠몬인이 다다자네 부자의 짓이라고 상주하여 이를 믿은 상황이 우리 두 사람을 미워하는 것이라고 하였다.

여기에서 간과하면 안 되는 것이 공수 무녀의 탁선을 빌려 범인을 색출해서 그 사람을 제거해버리는 메커니즘이다. 저주사건의 이면에는 반드시라고 해도 좋을 정도로 그러한 종교자가 존재하고 있었다.

일기에서 요리나가는 아타고야마의 덴구가 하늘을 날아다닌다는 것을 알고 있었지만, 덴구 상이 있다는 사실을 예전에는 몰랐었기 때문에 자신이 어떻게 천황에게 저주를 할 수 있었겠는가라고 변명하고 있다. 하긴 일기라고는 하지만, 당시 귀족

---

108 귀족의 생활상 등 당시의 풍속을 알 수 있는 귀중한 자료로 평가받고 있다.
109 일본 연호의 하나이다. 1154년부터 1155년까지를 가리킨다.
110 무녀가 원한을 품고 죽은 사람의 넋이 하는 말이라고 전하는 말이다.
111 교토 시 우쿄 구(右京區) 북서부에 있는 산이다. 이 산 꼭대기에는 방화(防火)에 영험이 있다고 알려진 아타고 신사(愛宕神社)가 있다. 네 살이 되기 전에 참배하면 평생 화재를 당하지 않는다고 한다.

의 일기는 누군가 읽을 것을 전제로 하고 쓰기 때문에 이것만으로 요리나가가 저주를 하지 않았다고 볼 수는 없다. 그러나 설령 저주를 했다 하더라도 역시 이루어지지 않았을 것이라는 심경이었음은 틀림없다. 음양도사陰陽道史 연구의 일인자인 역사학자 무라야마 슈이치村山修一는 요리나가가 음양도에 경도되어 있었으므로 교토의 이치조모도리바시一条戻橋 주변을 거점으로 하는 음양사들을 고용하여 실제로 저주를 했을 것이라고 말하고 있다『일본음양사 총설日本陰陽史總說』[112]).

그 후 다다자네 부자는 도바 상황의 오해를 풀기 위해 모든 방법을 동원하였다. 그러나 그 노력은 헛수고였다. 다음 해 상황이 붕어한 것이다. 이를 계기로 스토쿠 상황과 요리나가가 결탁하여 고시라카와 천황·다다미치 일당과 격돌하였다. 이것이 호겐의 난이다.

승부는 쉽게 났다. 미나모토노 요시토모源義朝[113]와 다이라노 기요모리平淸盛[114]가 이끄는 무사단의 공격을 받은 요리나가는 전사하고, 스토쿠 상황은 사누키讚岐[115]로 유배당하는 결말이 난 것이다. 미나모토노 다메요시源爲義[116]를 비롯한 무사단이 야습을 감행하면 어떻겠느냐는 진언을 했지만, 음양도에 빠져있던 요리나가가 받아들이지 않았기 때문에 역으로 야습을 받았다. 전투 중 천황 쪽 군대가 급습한 히가시산조東三条 저택에서 비법을 행하고 있던 뵤도인平等院[117]의 승려가 붙잡혔다. 천황편을 저주하여 죽이기 위한 조복調伏 의례를 행하고 있었던 듯하다.

---

112 중국 한민족사회에서 발생하여 발전해온 음양도는 그 주술성을 가지고 신기(神祇)신앙 및 불교와 습합하였고, 더 나아가 일본의 정치, 법률, 군사, 학문, 문학, 미술, 예술 등 다양한 분야에 진출하여 일본인의 일상생활과 관습을 민속화하였다. 오늘날 뿌리 깊이 잔재해 있는 일본 음양도를 문화사적으로 개관하는 책이다. 1981년에 간행되었다.

113 (1123~1160) 헤이안 시대 말기의 무장이며, 미나모토노 다메요시(源爲義)의 장남이다. 호겐의 난(1156) 때 고시라카와 천황 측에 가담하여 승리를 거두고, 스토쿠 상황 측에 가담했던 아버지 다메요시를 비롯한 일족을 처형하였다. 후에 헤이지의 난(1159)을 일으키지만 패배하며 살해당하였다.

114 (1118~1181) 헤이안 시대 말기의 무장이다. 호겐의 난과 헤이지의 난에서 승리하며 정치적 실권을 장악한다.

115 현재의 가가와 현(香川縣)에 해당한다.

116 (1096~1156) 호겐의 난 때 스토쿠 상황 측에 가담하였다가 패배하고 장남 미나모토노 요시토모(源義朝)에게 죽임을 당하였다.

117 교토 부(京都府) 우지 시(宇治市)에 있는 사원이다. 원래 후지와라노 미치나가(藤原道長, 966~1028)가 별장으로 지은 건물이었지만, 그의 아들 후지와라노 요리미치(藤原賴通, 992~1074)가 1052년 불교 사원으로 개축하였다.

(108쪽)『겐페이 성쇠기源平盛衰記』[118]나『호겐 이야기保元物語』[119]의 내용에 따르면 사누키로 유배당한 스토쿠 상황은 3년 정도 지났을 무렵에 대승경大乘經을 사경寫經하여 고야산高野山[120]을 비롯한 몇 군데에 봉납하고 싶다는 뜻을 내비쳤다. 그러나 고시라카와 천황이 거부하여 원통해 하던 스토쿠 상황은 "일본국의 대마연大魔緣[121]이 되어 천황을 백성으로 만들고 백성을 천황으로 만들겠다."라며 자신의 혀끝을 물어뜯어 흐르는 피로 대승경에 저주의 서약문을 적어서 바다 속에 가라앉혔다고 한다.

그 후 상황은 '손톱도 깎지 않고 머리카락도 자르지 않은 초췌한 모습으로 악념의 심연에 몸을 담가 살아있는 채로 덴구의 모습'이 되어 유배 9년째에 세상을 떴다. 유체는 사누키의 시라미네산白峰山에 묻혔다. 메이지 천황明治天皇이 어령 진혼을 행했던 가가와 현 사카이데 시가 그곳이다.

그런데 스토쿠 상황 붕어 후에 교토의 여기저기에서 이변과 사건이 속출하였다. 엔랴쿠지延曆寺[122] 승려들의 봉기, 궁궐까지 몽땅 타버린 수도가 생긴 이래의 최대 화재, 요성妖星(핼리 혜성)의 출현, 연이은 귀족의 죽음…. 이 재액들이 예와 같이 스토쿠 상황 원령의 재앙으로 여겨졌다.

우에다 아키나리上田秋成[123]의『우게쓰 이야기雨月物語』[124]에는 스토쿠 상황이 붕어한 수 년 후에 그 능을 찾은 승려 사이교西行[125] 앞에 원령이 나타나서 "분노의 불길이 활활 타올라서 꺼지지 않은 채 결국에는 대마왕이 되어 삼백여 부류의 괴수가

---

118 『헤이케 이야기(平家物語)』의 이본(異本) 중 하나이다. 48권으로 이루어져있다.
119 '호겐의 난'을 다룬 이야기이다. 가마쿠라 시대 전기에 완성되었을 것으로 추정된다.
120 와카야마 현(和歌山縣) 북부에 있는 높이 1,000미터 전후 산들의 총칭이다. 헤이안 시대인 819년경에 홍법대사(弘法大師) 구카이(空海, 774~835)는 곤고부지(金剛峯寺)를 세워 진언종의 본거지로 삼았다. 히에이잔(比叡山)과 함께 일본 불교의 성지이다.
121 마연(魔緣)은 불교 수행을 방해하는 악마를 가리킨다.
122 교토 북동쪽의 히에이잔(比叡山)에 위치한 절이다. 천태종의 총본산이다. 헤이안쿄(平安京)의 북동쪽, 귀문(鬼門)에 해당하는 방위에 있기 때문에 왕성(王城)을 진호해준다고 여겼다. 헤이안 불교의 중심이었다.
123 (1734~1809) 작가이자 국학자이다. 괴이(怪異) 소설『우게쓰 이야기(雨月物語)』의 저자로 잘 알려져 있다.
124 우에다 아키나리(上田秋成)의 소설이다. 1766년에 간행되었다. 중국과 일본의 고전을 번안 및 개작한 괴이단편소설 9편으로 구성되어 있다. 운명에 농락당하는 인간들의 비극적인 모습을 아름답게 그려내고 있다.
125 (1118~1190) 헤이안 시대의 승려이자 와카(和) 시인이다. 여러 지방을 순례하며 다수의 와카를 남겼는데, 이를 모은 가집(歌集)으로『산카슈(山家集)』가 있다.

되었다. 우리 일족이 하는 짓은 사람들의 복을 보면 바꿔서 화로 만들고, 세상이 안정되어 보이면 난을 일으켰다. 그대여, 보라. 다이라平 집안 또한 오래가지 않을 것이다."라고 하였다고 적혀 있다. 조정은 상황에게 스토쿠인崇德院이라는 칭호를, 요리나가에게는 정일위 태정대신 직위를 내리고, 호겐의 난의 전장이 되었던 장소에 사당을 세워서 두 원령을 모셨다. 이리하여 두 사람은 어령이 되었다.

그래도 재앙은 그치지 않았다. 그 후에도 고시라카와 법황의 병환이나 다이라노 기요모리가 미쳐서 죽은 것을 비롯하여 시대가 혼란기를 맞이하고 사회불안이 나타날 때마다 사람들은 스토쿠인의 재앙이라고 수군거렸으며, 이는 메이지 천황이 행한 스토쿠인의 어령 진혼까지 연면히 이어졌다.

사회를 비판하는 죽은 자의 저주

죽은 자의 저주=재앙은 저주받는 쪽에 대한 비판 혹은 반성을 촉구하는 저주라고 할 수 있다. 이에 반해 산 자의 저주는 말할 것도 없이 저주받는 쪽을 실각시키거나 화를 미치게 하려는 목적을 갖는다.

이 양자의 성격 차이에 따라 산 자의 저주는 부정적으로 보인 것에 비해 죽은 자의 저주는 긍정적으로, 즉 위정자의 악정에 대한 비판으로 파악되어 왔다. 스가와라노 미치자네나 스토쿠 상황의 원령이 단순히 사회나 자연의 혼란·이변의 원인으로서가 아니라, 사람들의 사회개혁·혁신 갈망과 결합하여 등장하는 것은 그 발현이기도 하다.

내가 지금까지 연구해 온 테마 중에 '이인異人 살해' 전승이라는 것이 있다. 이것은 마을을 방문한 로쿠부六部(행각승)나 자토座頭[126], 야마부시山伏[127]와 같은 종교자가

---

[126] 삭발한 맹인이다. 중세에는 비파법사(琵琶法師)의 통칭이기도 하였다. 근세에는 비파·쟁·샤미센(三味線) 등을 켜며 이야기하거나 노래를 하는 한편, 안마·침술·금융을 업으로 삼았다.
[127] 수험도(修驗道)를 실천하는 사람을 뜻하며 수험자(修驗者)라고도 한다. 수험도란 산에 은거하면서 엄격히 수행

가진 돈을 노리고 숙소 제공자가 이들을 살해했다는 전승으로, 전국 각지에 널리 분포되어 있다. 이러한 전승은 어령신앙이 단순히 국가 차원뿐 아니라, 민중 속에 널리 침투해 있었다는 것을 말해준다. 예를 들면 나가노 현長野縣 시모이나 군下伊那郡 가미 촌上村(현재의 이다 시飯田市)에서는 이렇게 전해지고 있다.

가미 촌의 시모구리下栗라는 마을의 A 집안에서는 근처의 저택 터에 '와카노미야 님若宮樣(새로이 모신 신)'을 모시고 있었다. 그 자리는 이전에 A 집안의 총본가에 해당하는 을乙 가문의 저택이 있었던 곳으로, 다음과 같은 일이 있어서 A 집안이 와카노미야 님을 모시게 되었다고 한다.

A 집안의 당주(1912년 출생)가 아직 열 살 정도였을 무렵, 가미 촌에서 독감이 크게 유행하여 시모구리 마을에서도 서른 명 이상 되는 사람들이 죽었다. A 집안에서도 부모를 비롯하여 여동생 둘, 조부모가 잇달아 죽었기 때문에 당주는 어쩔 수 없이 시모구리의 B 집안으로 시집을 간 숙모 슬하에서 자랐다. B 집안에서는 불행이 연속되는 것이 걱정되어서 점을 칠 줄 아는 야마시山師[128]에게 부탁하여 점을 쳐보았더니 다음과 같은 사실이 판명되었다.

옛날에 여행 중이던 로쿠부가 그의 돈을 노린 누군가에게 살해당하여 을 가문의 집터 근처의 바위 아래에 묻혔다. 그런데 그 로쿠부의 영은 이 사실을 알리기 위해 살인을 한 자의 자손이 아니라, 뒤에 그 터를 매입한 A 집안사람들에게 재앙을 내렸다는 것이다. 그래서 로쿠부의 원령을 진혼하기 위해 저택 터에 작은 사당을 세워서 '와카노미야 영신若宮靈神'으로 삼았다.

그런데 한편으로 을 가문의 주인이 길을 묻던 로쿠부를 죽이고 돈을 빼앗은 후에 을은 병사하였으며, 20년 정도 전에 가문도 끊겨버렸다. 로쿠부가 죽고 50년 정도 지나 이 가미 촌에 독감이 유행하여 많은 사망자가 나왔을 때, 가미 촌 사람들은 그 원인을 로쿠부의 재앙이라 여겼다고 한다.

함으로써 깨달음을 얻고자 하는 일본 전통적 산악신앙이 불교에 도입된 일본만의 독특한 혼합종교이다.
128 山師 : 16세기 무렵 출현하여 에도 시대에 널리 존재한 광산업자이다.

이 전승에서 주목해야 할 것은 원한을 남기고 죽은 로쿠부 원령의 재앙이 독감이나 을 가문의 멸망 원인으로 거론되고 있다는 점이다. 이것은 바꿔 생각하면 이 가미 촌에서 독감에 의한 사망자 속출이나 을 가문의 멸망이 없었다면 로쿠부의 저주(이인 살해) 그 자체가 존재하지 않았을지도 모르는 것이다.

즉 스가와라노 미치자네 원령의 발생이 그의 사후에 일어난 천재지변을 설명하는 것이었듯이, 독감 발생이 이인 살해라는 전승을 이야기하게 만들어 역병 발생의 원인을 설명토록 한 것이다. 물론 이 원인을 밝힌 것은 야마시山師의 점이었다.

더구나 이 로쿠부의 저주는 을 가문(가미 촌의 권력자적 존재)에 대한 비판의 성격을 지니고 있다. 나쁜 것은 저주를 건 로쿠부가 아니라 저주 받은 쪽인 을 가문이며, 마을사람들에게는 그 흙탕물이 튄 것이다. 즉 이 전승은 스가와라노 미치자네나 스토쿠 상황의 재앙과 완전히 동질적인 구조를 가졌다고 할 수 있다.

왜 사람들은 '저주'를 두려워하는가

지금까지 저주를 두려워하고, 저주에 휘둘리며, 저주에 의탁한 사람들에게 조종당해 온 '역사'를 살펴보았다. 그와 같은 예는 일본역사에서 이밖에도 얼마든지 찾아볼 수 있다.

솔직하게 말하자면 이러한 '사실'의 무게는 걸핏하면 '저주'에 대적할 힘을 약하게 만들었다. 나 자신의 마음속에 저주에 대한 언급을 머뭇거리게 만드는 무언가가 있었던 것이다.

그것은 저주에 대한 불안 혹은 두려움이라고 해도 될지 모르겠다. 즉 이 책을 써나가는 데에 나 자신의 마음속에도, 예를 들면 당신이 누군가로부터 "당신을 저주하겠다!"라는 말을 들었을 때에 느낄 터인 막연한 두려움과 같은 것이 있었다는 말이다.

그렇다면 산 자의 저주이든 죽은 자의 재앙이든, 왜 저주는 사람들을 공포에 떨게 만드는가. 답은 명확하다. 먼저 사람들은 '저주하겠다'라는 말에 담긴 그 사람의 원념의 깊이에서 공포를 느낀다. 그리고 언젠가 일어날지도 모르는 자신의 불행에 공포를 느끼며, 나아가 실제로 불행이 일어났을 때에 저주의 말을 상기하면서 또다시 공포를 느끼는 것이다.

현대는 개인이 의지할 수 있는 정체성을 상실한 불안의 시대라고 한다. 그러한 시대 속에서 우리는 병이 들거나, 시험에 실패하거나, 출세경쟁에서 밀리거나, 실직하거나, 주식으로 큰 손해를 보거나, 교통사고를 당하거나, 결혼에 실패하거나, 부모를 일찍 잃거나…, 이러한 여러 가지 불행을 체험한다. 그러나 이와 같은 일을 한두 번 체험했다고 해서 좌절하지는 않는다. 다만 이러한 불행들이 한꺼번에 겹쳐서 일어난다면 어떨까. 왜 자신만 이런 불행한 일을 당하는 것일까. 다른 사람들은 행복하게 살고 있는데. 언제까지 이런 불행이 계속될까…. 이와 같은 의문을 품게 되지 않을까?

이러한 불행에 대한 설명을 현대의 그 분야 '과학적' 전문가들에게 구했다고 치자. 그러나 돌아오는 대답은 정해져 있다. 예를 들어 극단적으로 말하자면 의사는 병의 원인에 대해 독성을 가진 바이러스가 어떤 경로로 신체에 침입했기 때문이라고 설명하고 앞으로 약을 먹으며 영양섭취를 잘 하면 나을 것이다, 낫지 않으면 약 효과가 없는 것이며 현대 의학으로는 더 이상 손 쓸 방법이 없다, 단념하라고 말할 뿐이다.

다른 불행의 경우도 마찬가지이다. 시험 실패는 당신이 능력이 없든가 공부가 부족했기 때문이며, 결혼 실패는 성격 불일치라든가 상대에게 다른 사람이 생겼기 때문이라는 식이 될 것이다.

즉 우리가 현대의 전문가에게 불행의 원인을 아무리 물어봐도, 전문가는 개개의 불행한 사건이 왜 일어났는지 그 과정이나 불행을 극복하는 방법을 가르쳐 주기는 하지만 왜 자신에게만 불행이 닥치고 다른 사람은 아닌가라는 근본적이고 정말로 알고 싶은 의문에는 답해주지 않는다. 그러나 우리는 이와 같이 불행한 상태가 오랫동안 이어질 때, 그 일련의 불행의 기저에 공통적으로 깔려 있는 근본적인 원인을 알고 싶어 한다.

그래서 사람들은 불행한 인생 또는 심적 불안으로부터 벗어나고픈 마음에서 지푸라기라도 잡는 심정으로 역 앞에 늘어선 점술가나 유명한 점술가 집을 찾게 되는 것인지도 모른다. 현대에 자신의 인생이 어떻게 되어 있는지를 가르쳐 주는 것은 점술가 정도밖에 없다.

그러나 여기에서도 기대가 어긋나게 된다. 아무리 양심적인 점술가라 하더라도 "당신의 운세가 언제쯤까지는 나쁘고, 언제부터는 좋아질 것이다."라고 밖에 가르쳐 주지 않는다. 불행의 원인을 밝혀주지는 않는 것이다.

이리하여 사방이 꽉 막혔을 때에 사람들은 종교자를 찾는다. 자신의 괴로움을 공감하며 들어주고 함께 슬퍼하며 괴로워해주는 종교자, 그 이상은 더 찾을 수 없는 데까지 원인을 찾아주는 종교자이다. 다만 그 답의 중심에 있는 것은 '신앙' 영역에 속한다. 요컨대 당신이 그것을 믿느냐 믿지 않느냐라는 점과 관련되어 있다.

어느 쪽이든 이 '신앙'의 세계로 발을 들여 놓았을 때, 당신 불행의 원인 중 하나로 '저주'가 떠오른다. 즉 당신의 불행은 조상이나 신을 제대로 모시지 않아서 받는 재앙이라든가, 다른 사람의 원한을 사서 저주를 받고 있기 때문이라는 설명을 듣게 된다.

'저주'가 '과학적' 해석이 미치지 않는 공백 부분에 설명을 붙인다. 역설적으로 말하자면 여기에 인간이 '저주'를 두려워하는 이유가 있다고 해도 될 것이다. 불행해지는 일에 대해 인간이 품고 있는 공포와, 타인의 악의·원념을 두려워하는 마음이 결부된 곳에 '저주'가 존재한다.

누구나가 저주하고 또 저주받는다

인간이라는 생물은 태어나면서부터 죽음에 이르기까지 정도의 차이는 있지만, 다른 사람의 원망을 사지 않고는 살아갈 수가 없는 슬픈 숙명을 짊어지고 있다. 예를 들면 아름답게 태어난 여성은 그것만으로 원망의 대상이 되는 일도 있다. 기기 신화記紀神話에 등장하는 미녀 고노하나사쿠야히메와 추녀 이와나가히메 자매의 저주

이야기는 인간 보편의 테마이다.

이것이 극단적인 예라 하더라도 만약 당신이 샐러리맨인 경우, 출세경쟁을 생각해보면 바로 알 수 있는 일이다. 설령 당신이 인격이 원만해서 누구나가 좋아하며, 그래서 과장이나 부장으로 승진했다고 해도 원한을 사는 경우가 있다. 왜냐하면 승진하지 못한 다수의 사람이 있기 때문이다. 자타 공히 틀림없이 승진할 것으로 여겨졌던 사람이 그 꿈이 깨졌을 때, 설령 승진한 인물이 자신보다 훨씬 우수하다는 것을 알고 있어도 유감스러워하며 원통해 하는 것이 당연하다.

이렇게 출세해가는 사람에게는 패자 혹은 탈락한 자의 원념이 달라붙고, 그것은 출세 단계를 오를 때마다 증대해 간다. 그 정점에 위치한 지위는 말할 것도 없이 사장이다. 창가로 쫓겨나거나 정당하게 평가받지 못한(그렇게 생각하는) 사람 입장에서 보면 그 원망의 마음이 최종적으로 향하는 곳은 사장이다. 역사상의 저주사건에서 냉대 받던 귀족들이 최종적으로 천황을 저주했던 사실은 지금까지 살펴본 대로이다.

최근 대기업의 최고경영자가 사장 취임 후에 종교에 귀의하거나 본사 빌딩 옥상에 신사를 권청勸請하는 일이 있다. 이것도 옛날의 정치적 지배자가 매장된 사람들의 원령을 모시거나 자신의 주위에 주술적 경호원을 두었던 심리와 어딘지 상통할 것이다.

지금까지의 이야기로 이해하리라 생각하지만, '저주하다' '저주 받다' 라는 관계는 동전의 양면 같은 것이다. 인간인 이상, 누구나가 저주받는 입장에 있으며, 원념=저주하는 마음에 설명이 붙여졌을 때에는 저주하는 쪽이 될 수도 있다는 말이다. 그런 의미에서 인간이라는 것은 사회를 만들어낸 바로 그 때부터 슬프고도 무서운 숙명으로 저주 받았다고 해도 될지 모르겠다.

인간은 법이나 도덕, 윤리 등을 만들어내고, 혹은 '사랑'과 같은 이데올로기까지 동원하여 무서운 '저주하는 마음'의 발현을 어떻게든 억누르고자 해왔다. 그러나 그 억제는 모든 사람을 만족시키는 것이 되지 못하였으며, 또 될 리도 없다. 아무래도 우리는 일단은 부정하고 감춰왔던 무서운 것의 존재를 다시 주시해야 할 시대를 맞이했는지도 모른다.

어떻게
저주하는가

어떻게 저주하는가

언령신앙言靈信仰, 말을 하면 그것이 '저주'가 된다

일본 저주의 역사를 조망해보면, 저주 테크놀로지에도 다양한 시대적 성쇠를 찾아볼 수 있다.

그중에서 오늘날까지 영향을 끼치고 있는 저주 테크놀로지를 크게 나누어 보면 다음의 세 가지로 정리할 수 있겠다. ①나라 시대奈良時代에 활약했던 주금도呪禁道[1] ②헤이안 시대平安時代에 절정을 맞이했던 음양도陰陽道[2] ③헤이안 시대 초기에 일본에 들어와 고대 말기부터 중세에 걸쳐 절대적인 세력을 자랑했던 밀교密教[3]와 그 변

---

[1] 음양오행사상을 배경으로 전개된 점술적 주법(呪法)이다. 나라 시대(奈良時代)에는 주문을 외워 질병 등을 치료하는 주금사(呪禁師)가 있었다.

[2] 중국 고대의 음양오행사상에 바탕을 둔 신앙적 사상, 또는 그것을 논하는 학문이다.

[3] 비밀불교 또는 밀의(密儀)종교의 약칭이다. 진언(眞言)밀교라고도 하며, 일반 불교를 현교(顯教)라고 하는 데에 대한 대칭어이다. 밀교는 7세기에 대승불교의 화엄사상·중관파(中觀派)·유가행파(瑜伽行派)사상 등을 기축으로 하여 성립하였다. 보통 밀교는 미신적인 주술 체계로서, 성력(性力)을 숭배한다고 인식되고 있으나, 그것은 힌두교의 탄트라(tantra)신앙과 결합되어 말기에 나타난 좌도밀교(左道密教)이다. 정통적인 밀교사상은 개체와 전체의 신비적 합일을 목표로 하며, 그 통찰을 전신적(全身的)으로 파악하는 실천과 의례의 체계를 갖는다.

종이라고도 할 수 있는 수험도修驗道⁴.

'우시노토키 마이리丑の時参り'⁵를 비롯하여, 민중에 유포된 저주의 테크놀로지도 이 세 가지 저주 테크놀로지의 영향을 받아서 발달하였다.

이 세 가지 테크놀로지는 모두 중국에서 전래된 다양한 종교적 지식과 기술을 밑바탕으로 만들어진 것이다. 하지만 그 이전에 성립한『고사기古事記』와『일본서기日本書紀』에 묘사된 신들의 시대에도 저주의 테크놀로지는 존재하였다.

그런데 한 마디로 말하면 신들이 이용한 저주법은 우리들이 알고 있는 것과는 상당히 달랐다. 당시에는 언어에 영靈이 깃들어 있다고 믿는 비교적 소박한 언령신앙이 특히 성행하였다. 단순히 주문呪文이나 저주의 말을 하는 것만으로도 저주가 발동한다고 믿었다. "당신을 저주하겠다!"라고 말하면 이미 그것이 저주인 셈이다. 저주하는 말을 함으로써 신비한 저주의 힘이 발동하고, 저주받은 사람은 재액 때문에 괴로워하게 된다.

예를 들면 일본 국토를 낳았다고 하는 부부신 이자나키イザナキ와 이자나미イザナミ가 서로 저주한 일이 있다. 이자나미는 불의 신인 이카즈치イカズチ를 낳다가 불 때문에 음부가 타서 죽게 된다. 사랑하는 아내를 찾아 저승에 간 이자나키는 아내의 모습을 보면 안 된다는 금기에도 불구하고, 횃불을 켜고 들여다보는 바람에 썩어서 구더기가 들끓는 이자나미의 모습을 보게 된다. 이자나키는 기겁하며 그곳에서 도망친다.

창피를 당해 불같이 화가 난 이자나미는 남편의 뒤를 쫓아가고, 이승과 저승의 경계인 요모쓰히라사카黃泉平坂에서 둘은 대결을 펼치게 된다. 이자나미는 이자나키를 향해 "네가 다스리고 있는 나라의 사람들을 하루에 천 명씩 저주해서 죽여주마." 하고 저주의 말을 토해냈다. 그러자 이자나키는 "그렇다면 나는 하루에 천오

---

4 수험도란 전통적 산악신앙이 불교에 도입된 일본만의 독특한 혼합종교이다. 수험도를 실천하는 사람을 수험자 (修驗者) 혹은 야마부시(山伏)라고 하며, 이들은 산에 은거하면서 엄격히 수행함으로써 깨달음을 얻고자 한다.
5 일본의 저주의식이다. 축시(丑時)에 신사의 신목(神木)을 찾아가 저주하려는 대상의 대리물인 제웅(짚으로 만든 인형)을 못으로 박아놓는다. 축시는 새벽 1시에서 3시까지를 가리킨다.

백 명씩 태어나게 하겠다."라고 대항하였다.

요컨대 사람이 죽는 연유는 이자나미의 저주 때문이라는 것이다. 그러나 죽는 사람보다 태어나는 사람이 많아서 사람들이 번성하는 이유는 이자나미의 언령 저주에 대항한 이자나키의 주술 덕분이라고 한다.

이처럼 언령을 이용한 저주가 오늘날 완전히 사라진 것은 아니다. 종교자들이 읊는 주문에는 언령의 힘이 실려 있고, 우리가 평소에 별 생각 없이 하는 말에서도 언령의 힘을 감지하는 경우가 있다. 예를 들어 우리는 수험생 앞에서 '떨어지다', '미끄러지다'라는 말을 하지 않으려고 주의한다. 또 환자 앞에서는 '죽다', 결혼식에서는 '끊다'라는 말을 꺼내는 것을 금기시 한다. '떨어지다', '죽다', '끊다' 등의 말을 하면, 그 말에 담긴 힘이 수험생이나 환자에게 영향을 끼쳐서 말이 현실이 되는 일을 두려워하기 때문이다.

따라서 가령 당신이 농담이나 비유할 생각으로 누군가에게 "만약 네가 내일 죽는다면…."이라고 말한 뒤에 그 사람이 우연히 교통사고 등으로 죽는다면 마음이 개운치 않을 것이다. '설마'라고 생각하면서도 '어쩌면'이라는 생각을 떨치기 힘들지 않을까.

언령신앙은 쇠퇴했다고 하지만, 아직 우리 현대인들의 생활 속에 존재하고 있는 것이다.

'도코우とこう', 『고사기古事記』와 『일본서기日本書紀』 속에서 발견되는 저주

저주에 관한 기술은 일찍이 일본 최초의 문자기록인 『고사기』와 『일본서기』 속에도 보인다. 이 시대에는 '저주한다'는 뜻의 '노로우呪う'를 '도코우詛う'라고 했고, '저주하는 도구'를 '도코이토詛戸'라고 불렀다.

앞서 서술했던 이자나키와 이자나미의 사례 외에도 하늘에서 내려온 니니기노미코토瓊瓊杵尊[6]가 이와나가히메磐長姫[7]와 고노하나사쿠야히메木花咲夜姫[8] 자매 중에 아름다운 동생 쪽을 아내로 맞이하자, 추한 외모의 언니는 탄식하며 "만약 저분이 나를 아내로 맞아주었다면 태어나는 자식에게 바위처럼 긴 수명을 주었을 텐데, 동생을 아내로 맞이해버렸다. 그렇다면 동생이 낳는 아이에게는 나무에서 꽃이 피고 지는 것과 같은 수명을 내려주마."라고 저주했다고 한다. 인간의 수명이 짧은 원인을 설명하는 이러한 종류의 이야기는 이 외에도 몇 가지 사례를 들 수 있다.

그러나 가장 전형적인 저주 이야기는 『고사기』에 기록된 아키야마노 시타비오토코秋山之下永壯夫[9]와 하루야마노 가스미오토코春山之霞壯夫[10] 형제의 이야기일 것이다.

이즈시노야마에노 오카미伊豆志の八前の大神[11]의 딸 중에 이즈시오토메伊豆志袁登賣[12]라고 하는 여신이 있었다. 많은 신들이 이즈시오토메에게 구애했으나 그녀는 그 누구의 구애도 받아들이지 않았다. 아키야마노 시타비오토코도 거절당한 신 중 하나였다. 그는 동생에게 "만약 네가 저 여인을 아내로 맞이할 수 있다면, 많은 술과 온갖 귀한 것들을 주마." 하고 약속하였다. 하루야마노 가스미오토코는 모친의 도움을 받아서 이즈시오토메를 아내로 맞이할 수 있었다. 그런데 이를 질투한 형은 약속을 전혀 지키지 않았다. 이 일을 들은 모친은 격노해서 아키야마노 시타비오토코에게 저주를 걸어 반성시키려고 하였다.

그 저주하는 모습은 다음과 같은 것이었다.

6　신화에 등장하는 신 중 하나이다. 아마테라스 오미카미(天照大神)의 손자이자, 아메노오시호미미노 미코토(天忍穗耳尊)의 아들이다. 아마테라스 오미카미의 명령으로 아버지 신을 대신해 미즈호노쿠니(瑞穗國)의 통치자로서 히무카(日向) 지방 다카치호노미네(高千穗峰)에 강림한다.

7　일본어로 '이와'는 '바위', '나가'는 '길다'를 의미한다. 즉 바위처럼 오랫동안 변하지 않는다는 뜻이다. 불로장생의 신으로 신앙되고 있으며, 센겐 신사(錢間神社)에서 고노하나사쿠야히메와 함께 신봉되고 있다.

8　'고노하나'는 '벚꽃', '사쿠'는 '피다'를 의미한다. 즉 벚꽃이 피듯이 아름답다는 뜻이다. 센겐 신사의 제신(祭神)이며, 출산의 여신으로 신봉되고 있다. 아마테라스의 손자 니니기노미코토의 부인이다.

9　가을 산에 서리가 내린 모습을 신격화한 것이다.

10　봄 안개가 낀 산을 신격화한 것이다.

11　신라의 왕자 아메노히보코(天之日矛)는 일본에 건너올 때 8종의 보물을 가지고 왔는데, 이것이 이즈시 신사(伊豆志神社)에 모셔진 야마에노오카미(八前大神)라고 한다. 이즈시 신사는 현재 효고 현(兵庫縣) 도요오카 시(豊岡市) 이즈시 정(出石町)에 있는 이즈시 신사(出石神社)를 말한다.

12　『고사기』에 등장하는 여신이다. 이즈시 신사의 제신 야마에노 오카미의 딸이다.

모친은 아키야마노 시타비오토코를 상징하는 것, 즉 돌과 소금을 섞어서 댓잎으로 싼 것을 '도코이토とこいと'라 칭하고, 그것을 거칠게 엮은 바구니에 넣고서는 "이 댓잎이 푸르른 것처럼 이 댓잎이 시드는 것처럼 푸르렀다 시들어라. 또 바닷물이 들어왔다 빠졌다 하는 것처럼 찼다 빠졌다 하여라. 또 이 돌멩이가 가라앉는 것처럼 넙죽 엎드려라."하고 저주의 말을 읊어서 형을 '도코이토'와 같은 운명에 빠트리고자 하였다. 그리고 그 저주의 결과, 형은 팔년 동안이나 병을 앓다가 마침내 모친에게 용서를 구했으며, 모친이 이를 듣고 저주를 풀어주자 그의 몸 상태는 원래대로 되돌아왔다.

'노로우'가 '도코우'가 변화한 말인지, 언제부터 '도코우'에서 '노로우'로 변했는지는 정확하지 않다. 또한 인용문에 나타나는 저주법이 어느 정도의 역사를 지닌 것인지도 알 수 없다. 다만 고대에 그와 같은 저주법이 전해 내려오고 있었다는 것은 저주의 역사를 생각할 때 기억해 두어야 할 부분이다.

그리고 이러한 토착적인 저주법을 몰아내는 고도의 저주법이 이윽고 등장하게 된다.

주금도呪禁道, 주술적 장벽으로 몸을 방어하고 지킨다

『고사기』와 『일본서기』에 묘사된 소박하다고도 할 수 있는 저주법에 비해서 앞서 소개했던 중국과 한반도를 경유해 일본에 들어온 세 가지 저주법은 현대로 말하자면 흡사 최첨단 과학, 실로 뉴 테크놀로지라고도 할 수 있는 것이었다. 우선 주금도에 관해 기술하겠다.

주금도의 전문가를 주금사呪禁師라고 한다. 주금사의 이름이 문헌에 최초로 등장한 시기는 비다쓰 천황敏達天皇[13] 6년(577)이다. 이 해에 백제왕이 승려, 비구니, 불사佛師, 목수들과 함께 주금사를 일본 조정에 보냈다고 한다.

---

13 (538?~585?, 재위 572?~585?) 제30대 천황이다. 불교금지령을 선포하고 불상과 불전 등을 불태웠다고 한다.

당시 정부는 한반도와 중국 문화 도입에 매우 적극적이었다. 수입문화를 통해 국가체제를 지탱하려고 했기 때문이다. 새로운 지식과 기술이야말로 '힘'이며, 그 일환으로서 주금도가 존재하였다.

주금도는 한마디로 말해 주술적 의료 지식 및 기술 체계라고 할 수 있다. 당시 주금사들은 '덴야쿠료典藥寮'라고 부르는 정부의 의료 기관에 속해 있었다. 그런데 주금도의 실태는 현대로 말하면 오컬트 학문, 즉 초능력을 어떻게 획득할 것인가와 깊은 관련이 있는 지식 및 기술이었다. 물론 주금도를 통해 병을 고칠 수도 있지만, '악용'하면 저주가 될 수도 있었다.

유감스럽게도 주금도에 대해서는 그다지 상세하게 전해지고 있지 않지만, '다이호 大寶 율령[14]과 요로養老 율령'[15]에는 주금사의 업무를 다음과 같이 기술하고 있다.

> 지금持禁이란 장도杖刀를 들고 주문을 읊으며, 법法을 만들어 기氣를 금禁하는 것을 말한다. 맹수猛獸, 호랑虎狼, 독충毒蟲, 정매精魅, 적도賊盜, 오병五兵에 해를 입지 않는다. 또한 주금呪禁으로 몸을 보호하여 탕화湯火, 도인刀刃에 상처입지 않는다. 따라서 지금이라고 하는 것이다.

이것은 주술적인 방어 및 호신의 방법이다. '금하다'라는 말은 주술적 장벽을 둘러치는 것을 의미한다. 이 장벽이 있으면 맹수나 악령의 침입이 없고, 도적이나 적병이 쳐들어와도 안전하다고 한다. 즉 몸을 방어하고 지키는 기술인 것이다. 그뿐만이 아니다. 주금도의 주술을 익히면 칼로 베거나, 뜨거운 물과 불에도 전혀 상처를 입지 않는다고 한다. 주금도를 수행해서 익히면 실로 무적이라고 할 만하다.

권력자의 입장에서는 이러한 주술을 적이 이용하는 것은 보고만 있을 수 없는 일이다. 이런 연유로 2장에서 살펴본 것처럼 정부는 수차례에 걸쳐서 민중 사이에 확

---

14 701년에 제정한 일본 최초의 본격적인 율령이다. 6권의 '율'은 형법이고, 11권의 '령'은 행정법·민법에 해당한다. 율은 당나라의 것을 그대로 도입하였지만, 령은 일본 실정에 맞게 바꾸었다.
15 718년에 제정되어 757년에 시행되었던 기본 법령이다. 율 10권 12편과 령 10권 30편으로 구성되어 있다. 고대 일본의 정치체제를 규정하는 근본 법령으로서 기능하였다.

산되어 있던 주술을 금지하였다. 권력에 의한 주술기술의 관리이다.

고독蠱毒, 동물의 혼백을 부려서 사람을 죽음에 이르게 한다

'적을 알고 나를 알면 백전백승'이라는 말이 있다. 사실 주금도 속에는 재액이 어떻게 발생하는가에 관한 지식 외에 재액을 만들어 내는 지식도 있으며, 그 중에 저주가 포함되어 있었다. 이런 점 때문에 주금도가 공포의 대상이 되었다.

주금사가 특히 두려워하며 주술적 방어에 힘쓴 재액 중 하나로 '고독蠱毒'이라는 것이 있었다. '고蠱'라는 한자는 지금은 '고혹蠱惑'(사람의 마음을 어지럽히고 혼란스럽게 만드는 것)이라는 어휘 정도에만 사용되고 있다. 고독은 파충류나 곤충 등 작은 동물의 혼백을 부려서 저주의 대상이 병이나 죽음에 이르게 하는 재액을 발생시키는 주술을 말한다. 율령 해설서인 『명례율名例律』[16]에 따르면 고독은 모반이나 불의 등과 나란히 '팔학八虐'의 중죄로 간주하여 다음과 같이 정의하고 있다.

> 고蠱에는 여러 종류가 있어서 그 전부를 알 수는 없다. 예를 들어 여러 종류의 곤충이나 파충류를 모아서 이것들을 한 용기에 넣고 오랫동안 서로 잡아먹게 한 다음 한 마리씩 없어지게 만든다. 그래서 만약 뱀이 남으면 그 뱀을 사고蛇蠱라고 부르는 식이다.

뱀, 개, 여우, 도마뱀, 두꺼비, 사마귀, 지네, 메뚜기 같은 동물을 몇 십 마리씩 하나의 그릇에 가두고 서로 잡아먹게 해서 마지막까지 살아남은 것을 주술에 이용한다. 살아남은 동물의 생명력과 살해당한 동물들의 원념을 주술적 힘으로 이용하려는 것이다. 이 단계 이후의 구체적인 주법은 자세히 알 수 없으나, 중국 명나라 시

---

16 묘(名)는 형벌의 명칭, 레이(例)는 법례를 의미한다. 율 전체의 첫머리에 위치하며 오늘날 형법총칙에 해당한다.

대에 저술된 유명한 『본초강목本草綱目』[17]에는 살아남은 동물을 죽여서 말린 후에 그 것을 불태운 재를 저주할 상대에게 마시게 한다고 기술되어 있다.

이용하는 동물에 따라 뱀은 사고蛇蠱, 개는 견고犬蠱, 여우는 호고狐蠱 등으로 불렀다. 1장에서 소개한 모노베 촌物部村에 전해지는 이누가미犬神를 만드는 방법도 이와 같은 성질의 것이다.

또 이렇게 만들어진 고독은 부모가 자식에게, 혹은 스승이 제자에게 물려주어 축적되는 속성을 지니고 있다고 간주됐다. 따라서 고독을 만들어 두는 행위만으로도 본인은 물론 가족까지 유배당했고, 누군가로부터 주법을 배웠다는 이유만으로도 교수형에 처해졌다.

사와다 미즈호澤田瑞穗[18]의 『중국의 주법中國の呪法』에 따르면 중국의 고독은 "고독을 이용해서 사람을 해하고 죽음에 이르게 하는 일 외에, 주술을 사용하는 집안(방고放蠱의 집안)은 재물을 비축할 수도 있는" 축재蓄財의 사법邪法이기도 했다고 한다. 그중에 '묘귀猫鬼'라는 것이 있다. 중국 청나라 말기 무렵에 저술된 『철적정쇄기鐵笛亭瑣記』라는 책에 따르면 그 제작 방법은 다음과 같다.

우선 고양이 한 마리를 키워서 길들인다. 이후 이웃에서 한 살 정도에 죽은 아이가 매장됐다는 이야기가 들리면, 한밤중에 몰래 고양이를 안고 아이의 무덤으로 간다. 시체를 파내어 우보禹步(도교道敎의 전문가인 도사道師가 행하는 보행 주법)를 하면서 주문을 외운 후, 고양이의 목과 시체의 목을 베어내어 아이의 목을 고양이의 뱃속에 넣고 이것을 저주한다.

그러면 그 즉시 고양이가 되살아나 고양이의 몸에 사람의 얼굴을 한 묘귀가 된다고 한다. 귀는 밤이 되면 인가에 숨어들어 재화를 훔쳐내지만, 개를 아주 무서워한다고 여겼다.

---

17 중국 명나라 때 이시진(李時珍)이 저술한 의서(醫書)이며 52권 37책으로 이루어져 있다. 이 책의 최대 공헌은 16세기 이전의 본초학에 대해서 일차적으로 비교적 완전한 총결을 한 것이라 할 수 있다.

18 (1912~2002) 중국문학자이다. 와세다 대학교(早稻田大學校) 문학부 교수로 재직하다 1982년 퇴임하였다. 중국 문학, 민간신앙, 괴이 관련 연구자로 알려져 있다.

이러한 중국산 '고독'의 지식은 거듭되는 금지령에도 불구하고, 차츰 귀족과 민간에도 확산되어 갔다. 본래 주금사들은 고독을 간파해 방비하기 위한 주의呪醫였다.

염매厭魅, 인형을 괴롭혀서 사람을 죽음에 이르게 한다

'고독'과 함께 중국에서 수입된 저주법의 지식 중 하나로 '염매'라는 것이 있었다. 후대에 일본 방방곡곡까지 침투했던 저주 제웅의 기원이며, 이른바 '우시노토키마이리丑の時參り'도 이 흐름을 이어받은 저주법이다. 『명례율』에서는 염매에 대해 다음과 같이 설명하고 있다.

> 사속邪俗으로 남몰래 불궤不軌(사술邪術)를 행한다. 예를 들면 인형을 만들어 심장을 찌르고
> 눈에 못을 박고 손발을 묶어서 저주 대상이 앓다가 죽음에 이르도록 하려는 것이다.

즉 저주할 상대를 본 딴 인형을 만들어, 그 인형의 급소(머리, 얼굴, 가슴, 음부 등)를 다양한 방법으로 괴롭히면 저주의 대상도 똑같이 괴로워한다고 생각했던 사술이다.
다치바나노 나라마로橘奈良麻呂[19]가 사용했다는 '승려 인형을 그린 과녁을 세우고 인형의 눈동자를 화살로 쏘는 술법'과, 쇼무 천황聖武天皇[20]의 황녀인 후와 내친왕不破內親王[21] 무리가 쇼토쿠 천황稱德天皇[22]의 머리카락을 심은 해골을 저주에 사용했던 것도 이 염매의 카테고리에 속한다. 실제 인체의 일부분은 염매에서 최고의 도구

---

19 (721?~757) 아버지 다치바나노 모로에가 후지와라노 나카마로에 의해 실각하자 나카마로를 제거하기 위해 거사를 꾸미지만, 밀고로 미수에 그친다. 이 일을 '다치바나노 나라마로의 난'이라고 하며, 이로 인해 다치바나 가문 일족 등은 처형되거나 유배되었다.

20 (701~756, 재위 724~749) 제45대 천황이다. 불교의 힘을 빌려 국가 안정화를 꾀하며 새로운 사원을 건립하지만, 이는 민중의 부담을 가중시켜 국가의 지배 질서를 무너뜨리는 결과를 낳게 되었다.

21 (생몰년 미상) 나라 시대에서 헤이안 시대 초기 사이의 황족이다. 제40대 천황인 덴무 천황의 손자 시오야키 왕과 결혼하였다.

22 (718~770, 재위 749~758, 764~770) 제48대 천황이다. 제46대 고켄(孝謙) 천황과 동일인물이다.

중 하나였다.

　물론 저주해야 할 상대가 몸에 지니고 있던 물건이나 사진 등도 좋은 도구이다. 요약하면 이 저주법은 우리가 아내·연인·아이들의 사진이나 머리카락, 그들이 몸에 지니고 있던 것 등을 그 주인처럼 생각해서 소중히 여기는 마음에 대한 역발상이었다.

주술은 기술이다, 지배자를 매료시키는 뉴 테크놀로지

　주금사는 율령국가 건설을 위해 필요시 되었던 새로운 지식의 담당자 중 일각을 차지하고 있었다. 그들은 당시의 지식인이었다.

　현대의 분자생물학이 바이러스와 질병의 관계를 해명하듯이, 혹은 소립자론이 우주의 성립을 설명하듯이 그들은 고독이나 염매를 비롯한 재액의 인과관계, 나아가서는 우주의 구조 해명 등 그 이전까지는 없었던 새로운 설명 체계를 가지고 있었다. 천황이나 귀족들은 이 점에 매료되었다.

　일본의 '외부'에서 새로운 지식을 도입하고, 그 '힘'으로 권력을 확립한다. 이것은 권력자의 상투적 수단이다. 율령정부의 중국문화를 비롯해서 오다 노부나가織田信長[23]의 남만문화南蛮文化[24]도 그러하며, 메이지明治 정부의 서양문명 또한 그러하였다. 전후戰後에는 아메리칸 파워가 그러하였다. 새로운 설명체계를 통해 지금까지의 설명체계 이상의 것을 밝히는 일은 권력자에게 최상의 '힘'이 된다. '앎'이 '힘'이다(아는것이 힘이다).

　단, 이 설명체계에서 새로운 것이 옛 것보다 뛰어날 필요는 없다. '새로운 것' 그

23　(1534~1582) 일본 통일의 기반을 닦은 인물이다. 노부나가는 불교를 탄압한 반면, 새로운 문화와 기술을 전파하고 있던 포르투갈 예수회 선교사들에게는 호의적인 태도를 취하였다.

24　남만은 스페인과 포르투갈을 지칭하는 말이다. 15~16세기에 선교사 및 남만무역을 통해 천문학, 의학 등 실용적인 지식이 일본으로 유입되었다. 이때 포르투갈에 의해 유입된 조총은 일본의 전쟁 방식에 변화를 초래하였다.

자체가 이미 '힘'이라고 해도 될 것이다. 특히 새로운 권력이 확립된 때에는 유난히 이 '새로움'을 강조하는 문화가 필요해진다. 이 점은 앞서 서술한바 있다.

또한 강력한 신무기나 병기를 도입하면, 그것보다 뒤떨어지는 무기만 보유한 상대세력을 이길 수 있다. 몸을 지킬 수 있다. 그러나 만약 그 무기가 적의 손에 넘어가면 그 이상으로 새로운 무기 혹은 적보다 많은 수의 무기를 준비해야만 한다.

이리하여 인류는 우주에까지 군비증강 경쟁을 전개해서 현재에 이르고 있는데, 주술이자 무술로도 이어지는 주금도의 수입 및 침투도 이러한 움직임과 결부되어 있다.

기비노 마키비吉備眞備의 음모

그런데 주금사는 나라 시대 말기에 돌연 율령정부의 기록에서 모습을 감추었다. 그 이유는 확실하지 않지만, 주금도가 천황이나 귀족들을 괴롭히고 있던 저주와 깊이 관련되어 있음을 알고서 탄압되었다고 추측할 수 있다.

아마 발각된 저주사건에 덴야쿠료에 속한 주금사들이 관계되었을 것이다. 저주로부터 지켜주는 역할을 담당하고 있는 주금사들이 하필이면 정부의 요인要人을 저주하는 측에 가담하고 있다는 사실을 알고, 관련된 주금사를 처벌했을 뿐만 아니라 주금부문呪禁部門 자체를 폐지해버렸던 것이다.

전적으로 나의 추측이지만, 당시에 간병선사看病禪師, 즉 주술적 주치의로서 쇼토쿠 천황에게 접근해 총애를 받게 되고 정치를 좌지우지했던 도쿄道鏡[25]나, 그 밑에 있으면서 우대신右大臣으로 승진하여 음양도를 지지했던 기비노 마키비吉備眞備[26] 세력들이 주금사들을 추방해버렸던 것은 아닐까.

---

25 (700?~772) 법상종(法相宗) 승려이다. 고켄 상황의 병을 낫게 한 것을 계기로 상황의 총애를 받으며 정무에 관여한다. 태정대신선사(太政大臣禪師)로 임명되어 조정의 최고관직에 올라 법왕(法王)이 되어 막강한 권세를 누리지만, 770년 쇼토쿠 천황의 사망으로 그의 권세도 추락한다.
26 (693?~775) 나라 시대의 학자이자 정치가이다. 지방 호족 출신이라는 한계에도 불구하고 우대신의 자리까지 올랐다.

원래 음양도는 주금도와 거의 비슷한 시기에 일본에 전해졌다. 음양도의 전문가인 음양사의 주된 역할은 중국의 음양오행설에 기초해서 천체를 관측하거나 시간을 계산하고, 달력을 제작하거나 길흉을 점치는 일이었다. 요즘으로 말하자면 천문대나 기상청과 같은 일을 하고 있었던 것이다.

따라서 음양도는 그다지 주술적인 지식이라고 할 수 없었다. 그럼에도 불구하고 나라 시대 말기가 되자 그 나름대로 일본에 정착했지만 이미 낡은 지식이 되었다.

그런데 기비노 마키비가 당나라 유학을 통해 19년 동안 산술·음양·역도曆道·음악·병법·축성 등 여러 학문을 배우고 귀국한 후 정부의 관리로 출세하였다. 기비노 마키비가 들여온 '새로운' 지식의 중요한 부분은 음양도와 관련된 내용이 차지하고 있었고, 이 때문에 음양도는 비약적으로 개혁할 수 있는 기회를 획득할 수 있었다.

기비노 마키비는 당연히 음양도에 조력하였다. 반면에 저주 봉쇄의 전문가로서 세력을 과시하고 있던 주금도에 대해서는 냉정하였다. 기비노 마키비는 가훈으로서 집필했던 『사교류취私教類聚』[27]라는 책에서 주금도를 명백히 '사도詐道'로서 규탄하고, "병들거나 죽는 일은 하늘의 이치에 따른 것이거늘, 무자巫者들 자신이 빨리 죽거나 가난하면서 어떻게 다른 사람을 행복하게 만들어줄 수 있겠는가."라며 지극히 합리적인 견해를 서술하고 있다.

이 책을 쓴 시기는 주금사의 이름이 마지막으로 기록된 뒤 삼년 후의 일이다. 이제 이해가 갈 것이다. 기비노 마키비는 주금도를 탄압함으로써 음양도의 세력 확대를 꾀하고자 하였다.

음양도, '시키가미式神'를 조종해서 사람을 주살呪殺한다

'새로운' 지식 및 기술로 새 단장한 '음양도'는 주금도의 테크놀로지를 흡수해 나

---

27 기비노 마키비가 자손을 위해 남긴 교훈서이다. 유교와 불교를 중시하고 도교와 선도(仙道)를 경원시하는 내용이다.

가면서 천황이나 귀족들의 주술적 경호원으로서의 지위를 획득해 나갔다.

그렇다면 음양도는 어떠한 저주 테크놀로지를 습득하기에 이르렀던 것일까. 음양도의 저주법. 그것은 음양사가 조종하는 귀신, 즉 '시키가미'를 이용하는 방법이었다. 저주할 상대에게 시키가미를 보내서 주살하고자 했던 것이다.

원래 시키가미는 음양사가 사용하는 식반점式盤占(룰렛 형식의 점)의 수호신인 십이월장十二月將(십이신장十二神將)에서 유래하였는데, 점차 그것을 음양사가 부리는 사역신使役神으로 간주하게 된 것이다. 음양사는 시키가미를 부릴 때에 시키가미를 본뜬 인형(시키 인형式人形)을 만들어서 이것을 인간이나 귀신뿐만 아니라 다양한 동물의 모습으로도 변신시켰다. 여기서는 명백히 주금도의 '고독'의 영향을 엿볼 수 있다.

『우지슈이 이야기宇治拾遺物語』[28]에 다음과 같은 이야기가 있다. 음양도 역사상 가장 위대한 음양사로 평가되는 아베노 세이메이安部晴明[29]에 얽힌 이야기이다. 후지와라노 미치나가藤原道長[30]는 호조지法成寺[31]를 건립할 때에 매일 현장을 시찰하러 나갔다. 어느 날, 후지와라노 미치나가가 절 문으로 들어가려는데 애견이 자꾸 짖으면서 그가 들어가지 못하도록 막았다.

이를 이상하게 여긴 후지와라노 미치나가는 아베노 세이메이를 불러서 점을 치게 하였다. 아베노 세이메이는 "나리를 저주하는 자가 염물厭物(저주 장치)을 땅에 묻어놓았습니다. 그것을 밟고 넘어가면 저주에 걸리도록 되어 있습니다."라고 하였다. 그래서 아베노 세이메이가 가리킨 곳을 파보니 토기 두 개를 맞붙여 놓은 것이

---

28 13세기 초기에 성립한 설화집으로 모두 197편에 이르는 설화가 수록되어 있다. 불교설화, 세속설화, 민간전승(민담) 등이 수록되어 있으며, 이들 설화 중에는 『곤자쿠 이야기집(今昔物語集)』에 수록된 설화와 유사한 이야기가 다수 포함되어 있다.

29 (?~1005) 헤이안 시대에 활약한 음양사이다. 어려서부터 음양도와 천문학을 배워 황실과 귀족을 대상으로 점술의식을 행하였다.

30 (966~1028) 헤이안 시대의 귀족이자 정치가이다. 고이치조 천황(後一条天皇, 재위 1016~1036), 고스자쿠 천황(後朱雀天皇, 재위 1036~1045), 고레이젠 천황(後冷泉天皇, 재위 1045~1068)의 외조부이다. 당시 일본의 최고 실권자였다.

31 후지와라노 미치나가가 건립한 절이다. 현재의 교토 시 가미교 구(上京區)에 있었다. 1058년에 소실되었다가 아들 요리미치(賴通, 992~1074)에 의해 재건되지만, 가마쿠라 시대(鎌倉時代)에 들어와 화재 등으로 인해 폐허가 되었다.

있었고, 그 안에 십자로 얽어맨 노란색 종이가 들어 있었다. 종이를 펴보았으나 아무것도 없었고, 단지 토기 바닥에 진사辰砂로 쓴 글자 하나(필시 '주呪'나 '저詛', 혹은 '원怨'이라는 글자였을 것이다)가 있었을 뿐이었다.

아베노 세이메이는 "이 주술을 아는 자는 저를 제외하면 제자인 도마 법사道摩法師 밖에 없습니다."라고 말하고는, 품에서 종이를 꺼내 새의 형상으로 접고 주문을 외운 후에 종이로 만든 새를 허공으로 던졌다. 그러자 종이 새가 백로로 변해 날아갔고 그 뒤를 쫓게 하였더니 낡은 집으로 떨어졌다. 그 집의 주인인 늙은 법사를 체포했더니 아베노 세이메이의 추측대로 도마 법사였으며, 후지와라노 미치나가의 라이벌인 후지와라노 아키미쓰藤原顯光[32]의 의뢰를 받아 미치나가를 저주했음이 판명되었다고 한다.

아베노 세이메이가 날려 보낸 종이 새는 당연히 시키가미이다. 그렇다면 토기 안에 있던 종이는 무엇이었을까. 이 또한 시키가미였던 듯하다. 그 이유는 『속 고사담續古事談』[33]이라는 설화집에서 사람을 저주하기 위해 파묻은 장치를 '온묘 시키가미陰陽識神'라고 칭하고 있기 때문이다. 도마 법사는 저주를 걸기 위해서 시키가미를 땅속에 숨겨두었던 것이다.

이와 같이 시키가미를 이용하는 음양사의 저주 테크놀로지는 음양도 중에서도 '극비極秘'='도道의 정수'로 여겨지고 있었다. 『곤자쿠 이야기집今昔物語集』[34]에는 다음과 같이 기록되어 있다.

아베노 세이메이가 교토京都의 히로사와廣澤에 있는 어떤 절을 방문했을 때, 그곳의 젊은 승려들이 시키가미를 이용하면 사람을 죽일 수 있다고 하는데 그것이 사실이냐고 물었다.

---

32 (944~1021) 헤이안 시대 중기의 귀족이다. 무능력한 인물로 알려졌지만 만년에 좌대신에 올랐는데, 사촌 동생인 미치나가에게 정치적 실권을 빼앗겼다. 아키미쓰가 사망한 후, 미치나가의 딸들이 연달아 죽자 아키미쓰에 의한 재앙으로 여겨져 악령 좌대신(惡靈左府)으로 불리게 되었다.
33 가마쿠라 시대의 설화집이다. 모두 6권으로 구성되어 있으며, 185편의 설화가 수록되어 있다. 저자는 분명하지 않다.
34 헤이안 시대 말기에 성립된 것으로 알려진 설화집이다. 모두 31권으로 구성되어 있다. 인도, 중국, 일본의 설화가 약 1,000편 정도 수록되어 있다. 저자는 분명하지 않다.

아베노 세이메이는 "도의 정수를 어찌 노골적으로 물어볼 수 있는가. 그렇게 쉽게 사람을 죽이는 일은 불가능하나, 진지하게 공을 들여 기도하면 반드시 죽일 수 있다. 그러나 무익한 살생은 할 수 없다."라고 대답했다고 한다. 결국 아베노 세이메이는 승려들의 간곡한 부탁으로 시키가미를 조종하여 개구리를 주살呪殺하는 모습을 보여주었다. 풀잎을 뜯어서 주문을 외우고 그 풀을 개구리에게 던지자 개구리는 그 자리에서 죽었다. 이것은 풀에 시키가미가 들렸다고 추측할 수 있다.

이처럼 시키가미를 부리는 일을 고대·중세의 음양사들은 '시키오우쓰式を打つ', 즉 '시키를 치다'라고 표현하였다. 이 표현은 그대로 현대의 이자나기류いざなぎ流에 전해지고 있다. 다만 시키가미는 '시키오지式王子'로 바꿔 부르게 되었다. 그러나 시키오지를 조작하는 법술은 모두 '시키호式法'이며, 이 시키호를 행하는 것을 '시키를 치다'라고 표현하고 있다.

이런 표현법이 이자나기류의 다유太夫뿐만 아니라 일반 사람들 사이에도 널리 정착된 점이 모노베 촌物部村의 불가사의이자 흥미로운 점이기도 하다. 요컨대 그만큼 음양도가 이자나기류 속으로 깊숙이 파고들었고, 다유를 통해 마을 사람들 속에도 침투했다는 말이 된다.

밀교密敎의 중핵에 있는 저주신앙=조복법調伏法

주금도의 저주 테크놀로지까지 도입한 음양도가 헤이안 시대 초기의 여러 가지 사회 불안을 배경으로 세력을 키워나가고 있던 무렵, 저주의 테크놀로지에도 새로운 변혁의 물결이 밀려오고 있었다. 주지하다시피 그 물결이란 바로 사이초最澄[35]와 구카이空海[36]가 중국에서 들여온 '밀교'이다.

---

35 (767~822) 헤이안 시대 초기의 승려이다. 중국으로 유학을 가 천태종(天台宗) 관련 내용을 공부하고 귀국하여 히에이잔(比叡山)에 엔랴쿠지(延曆寺)를 창건하고 일본 천태종을 개창하였다.
36 (774~835) 헤이안 시대 초기의 승려이다. 고보 대사(弘法大師)라고도 불린다. 사이초 등과 함께 중국으로 건너

원래 밀교는 나라 왕조 시대에도 '비밀 음양사'인 기비노 마키비와 나란히 정계의 흑막에 있던 승려 겐보玄昉[37] 등을 통해 들어오고 있었지만, 현재 알려져 있는 것처럼 체계적인 형태를 띠고 있던 것은 아니었다. 그렇지만 '새로움'='힘'을 추구한 천황과 귀족들 사이에서 크게 인기를 끌었는데, 그들 중에 천황의 총애를 받았던 겐보나 도쿄가 '공작왕 주경孔雀王呪經', '스쿠요 비법宿曜秘法'[38] 등으로 부르던 주법呪法을 배경으로 권력을 휘두른 일은 유명하다.

하지만 당시에는 아직 승려의 주험呪驗이 최고라고는 생각하지 않았다. 진호국가鎭護國家의 주류는 많은 승려가 모여서 독경하는 일을 주체로 하는 '법회法會'였다. 천재지변이 일어났을 때나 아즈마東 지방[39]에서 반란이 일어났을 때도 「금광명왕경金光明王經」, 「대반야경大般若經」 등 정해진 경전을 읽을 뿐이었다.

그런데 사이초와 구카이에 이어 엔친圓珍[40]과 엔닌圓仁[41]에 의해 수입된 새로운 지식이라 할 수 있는 밀교는 이전까지의 것과는 완전히 달랐다. 승려가 수행을 쌓아 획득한 주력으로 비를 내리게 하거나, 병을 고치기 위해 역병신疫病神을 추방하거나, 먼 지방의 외적을 퇴치하고 평정시키는 등 구체적인 효과가 적극적으로 설파됐으며 목적에 따른 의례 또한 정비되었다. 사이초와 구카이는 천황의 병을 낫게 하는 '수법修法', 즉 밀교의 기도법을 지니고 천황에게 접근하였다. 그리고 사이초는 히에이잔比叡山[42]을 중심으로 하는 '천태종天台宗(태밀台密)', 구카이는 도지東寺와 산악

가 밀교와 관련하여 다양한 지식을 쌓은 뒤 귀국하여 교토에서 진언종(眞言宗)을 개창하였다.

37 (?~746) 나라 시대 전기의 승려이다. 다치바나노 모로에, 기비노 마키비 등과 결탁하여 정계에 영향력을 끼쳤다.

38 인도의 점성술을 토대로 만든 일본의 점성술이다. 별자리 이십팔수(二十八宿)와 칠요성(七曜星) 따위로 운명 및 길흉을 점친다. 헤이안 시대에 전해졌고 중세에 걸쳐 유행하였다.

39 근대 이전 일본에서의 지리 개념 중 하나이다. 주로 간토(関東) 지방과 도카이(東海) 지방, 즉 지금의 시즈오카 현(静岡縣)부터 히라노(平野) 일대와 야마나시 현(山梨縣), 나가노 현(長野縣)을 가리킨다.

40 (814~891) 헤이안 시대 초기의 천태종 승려이다. 모친이 구카이의 조카이다. 15세 때부터 12년간 히에이잔에서 수행을 했고 중국에 건너가서 밀교를 배워와 천태종의 밀교 즉 태밀(台密)을 정립하게 되었다.

41 (794~864) 헤이안 시대 전기의 천태종 승려이다. 15세에 사이초의 제자가 되었다. 당나라로 건너가 밀교를 받아들였고 귀국 후 일본의 귀족들을 대상으로 밀교의 비법을 전하였다. 저서로 당나라의 불교 성지를 순례하며 기록한 기행문인 『입당구법순례행기』가 있다.

42 교토 부(京都府)와 시가 현(滋賀縣) 경계에 있는 높이 848미터의 산이다. 예로부터 고야산과 함께 산악신앙의 대상이 되어 왔다. 헤이안쿄(平安京)의 귀문(鬼門)에 해당하는 북동쪽에 위치하고 있어 왕성(王城) 진호(鎭護)

도량山岳道場인 고야산高野山⁴³을 중심으로 하는 '진언종眞言宗(동밀東密)'으로서 강대한 세력을 형성하였다.

이후 모든 불교는 종파의 구별 없이 밀교를 도입하여 밀교를 공통항으로 하는 '현밀체제顯密體制'가 확립되었고 원정院政 시기⁴⁴, 즉 겐페이源平 전쟁⁴⁵을 거쳐 시대가 고대에서 중세로 거의 바뀔 무렵에는 저주의 기술적 측면에서도 확고한 지위를 구축하게 되었다.

여기에서 우리가 주목해야 할 부분은 이처럼 급속하게 세력을 확장한 밀교의 중핵에 저주신앙이 포함되어 있었다는 점이다. 밀교 용어로 '조복법', '항복법降伏法' 등으로 부르는 것이 그것으로, 간단하게 말하면 주술로 적이나 악령 종류를 추방하거나 죽이는 법술法術을 뜻한다.

앞서 살펴본 음양도의 저주가 천황이나 귀족의 사적 영역에 관여하는 형태로 세력을 키웠던 것에 비해, 밀교의 저주는 국가의 수호, 즉 호국 수법으로서의 성격을 강조하였다.

예를 들면 당시에 가상적국으로 간주했던 신라의 '적국 항복'이나 해적의 조복, 다이라노 마사카도平將門⁴⁶ 등의 반란을 진압하기 위한 조복 등과 같은 수법을 행해서 천황과 귀족의 신앙을 획득하고, 점차 그들의 사적영역으로 깊숙이 침투해 갔다. 구카이의 경우, 국가를 위해 단壇을 세우고 수법修法을 펼친 일이 51회에 달했다고 전해진다. 그것이 동란이 빈번한 원정 시기에 절정에 이르렀던 것이다.

를 위해 엔랴쿠지가 건립되었다. 엔랴쿠지는 천태종의 총본산이다.

43 와카야마 현(和歌山縣) 북부에 있는 높이 1,000미터 전후 산들의 총칭이다. 헤이안 시대인 819년경에 홍법대사(弘法大師) 구카이(空海, 774~835)는 곤고부지(金剛峯寺)를 세워 진언종의 본거지로 삼았다. 히에이잔(比叡山)과 함께 일본 불교의 성지이다.

44 재위 중인 천황 대신에 직계존속인 상황이 정무를 행하는 형태의 정치이다. 1086년 시라카와 천황이 양위 후 상황의 자격으로 원정을 시작한 이후의 150여 년간을 원정기라고 한다. 이는 상황을 원(院)이라고 부른 데서 연유한다.

45 헤이안 시대 말기 겐지(源氏)와 헤이시(平氏) 일족이 패권을 두고 벌인 전쟁이다.

46 (903?~940) 헤이안 시대 중기의 무장이다. 939년에 간토 지역 8개 고쿠후(國府)를 점령하고 자신을 신황(新皇)으로 칭하며 반란을 일으켰지만, 실패로 끝났다. 사후 다이라노 마사카도는 간다 신사(神田神社)를 비롯한 여러 신사의 제신으로 모셔졌고, 신으로 모셔진 이후에는 간다 묘진(神田明神)으로 불렸다.

밀교의 조복법, 부동명왕不動明王을 조종하여 주살한다

천황이나 귀족이 음양사를 불러서 병 또는 재액의 원인을 물으면 음양사는 서점筮占이나 식반점式盤占으로 점을 쳤다. 이에 비해 밀교 측은 예부터 내려온 샤머니즘을 흡수해서 어린아이나 여성을 영매靈媒(요리마시依坐라고 부른다)로 삼아 신神이나 생령生靈, 사령死靈이 영매에게 빙의함으로써 그 영들과 직접 이야기를 나누었다. 즉 탁선을 얻는 뉴 테크놀로지를 개발하였다.

그리고 궁정귀족의 역사, 특히 후지와라노 미치나가의 영화를 중심으로 묘사한 『에이가 이야기榮華物語』에서 '신의 저주는 음양사, 모노노케物の怪[47]는 수험자修驗者(밀교 계통의 수험자)'의 일이라고 기술하고 있는 점에서도 추측할 수 있듯이, 밀교는 헤이안 시대에 크게 유행했던 사자의 원령을 모시는 어령신앙御靈信仰의 막후 세력이라고도 할 수 있다.

그뿐만이 아니다. 불교의 오니鬼[48]에 해당하는 야차夜叉(인육을 먹고 정기를 빨아먹는 악한 귀신이 선한 귀신으로 전향한 존재)나 덴구天狗[49] 종류의 신앙까지 설파하며, 음양도가 앞장서서 유포했던 오니 신앙의 흡수 및 습합화까지 꾀하였다.

이처럼 음양도에 비해 스케일이 크고 깊이 있는 지식을 지닌 밀교에는 정신이 혼미해질 만큼 많은 수법修法이 전해지고 있다.

예를 들면 천상의 신에게 바치는 공물을 태우는 제단의 제작법 하나만 살펴보더라도 몸의 건강을 지키기 위한 '식재법息災法'에서는 원형의 호마단護摩壇[50](수륜단水輪

---

47 인간과의 관계가 소원해져 경외시 되면서, 미천한 취급을 받는 존재를 '모노(精靈)'라고 한다. 모노는 대지, 산천과 같은 자연물이나 물, 불과 같은 자연 현상에 깃들며 이것이 맹위를 떨치면 재해를 불러온다. 이 모노의 괴이한 출현을 '모노노케'라고 한다.

48 사람 형상을 하고 있는 상상의 괴물로, 괴력이 있고 몹시 사납다. 머리에는 뿔이 있고 입은 옆으로 찢어졌으며 긴 엄니가 있다.

49 깊은 산에 서식한다는 상상 속 괴물이다. 얼굴이 붉고 코가 큰 사람 형태를 하고 있으며 날개가 있어서 자유로이 비행하며 신통력을 가지고 있다.

50 호마를 행하기 위한 화로를 안치하는 단이다. 호마법에는 크게 외호마와 내호마가 있다. 외호마는 호마단의 화로에 불을 지피는 것이고, 내호마는 자기 내면의 의식에 불을 지피는 것이다.

壇)을 세우고, 부를 늘리는 '증익법增益法'에서는 정방형의 단(지륜단地輪壇), 부부화합이나 연애성취의 '경애법敬愛法'에서는 팔각연화형의 단, 그리고 사람을 저주하기 위한 '조복법'에서는 흑적색의 삼각단(화륜단火輪壇)을 세우는 등 목적별로 체계화되어 있었다.

이는 조복의 수법에 이용되는 경우가 많았던 명왕明王의 종류에서도 예외가 아니었다. 주로 사용되는 것만으로도 '오대존五大尊'⁵¹ 또는 '오대명왕五代明王'이라고 칭하는 부동명왕, 대위덕명왕大威德明王, 항삼세명왕降三世明王, 군다리명왕軍茶利明王, 금강야차명왕金剛夜叉明王 등 다섯 종류가 있어서 조복의 목적과 기대하는 효과에 따라 달리 사용하였다. 게다가 오대명왕은 조복 전문으로 이용되었을 뿐만 아니라, 앞서 기술했던 식재법이나 경애법에도 사용되었다. '오대존'의 힘으로 악령을 항복시키면 병이 낫고 부부화합도 이룬다고 생각했기 때문이다.

저주의 전문가 구카이空海

그렇다면 조복을 위한 오대존의 수법은 어떻게 행해졌을까. 신분이 낮고 재력이 없는 귀족의 의뢰를 받는 경우나 강력한 주술적 경호원을 고용하고 있지 않은 적을 저주하는 경우와 같은 간단한 조복에서는 주술의례를 행하는 승려가 오대존 중에서 강한 힘을 지녔다고 판단되는 명왕을 하나 골라서 그 신상神像과 족자 앞에 호마단을 세우고 경문經文이나 진언眞言을 읊으면서 저주가 걸리도록 기원하는 방법을 취하였다.

이렇게 하면 가령 부동명왕을 사용했을 때에는 부동명왕이 기도승의 소원을 들어주어 적에게 가서 손에 든 칼로 적을 찔러 죽인다고 믿었다. 부동명왕은 원래 밀교

---

51 중앙의 부동명왕(不動明王), 동쪽의 항삼세명왕(降三世明王), 남쪽의 군다리명왕(軍茶利明王), 서쪽의 대위덕명왕(大威德明王), 북쪽의 금강야차명왕(金剛夜叉明王), 이 다섯 명왕을 가리킨다. 이들을 오대명왕(五大明王)이라고 부르기도 한다.

의 중심적 수호신이며, 대일여래大日如來[52]가 모든 돌림병을 항복시키기 위해서 화신化身한 존재로 간주해 왔다.

당시 사람들이 이 같은 조복의 수법을 어떻게 환상했는지 알 수 있는 좋은 기록으로, '오토기조시御伽草子'[53] 중 하나인 『고보 대사의 본지弘法大師の御本地』가 있다. 이야기는 구카이의 탄생부터 죽음까지를 다루는 일대기 형식을 취하고 있으며, 라이벌 승려인 슈빈守敏[54]과의 기우 주험祈雨呪驗 및 저주 대결로 클라이맥스를 맞이한다.

이 내용을 보면 중세 사람들이 갖고 있던 구카이에 대한 이미지는 진언 밀교의 개조改組인 명승名僧이라기보다 주술사, 환술사, 그리고 저주의 전문가였다.

이야기의 줄거리는 다음과 같다.

조정으로부터 사이지西寺를 하사받은 슈빈은 천황 앞에서 종종 도지東寺의 구카이 때문에 체면을 구긴 일이 있어서 어떻게든 복수하고 싶어 하였다. 그래서 슈빈은 온 세계의 용신龍神(비와 물을 관장하는 신)을 주력으로 봉해 놓고, 그 사실을 모르는 구카이에게 기우의 수법을 청해서 그의 체면을 구긴 다음 자신이 용신을 풀어주어서 비를 내리게 하려고 하였다. 그런데 역시 구카이였다. 구카이는 위계가 높아서 슈빈이 봉하지 못했던 선녀용왕善女龍王이라는 용신을 인도에서 불러와 비를 내리게 하였다.

또 다시 체면을 구긴 슈빈은 이렇게 된 바에는 구카이를 조복·주살하는 수밖에 없다고 생각해 사이지에 단을 쌓고 '항삼세명왕법降三世明王法'을 행하였다. 이 일을 들은 구카이는 도지에 단을 쌓고 '군다리명왕법軍茶利明王法'을 행하여 조복에 대항하였다. 동·서의 대결이다.

---

52 마하비로자나(摩訶毘盧遮那), 비로자나 등으로 음역한다. 밀교 진언종의 본존이다. 자연, 신, 인간을 비롯하여 만물을 통제하는 우주의 법 그 자체를 신격화한 것이다. 밀교에서는 우주의 모든 존재와 현상은 대일여래의 출현이라고 여긴다.

53 무로마치 시대(室町時代)를 중심으로 간행되었던 동일한 종류의 단편소설의 총칭이다. 작자는 대부분 미상이다. 공상적·교훈적·동화적인 작품군이 많으며, 시대사상과 세상(世相)을 잘 반영하고 있다.

54 (생몰년 미상) 헤이안 시대 전기의 승려이다. 사가 천황(嵯峨天皇, 786~842, 재위 809~823)으로부터 구카이는 도지(東寺)를, 슈빈(守敏)은 사이지(西寺)를 하사받았는데, 구카이와 슈빈은 사사건건 대립하였다고 전한다.

하지만 양쪽 모두 기도의 힘이 강력해서 승부가 나지 않았다. 기도로 발동한 항삼세명왕이 쏜 화살과 군다리명왕이 쏜 화살이 허공에서 화살촉끼리 맞붙다가 땅에 떨어지자, 검은 구름이 소용돌이치며 해와 달의 빛을 가렸고, 천둥벼락으로 천지가 진동하는 무서운 사태가 발생하였다.

이를 본 구카이는 한 가지 꾀를 생각해냈다. 구카이가 슈빈의 기도에 져서 호마단 위에서 거꾸로 굴러 떨어져 죽었다는 소문을 흘린 것이다. 이를 전해들은 슈빈이 기도를 멈추고 승리의 미소를 띠면서 호마단을 내려가려고 했을 때, 군다리명왕이 쏜 화살이 날아왔다. 화살은 슈빈의 미간을 관통했고, 그는 단에서 거꾸로 떨어져 피를 토하며 죽었다.

당시 조복법에 의해 주살되는 자는 피를 토하며 죽는 것이 일반적인 듯하다. 원정院政 시기, 엔랴쿠지延曆寺와 고후쿠지興福寺 승려들의 강소强訴에 대항하기 위해 시라카와 상황白河上皇[55]이 관음상觀音像을 만들고, 청량전淸涼殿[56]에서 고후쿠지의 승려에게 수법을 행하도록 시킨 이후부터 성행하게 된 '대위덕명왕법大威德明王法'에서도 적이 병을 얻어서 피를 토하며 죽는다고 여겼다. 이와 같이 밀교의 저주 되돌려주기는 '저주제독약환저어본인呪詛諸毒藥還著於本人'이라고 해서 관음에게 빌면 저주한 본인에게 돌아온다고 전해졌다. 헤이안 시대부터 중세에 걸쳐서 관음보살은 귀족부터 서민에 이르기까지 널리 신앙하게 되었는데, 그 이익 중 하나가 이처럼 저주로부터 몸을 보호해주는 동시에 저주를 하게하는 수호불의 성격도 있었음을 잊지 말아야 한다.

구카이와 슈빈의 조복 대결은 개인 대 개인의 주험 대결이며, 조복에 이용하는 군다리명왕과 항삼세명왕이 단을 한 단씩 쌓아올리는 대결이었다. 이후 조복법의 첨단기술은 그 끝이 없을 정도로 수없이 '개발'되어 대규모화 하였다.

---

55 (1053~1129, 재위 1073~1087) 양위 후의 시라카와 천황(제72대)을 가리킨다. 역사상 최초로 원정을 실시하면서 천황의 권력을 뛰어넘는 정치권력을 행사하였다.
56 헤이안쿄(平安京)의 궁전 중 하나이다. 천황이 일상적으로 거주하던 곳이다.

예를 들면 천황과 귀족 등에게 의뢰를 받아 조복할 때에는 최대의 힘을 발휘시키기 위해 부동명왕을 중심으로 군다리, 항삼세, 대위덕, 금강야차金剛夜叉 오대존을 모두 동원하는 수법인 '오단법五壇法'이 고안되었다. 그리고 '육자법六字法'⁵⁷ 또는 '육자하림법六字河臨法'이라 칭하며 음양사까지 동원해서 원적怨敵을 본 딴 인형을 화로에 태우거나(동밀) 강에 흘려보내는(태밀) 대규모 조복법도 등장하였다.

신불神佛을 독촉하여 주력呪力을 상승시킨다

이제 밀교의 조복법을 좀 더 자세히 살펴보도록 하겠다. 다음의 사례는 무로마치 시대室町時代⁵⁸ 후기에 만들어진 고와카마이幸若舞⁵⁹ 중 '시다信太'⁶⁰에 등장하는 조복 장면이다. 여기서는 신불이 습합화習合化 된 시대를 반영한 것으로, 가시마 묘진鹿島明神⁶¹의 신관이 오대존을 부려서 조복을 행하고 있다.

첫째 날은 본존本尊 지장보살地藏菩薩을 남쪽으로 보내고, 둘째 날은 관음을 서쪽으로 보내고, 셋째 날은 세지勢至를 동쪽으로 보내고, 넷째 날은 아미타阿彌陀를 북쪽으로 보내고,

---

57 밀교에서 배를 강에 띄우고 단을 만들어 육관음(六觀音)을 본존으로 하여 평안을 얻기 위해 육자진언(六字眞言)을 외는 수법(修法)이다. 육자하림법(六字河臨法)이라고도 한다.
58 일본 시대 구분의 하나이다. 아시카가 다카우지(足利尊氏)가 교토의 무로마치(室町)에 막부를 설치한 1336년부터 오다 노부나가(織田信長)에 의해 멸망한 1573년까지를 가리킨다.
59 무사에 관한 노래를 부르며 부채로 장단을 맞추어 추는 춤이다. 무로마치 시대에 모모노이 고와카마루(桃井幸若丸)가 창시했다고 전해진다.
60 고와카마이 작품 중 하나이다. 다이라노 마사카도의 손자 시다 고타로(信太小太郎)는 어릴 적에 아버지를 잃었다. 어머니는 충신의 간언을 듣지 않고 고타로의 매형이 되는 고야마 유키시게(小山行重)에게 영지의 절반을 주며 고타로의 뒤를 돌봐줄 것을 부탁하였다. 하지만 고야마는 모든 영지를 빼앗고서 고타로와 그의 어머니를 추방하였다. 더욱이 고타로의 어머니를 저주해 죽이기까지 하고 항복한 고타로마저 죽이려 했다는 내용이다.
61 가시마 신궁(鹿島神宮). 이바라키 현(茨城縣) 가시마 시(鹿嶋市)에 있는 신사이다. 검신(劍神)이자 뇌신(雷神)으로 여겨지는 다케미카즈치(建御雷)를 주신(主神)으로 모시고 있다. 가시마 신궁 경내에는 다케미카즈치가 강림했을 때 앉았다고 하는 요석(要石)이 있다. 일본에서는 땅속의 메기가 움직이면 지진이 발생한다고 믿었는데 이 요석이 메기가 움직이지 못하도록 메기의 머리를 누르고 있다고 전해진다.

다섯째 날은 군다리·항삼세, 여섯째 날은 금강야차, 칠일 째에 해당하는 날에는 중존中尊 부동명왕을 독촉하고 또 재촉하는 기도를 하였다.

그런데도 그 효험이 나타나지 않자, 행자行者는 면목을 잃고 14일째에 가지기도加持祈禱를 하였다. 이렇게 해도 효험이 없어서 "온코로코로센다루샤나마카루샤난唵呼廬呼廬梅陀留舍那摩訶留舍那."이라는 주문을 외어 다시 재촉하였다. 염주가 닳아서 끊어지자 오고五鈷[62]로 무릎을 두드리고 삼고三鈷[63]로 가슴을 치며, 독고獨鈷[64]로 머리를 두드리고 정수리를 쳐서 정수리에서 흘러내리는 피를 부동명왕의 양날 검에 칠하였다. 그리고 이 피를 조복시키려는 사람의 피라고 간주하고 천지를 요동치게 만들며 재촉하자, 너무나 강력하게 독촉당한 오대존이 진동해 항삼세는 독고를 휘두르고 금강야차는 창을 사용하며 대위덕이 타고 있는 소는 뿔을 휘두르며 울어 젖혔다. 중존 부동명왕의 검 끝에 생피가 묻어 있는 것이 보이자, 일법一法이 성취된 것으로 간주하고 단을 부수고 나섰다.

오대존에게 조복을 의뢰해도 좀처럼 들어주지 않자 스토쿠 상황崇德上皇[65]이 자신의 혀를 물어 끊어내면서까지 원념을 터뜨린 것처럼, 신관이 자신의 몸에 스스로 상처를 내어 오대존을 격렬하게 몰아세우면서 반 강제적으로 조복을 떠맡기고 있다. 조복의 힘을 상승시키기 위해서는 자신을 희생하고, 신불마저 상처 입혀도 괜찮다는 격렬한 원념의 발로를 간파할 수 있다.

이처럼 조복의 효과가 나타나지 않을 때에 신불을 독촉하는 사고방식은 다른 밀교의 조복법에서도 찾아볼 수 있다. 성천聖天(환희천歡喜天)[66]을 이용하는 조복법에서는 끓는 기름 속에 성천을 넣어서 지지는 난폭한 행법行法도 거행된다.

---

62 금강저(金剛杵) 중에서 손잡이 양쪽 끝이 다섯 갈래로 갈라진 것이다. 금강저는 밀교에서 진언을 외면서 수행하는 자는 항상 휴대하게 되어 있던 불구(佛具)의 일종이다. 인간의 번뇌를 부숴버리는 보리심(菩提心)을 상징한다.
63 금강저 중에서 손잡이 양쪽 끝이 세 갈래로 갈라진 것이다.
64 금강저 중에서 손잡이 양쪽 끝이 갈라지지 않고, 뾰족한 형태를 띠고 있는 것이다.
65 (1119~1164, 재위 1123~1142) 양위 이후의 스토쿠 천황(제75대)을 가리킨다. 고시라카와 천황과 대립하지만 패배함에 따라 사누키(讚岐)로 유배당한다.
66 밀교에서 구천 팔백의 구왕들을 거느리고 삼천세계(三千世界)와 삼보(三寶)를 수호한다는 신이다. 코끼리 머리에 사람의 몸을 하고 있으며, 십일면(十一面) 관음보살을 껴안은 두 몸으로 된 모양도 있는데, 부부가 화합하게 하고 자식을 점지하는 능력이 있다고 여겨진다.

'역逆'의 주법呪法

조복의 힘을 상승시키는 방법은 이 외에도 있다. 앞서 잠깐 다루었던 '역逆'의 주법이 그것으로, 중세의 설경說經[67]인 『산쇼 다유さんせう太夫』[68]에 그 조복 장면이 묘사되어 있다. 고쿠분지國分寺[69]의 어떤 히지리聖[70]가 산쇼 다유山椒太夫 밑에서 도망쳐 나온 즈시오厨子王[71]를 숨겨주고, 뒤쫓아 온 다유를 조복하는 것이다. 히지리는 '부동명왕법不動明王法'을 이용해 다음과 같이 조복하였다.

> 히지리는 양치로 몸을 정결하게 한 후에 따뜻한 물로 목욕재계 일곱 번, 찬물로 목욕재계 일곱 번, 바닷물에 목욕재계 일곱 번, 총 스물한 번의 목욕재계를 하고서 호마단護摩壇을 꾸민다. 긍갈라矜羯羅·제타가制吒迦[72]와, 부동명왕의 양날 검 구리가라俱利迦羅[73]를 거꾸로 걸어둔다. 가재도구를 두는 방에서 종이를 일첩一帖 꺼내어 열두 개의 고헤이御幣[74]로 잘라서 호마단에 걸어둔 것은 단지 서문誓文만으로 다유를 조복하려는 것으로 보인다.

이처럼 신불의 그림을 거꾸로 걸고 거행하는 조복법은 『소가 이야기曾我物語』[75]에

---

67 설경창도라고도 하며, 불교의 교리나 신앙을 평이하게 해설한 것이다. 흥미본위의 비유설이나 인연담이 많았다.
68 장자(長者) 몰락담을 원형으로 하는 전설이다. 단고(丹後) 지방의 장자, 전설을 이야기하고 다니던 천민의 기도, 예능인 다유(太夫)가 뒤섞여 만들어진 이야기이다.
69 쇼무 천황(聖武天皇, 재위 724~749)은 불교의 힘을 통해 국가의 평안을 기원하며 각 지역마다 고쿠분지(國分寺)를 건립하였다.
70 관승(官僧) 이외의 일반 승려 또는 사원에 소속되지 않고 혼자 수행하고 있는 은둔 승려를 가리킨다. 고야히지리(高野聖)가 잘 알려져 있다.
71 전설상의 인물이다. 손윗누이인 안주(安壽)와 함께 산쇼 다유에게 팔려가서 온갖 고초를 겪지만 탈출에 성공하여 후에 복수한다.
72 일반적으로 부동명왕은 회화나 조각에서 긍갈라 동자(矜羯羅童子)와 제타가 동자(制吒迦童子)라는 권속을 양 옆에 거느리고 있는 삼존(三尊)의 형식으로 표현되는 경우가 많다. 보통 왼쪽에 배치하는 긍갈라 동자는 합장하며 일심으로 부동명왕을 올려다보는 모습을 하고 있으며, 오른쪽의 제타가 동자는 이와 대조적으로 금강저와 금강봉(金剛棒)을 손에 든 장난스러운 동자승으로 표현되는 경우가 많다.
73 부동명왕이 오른손에 들고 있는 양날 검이다. 탐욕, 화내는 마음, 어리석음을 뜻하는 탐진치(貪瞋痴)의 삼독(三毒)을 파괴하는 지혜의 이검(利劍)이다.
74 신제(神祭)용구의 하나인 헤이소쿠(幣束)의 높임말이다. 접어서 자른 백색 또는 금색·오색(五色)의 종이를 가늘고 긴 나무에 끼워서 늘어뜨린 것을 가리킨다. 신관(神官)이 불제 의례 등에 사용한다.
75 가마쿠라 시대(鎌倉時代) 초기에 일어났던 '소가(曾我) 형제의 복수 사건'을 소재로 한 군기(軍記) 이야기이다.

도 나온다.『소가 이야기』에서는 히에이잔의 에료 화상惠亮和尙[76]이 고레히토 친왕惟 人親王(훗날의 세이와 천황淸和天皇)[77]을 황위에 앉히기 위해서 '대위덕명왕大威德明王'의 그림을 거꾸로 매달아 고레히토 친왕의 형인 고레타카 친왕惟喬親王을 조복하고 있다.

이자나기류의 '스소呪詛의 제문祭文'에서 저주를 맡은 중국인 주술사가 사카사마 가와逆さま川에서 역도逆刀를 휘두르고, 인형에게 뒤집은 옷을 꿰매 입혀서 '저주 조복'(인연 조복)을 행했던 것도 동일한 발상에 의한 것이다.

예능사가인 핫토리 유키오服部幸雄[78]에 따르면 에도 시대江戶時代의 가부키歌舞伎[79] 나 소설, 우키요에浮世畵[80] 속에서 유령은 물구나무를 선 상태로 출현하는 규칙이 있는데, 물구나무는 반질서·반체제의 유효한 수단이었다고 한다.

그렇게까지 말할 수 있는지는 모르겠지만, 어쨌든 물구나무가 질서의 반전, 상태의 전복을 의미하고 있었다는 점은 확실할 것이다. 이 같은 '역'의 발상은 우리들 주변에도 있다. 예를 들면 장례식장이 그렇다. 북쪽을 향한 사자死者의 베개나 수의를 반대방향으로 여미는 것, 머리맡에 거꾸로 세우는 병풍 등 일상생활의 방식을 역전시킨 행위는 '삶'의 질서가 역전된 '죽음'의 질서를 표상하고 있다. '프롤로그'에서 소개했던 공장건설을 반대하는 '거꾸로 된 해골' 깃발도 이러한 주법의 전통을 따르고 있는 것이다.

또한 기록에 따르면 히에이잔의 에료 화상은 "독고獨鈷를 이용해 자신의 머리를

작자는 미상이며, 다수의 이본(異本)이 존재한다.

76　(802? 812?~860) 헤이안 시대(平安時代) 전기에 활약했던 천태종(天台宗)의 승려이다. 몬토쿠 천황(文德天皇, 827~858, 재위 850~858)의 황자인 고레타카(惟喬)와 고레히토(惟仁)가 황태자의 자리를 놓고 경쟁했을 때, 고레히토를 위해 기원했다고 한다.

77　(850~880, 재위 858~786) 제56대 천황이다. 몬토쿠 천황(文德天皇)의 네 번째 황자이다. 9세의 어린 나이에 즉위하였기 때문에 외할아버지인 후지와라노 요시후사(藤原良房)가 섭정하였다.

78　(1932~2007) 가부키 연구자이자, 예능연구가이다. 지바 대학(千葉大學) 명예교수이다. 저서로는『가부키 성립 연구(歌舞伎成立の研究)』(1968),『위대한 오두막; 에도 가부키의 축제공간(大いなる小屋;江戶歌舞伎の祝祭空間)』 (1986) 등이 있다.

79　음악과 무용, 기예가 어우러진 일본의 전통연극으로 16~17세기 에도 시대(江戶時代)에 서민 예술로 시작되어 오늘날까지 이어지고 있다.

80　에도 시대의 목판화를 가리키며, 주로 서민의 풍속을 소재로 하였다. '우키요(浮世)'는 덧없는 세상인 속세를 뜻한다.

바수어서 뇌수를 꺼내 양귀비와 섞은 뒤, 화로 속에 지펴 검은 연기를 피우면서 거듭 기도하였더니" 고레타카 친왕이 조복했다고 한다. 뇌수와 섞인 양귀비의 환각작용을 이용했다고도 생각할 수 있다. 이것은 일부 수험자가 호마목護摩木으로 대마大麻를 이용했던 사실과도 연결된다.

지금까지 거론한 조복법은 다양한 변주를 지닌 밀교 조복법의 극히 일부라고 할 수 있다. 그렇다면 왜 이처럼 복잡다양한 조복법이 '개발'되고, 마치 빅 테크놀로지와 같은 양상을 드러냈던 것일까. 한마디로 말하면 현대의 테크놀로지가 '차이'를 강조하는 것과 마찬가지다. 이전까지와는 다른 새로운 기술, 그 외의 것과는 다른 기술을 강조하지 않으면 고객은 돌아봐주지 않는다.

이리하여 각각의 밀교 유파는 천황과 귀족이 그들을 받아들이게 하는 방법으로서 난해한 교의를 설파하는 것보다도 병 치료나 연명법, 원적 조복 등 다양한 수법修法에 의한 주술적 효과를 어필하는 '전략'을 취했기 때문에 수법의 개발경쟁에 박차를 가하였다. 이러한 전략은 현대의 신흥 종교에도 계승되고 있으며, 어떤 의미에서는 현대의 권력자 주변에 있는 지식인들도 구사하고 있다고 할 수 있다.

지금도 이어지고 있는 밀교 조복법

밀교의 조복법은 '비법 중의 비법'으로서 현재까지 전해지고 있으며, 그 주술성이 권위를 뒷받침해주고 있다.

「요미우리 신문讀賣新聞」 1984년 10월 13일자 석간에 '헤이안 밀교의 비밀 만다라曼荼羅; 고야산高野山에서 발견'이라는 표제어로 헤이안 시대 후기의 호겐保元의 난[81]·

---

81 스토쿠 상황과 고시라카와 천황의 갈등이 심화되어 호겐(保元) 원년(1156)에 일어난 내란이다. 스토쿠 상황 측은 미나모토노 다메요시(源爲義)와 다이라노 다다마사(平忠正)를, 고시라카와 천황 측은 미나모토노 요시토모(源義朝)와 다이라노 기요모리(平淸盛)를 동원하여 싸웠다. 그 결과 스토쿠 상황 측이 패배하며 스토쿠 상황은 사누키(讚岐)로 유배당한다. 귀족의 무력화(無力化)와 무사의 실력을 보여준 사건으로 무사의 정계 진출을 촉

헤이지平治의 난[82] 직후에 진언眞言 밀교의 승려가 천황 혹은 귀족을 조복하기 위해 이용한 삼각형의 호마단과 조복용 만다라가 발견되었다는 기사가 사진과 함께 게재되었다.

나는 이 사실을 알고 출판사를 통해서 발견된 자료의 사진을 제공해 줄 것을 고야산에 요청하였다. 그리고 고야산 측에서 보내준 사진대여 신청서를 제출했으나, 그 신청에 대한 답신은 감감무소식이었다. 애가 탄 편집자가 고야산에 전화를 걸었더니, 그 처리에 대해서는 상층부가 협의하고 있으므로 기다려 달라는 답변이 돌아왔다. 완곡한 거절이었다.

그 후에 어떻게 됐는지 알 수 없지만, 신문에 발표한 일을 반성하고 외부로 유출하지 않기로 한 듯하다. 추측컨대 고야산이 과거에 조복법을 보유하고 있던 사실을 알리고 싶지 않았던 것이 틀림없다. 동밀에서도 태밀에서도 권력자의 강경한 요청으로 역사상 수차례 원적怨敵 조복의 수법을 행하여 왔으며, 포교를 방해하는 적을 직접 나서서 조복하기도 하였다.

보신戊辰 전쟁[83] 때에 메이지明治 신정부가 반항을 계속하는 도호쿠東北 지방의 여러 번藩을 조복하도록 에도의 사원에 명령한 일은 잘 알려져 있다. 명령을 받은 밀교계의 많은 사원에서는 게이오慶應 4년(1868) 9월 무렵에 '동정군승리東征軍勝利 북방항복北方降伏 호마기도護摩祈禱'나 '보신 업장소멸 항戊辰業障消滅の事'이라는 조복법을 행하였다.

또한 제2차세계대전 때에도 군의 명령을 받고 일본 대부분의 사원 및 대사大社에서 '귀축미영鬼畜米英'에 대한 조복을 행했던 사실을 생각해봐도 일본 사회에 조복법이 얼마나 뿌리 깊게 자리 잡고 있는지를 알 수 있다.

진하였다.

82 헤이지 원년(1159) 천황파(天皇派)와 상황파(上皇派) 사이에서 일어난 내란이다. 치열한 접전 끝에 천황파가 승리하였고 고시라카와 상황(後白河上皇)은 유배되었다. 이후 천황파의 다이라노 기요모리가 정치적 실권을 잡게 되었다.

83 사쓰마 번(薩摩藩)을 중핵으로 하는 메이지(明治) 신정부군과 구 막부(舊幕府) 세력 간에 일어난 일본의 내전으로, 1868년 무진(戊辰)년에 시작되어 1869년에 끝났다.

따라서 만약 독자 중에 누군가를 저주해서 죽이고 싶지만 어떻게 저주하면 좋을지 모르는 사람이 있다면, 천태종이나 진언종 혹은 중세에 여기에서 갈라져 나온 일련종日蓮宗 미노부산 파신연산파身延山派의 황행荒行을 행한 승려 중에서 조복법에 뛰어난 승려를 찾아내어 몰래 저주를 의뢰하는 편이 가장 손쉬운 방법이다.

단, 오늘날에도 이러한 조복법을 제대로 행할 수 있는 승려나 수험자가 존재하는지 어떤지는 이것이야말로 '비법 중의 비법'인 듯하므로 뭐라 말하기는 어렵다. 만약 존재한다고 해도 중국인 주술사처럼 '얼토당토않은' 비용을 요구할지도 모르기 때문에 상당한 부자가 아니라면 저주 의뢰는 무리일지도 모른다.

여우를 조종하는 '외법外法'

지금까지 서술한 '저주'의 테크놀로지는 천황이나 귀족 등 권력자의 위치에 있는 무사들에게 고용되어 있던 '고급' 종교적 전문가가 소지하고 있던 것이었다. 그렇다면 민중들 사이에는 어떠한 '저주' 전문가가 존재했을까.

민중의 수요에 따라 다양한 제의祭儀와 주술을 행했던 전문가도 음양도 계열과 밀교 계열로 분류할 수 있다. 그러나 민중 차원에서는 밀교·음양도·신도神道가 뒤섞여 있으며, 본질적인 내용 면에서도 그다지 명확한 차이가 있었다고는 할 수 없다. 군이 차이를 찾아본다면 한편에는 예로부터의 산악타계관山岳他界觀과 밀교가 결합해서 탄생한 수험도修驗道의 종교자, 즉 야마부시山伏나 수험자가 있으며, 다른 한편에는 하급 민간 음양사와 그 외의 주술사가 있었다는 정도의 차이일 것이다.

산악수행을 계속해서 야마부시의 자격이 있으면서도 음양사로서 사회에서 활동하는 종교자도 있었으며, 음양사의 자격이 있으면서도 야마부시로서의 이미지를 사람들에게 내세우는 종교자도 있었다. 더 나아가서 한 종교자가 어떤 때는 음양사로 일하고, 또 어떤 때는 야마부시로 일하는 경우도 있었다.

이와 같이 민중 사이에서 활동하는 수험자나 음양사들은 지배자와 그 주위에 있는 고급 종교자들로부터 '양날의 검'과 같은 이미지로 비쳐졌다. 왜냐하면 그 주력 呪力이 민중을 위한 초복제재招福除災에 이용되고 있는 한은 바람직하지만, 인심을 어지럽혀서 사회질서를 위협하거나 그 주력이 지배자들을 향하는 것은 곤란했기 때문이다.

이 때문에 민간의 종교자들은 종종 탄압을 받았으며, 그들의 주법은 사악한 법, 즉 '외법' 또는 '외술外術'로 간주되었다.

그중에서도 가장 대표적인 '외법'의 테크놀로지는 여우의 영靈을 조종해서 여러 가지 신비를 행하는 것이었다. 사람에게 여우가 들리게 해서 병에 걸리게 하거나 죽음에 이르게 한다. 이것은 실로 '저주'이자 '조복'이다.

민간의 종교자가 부리는 동물령이 여우의 영으로 한정되어 있었던 것은 아니다. 개의 영도 있었으며 고양이의 영 또는 뱀의 영인 경우도 있었지만, 전국적으로 널리 유포되어 있던 동물령은 주로 여우였다.

왜 여우였을까. 일본에는 예로부터 여우를 신령시하는 신앙이 존재하였다. 여우의 울음소리 등으로 길흉을 점치기도 한 듯하다. 이 같은 여우 신앙을 바탕으로 중국 여우 신앙의 영향도 있었듯이, 고대에 이미 여우는 사람으로 변신하거나 빙의하는 능력이 있다는 신앙도 생겨났다.

다음으로 주목하고 싶은 것은 중국에서 전래한 고독蠱毒의 영향이다. 고독이 요호妖狐 신앙과 결합해서 다른 동물보다 여우를 많이 이용하게 된 것이다. 말하자면 호고狐蠱이다.

세 번째 이유는 밀교의 영향이다. 밀교의 고승들은 음양사가 조종하는 '시키가미'에 해당하는 사역신使役神(사역마使役魔)으로서 '호법동자護法童子'라는 귀신의 일종을 조종하고 있었으며, 호법동자를 이용해서 병을 고치기도 하였다. 그렇지만 조복에는 적극적으로 이용하지 않았던 듯하다. 호법동자보다 상위이며 본존격인 부동명왕과 같은 밀교 신들을 동원해서 조복을 행했기 때문이다. 호법동자는 밀교 신들의 권속신에 지나지 않았다. 그런데 하급 종교자, 특히 수험자는 호법으로서 여우를 이용하였다. 민중 속에서 활동하기에는 '동자'보다 이미 요수妖獸로서 민간에서 신앙되던 '여우' 쪽이 더 설득력이 있었던 것이다.

네 번째 이유로 들고 싶은 것은 밀교의 신 중 하나인 '다지니천茶枳尼天'[84]과의 관계이다. 일본에 전해진 밀교의 다지니천은 사람의 죽음을 6개월 전에 예지하고 사람이 죽으면 와서 그 사체를 먹고 산다는 무서운 야차이다. 다지니천을 모시면 굉장한 이익을 얻을 수 있다고 믿었다. 다지니천은 아름다운 여인이 여우에 올라탄 모습으로 묘사되었다. 원래 중국에서는 여우와 매우 흡사한 야간野干이라는 동물을 타고 있었지만, 일본에는 야간이 없었기 때문에 여우로 대체되었다는 것이다.

이 다지니천의 여우가 요호 신앙 및 호고 신앙 등과 결합함으로써 일본의 독특한 다지니천 신앙=기쓰네쓰카이狐使い[85] 신앙이 탄생하게 되었다.

천황 즉위의 '비법 중의 비법'이란

왜 다지니천 신앙=기쓰네쓰카이 신앙이 '외법'으로 간주되었을까. 나의 생각으로는 두 가지 이유가 있었다. 하나는 고독과 결합한 점이다. 그리고 다른 하나는 지배자들이 다지니천의 수법을 가장 강력한 수법, 자신들을 수호하는 영력 중에서도 핵심이 되는 주법으로 간주해 '비법 중의 비법'으로 삼고, 자신들 이외의 사람들이 이용하는 일을 엄격하게 금지한 듯한 점이다. 지배자는 자신이 다지니천의 주법을 이용하면 '상법相法'으로 보고, 타인이 이용하면 '외법'으로 간주하였다.

다지니천 신앙은 비법 중의 비법, 왕법王法을 수호하는 중심 신격으로서 처음에는 진언종 도지東寺 계열의 고승들에 의해 설파됐다. 도지의 진수신鎭守神은 이나리

---

84 대모신(大母神) 칼리의 사비(使婢)인 귀령(鬼靈)이며, 산스크리트어로 다키니(Dākinī)라고 한다. 환력(幻力)을 지녔으며, 야간에 무덤에 모여서 고기를 먹고 술을 마시며 성적 방종을 수반하는 광연을 연출한다. 사람을 해치는 귀녀(鬼女)로서 두려워했는데, 수단을 강구해서 달래면 큰 은혜를 가져온다고 전해진다.
85 여우의 영(靈)을 사로잡아 요술 등을 행하는 일 또는 그러한 행위를 하는 사람을 뜻한다.

신稲荷神[86]이다. 그 후에 도지와 가까운 후시미이나리 신사伏見稲荷神社도 도지의 영향권 안으로 들어가는 과정에서 다지니천을 모시게 되었고, 이로부터 이나리 신=다지니천, 더 나아가서는 그 사역신에 불과했던 여우가 이나리 신으로 변질되었다.

또한 중세부터 현대까지 후시미이나리 신사의 뒷산에서 은거하며 수행함으로써 여우를 조종하는 능력을 익히거나 여우의 영을 내려 받으려는 종교자와 일반인들이 많았다.

다지니천이 왕법을 수호하는 강력한 신이었다는 사실을 가장 잘 보여주고 있는 사례는 천황이 즉위했을 때에 도지의 고승들이 행했던 천황의 권정법勸頂法(윤왕권정輪王勸頂, 고어좌법高御座法이라고도 함), 즉 '도지 즉위법東寺卽位法'이다. 그 중핵에는 '진호왕보살辰狐王菩薩'이라는 '다지니천'이 있었다.

이 주목할 만한 사실을 밝혀낸 일본문학자 이토 마사요시伊藤正義[87]와 아베 야스로阿部泰郞[88] 등의 연구에 따르면 진언종에서는 아마테라스 오미카미天照大神(천황가의 씨족신)와 가스가 묘진春日明神 · 가시마 묘진鹿島明神(양쪽 모두 후지와라藤原 씨의 씨족신) 등을 다지니천의 변작變作(모습이나 명칭을 바꿔서 현시한 것)으로 본다. 그리고 후지와라노 가마타리藤原鎌足[89]는 여우, 즉 다지니천의 도움으로 소가노 이루카蘇我入鹿[90]를 멸망시키고 천하를 평정할 수 있었다는 신화를 만들어냈다고 한다. 물론 막후의 중심세력은 섭관攝關 정치[91]를 하고 있던 후지와라 일족이다.

---

86 본래 곡물 및 농업을 관장하는 신이지만, 산업 발전에 따라 현재는 산업 전반의 수호신으로도 신앙되고 있다.
87 (1930~2009) 국문학자이자, 고베 여자대학(神戶女子大學) 명예교수이다. 신초샤(新潮社)에서 발간하는 일본고전전집 중 『요곡집(謠曲集)』(1983~1988) 전권을 교주(校註)하였다. 저서로는 『요곡 잡기(謠曲雜記)』(1989) 등이 있다.
88 (1953~) 일본 민속학자이자, 종교학자이다. 나고야 대학(名古屋大學) 교수로 재직 중이다. 저서로는 『중세 고야산 연기 연구(中世高野山緣起の研究)』(1983), 『중세 일본의 종교텍스트 체계(中世日本の宗敎テクスト體系)』(2013) 등이 있다.
89 (614~669) 아스카 시대(飛鳥時代, 538~710)의 정치가이다. 다이카 개신(大化改新)을 추진하여 율령국가의 기초를 마련하였다. 다이카 개신은 중국의 율령제를 모방하여 천황 중심의 중앙집권적 정치체제를 구축하기 위한 정치개혁이다.
90 (610~645) 아스카 시대의 호족이다. 부친 소가노 에미시(蘇我蝦夷)로부터 대신(大臣)의 지위를 물려받고 권력을 독점하였다. 황위계승 분쟁에서 반대 세력에게 암살당하였다.
91 헤이안 시대 중기에 후지와라 씨가 섭정, 관백(關白)을 독점하고 천황을 대신하여 정치적 실권을 장악한 정치형태를 가리킨다.

진언 밀교의 연구자 구시다 료코櫛田良洪[92]의『진언 밀교 성립과정 연구眞言密敎成立過程の硏究』(山喜房佛書林)에 따르면 구조 가네자네九條兼實[93]의 일기에 다음과 같이 기록되어 있다고 한다. 과거 후지와라노 미치나가가 이 즉위작법의 존재를 우지宇治의 승정僧正인 쇼가쿠正覺에게 물었지만, 쇼가쿠는 이를 전혀 알지 못하였다. 그래서 쇼가쿠가 사방으로 알아보니 도지 유파의 비법이라는 사실이 판명됐다. 후지와라노 미치나가는 그 사실을 시라카와 천황과 지소쿠인 다다자네知足院忠實[94]에게 가르쳐 주었다고 한다. 그럴싸한 이야기지만 아마도 '도지 즉위법'을 성스러운 작법으로 승화시키고자 하는 전설일 것이다. 어쨌든 그럴 정도의 비법이었던 것이다.

이렇듯 지배자들은 다지니천의 주력을 독점하고자 했으나, 이 비법은 고승과 수험자를 매개로 하여 민간에 '사법', '외법'의 이미지로 격하되면서도 유포되었다. 혹은 반대로 '도지 즉위법' 그 자체가 '외법'으로서 유포되고 있던 '다지니천법荼枳尼天法'의 영향을 받아서 지배자들이 그것을 독점하기 위해 만들어낸 것일지도 모른다.

'다지니천법'으로 가마쿠라 막부를 저주·조복한 고다이고後醍醐 천황

'다지니천법'과 연관된 지배자는 역사상 수많이 등장한다. 다이라노 기요모리平淸盛[95]도 그 중 한명이었다. 『겐페이 성쇠기源平盛衰記』[96]에 다음과 같은 이야기가 있다.

가난했던 청년 시절의 다이라노 기요모리는 이것을 배우면 천자天子의 자리까지 넘볼 수 있다는 대위덕명왕법大威德明王法을 칠 년간 수행하였다. 그 후 수도의 렌다

---

92 (1905~1980) 진언종 승려이자, 불교학자이다. 다이쇼 대학(大正大學)의 명예교수이다. 저서로는 『진언밀교 성립과정 연구(眞言密敎成立過程の硏究)』(1964) 등이 있다.

93 (1149~1207). 헤이안 시대 후기부터 가마쿠라 시대 전기의 귀족이자 가인(歌人)이다. 구조(九條) 가문의 조상인 그가 40년간 써서 엮은 일기『교쿠요(玉葉)』는 당시의 상황을 알 수 있는 일급사료로 간주되고 있다.

94 (1078~1162) 후지와라노 다다자네(藤原忠實)의 별칭이다. 헤이안 시대 후기부터 말기의 귀족으로, 후지와라노 모로미치(藤原師通, 1062~1099)의 장남이다. 『덴랴쿠(殿曆)』라는 일기를 남겼다.

95 (1118~1181) 헤이안 시대 말기의 무장이다. 호겐의 난과 헤이지의 난에서 승리하며 정치적 실권을 장악한다.

96 『헤이케 이야기(平家物語)』의 이본(異本) 중 하나이다. 48권으로 이루어져있다.

이노蓮台野[97]에서 사냥을 하고 있을 때에 여우를 쏴 죽이려고 하였다. 그러자 여우가 황녀로 변신해서 목숨만 살려준다면 소원을 이루어주겠다고 약속하였다. 여우를 놓아준 후, 다이라노 기요모리는 '이는 분명 다지니천법을 배우면 출세할 수 있다는 것이리라'고 생각해서 그 법을 연마하였다. 하지만 외법을 성취하는 자는 대가 끊긴다고 여겨졌기에 이를 두려워한 다이라노 기요모리가 연마를 중지했다고 한다.

또 『고금저문집古今著聞集』[98]에 따르면 후지와라노 미치나가로부터 도지 즉위법을 전수받았다고 하는 지소쿠인 다다자네 또한 귀양 갈 각오로 수험자에게 부탁해서 다지니천법을 연마하여 출세했다고 한다.

지소쿠인 다다자네의 이야기와 관련해서 소개하고 싶은 것은 중세의 '다마모노마에玉藻前' 전설이다.

중국에서 건너온 요호妖狐가 일본 조정을 멸망시키기 위해 다마모노마에라는 아름다운 여인으로 변신해서 고노에인近衛院[99](실제 고노에近衛 천황은 17세에 요절하여 상황上皇이 되지 못하였다)에게 접근해 그의 총애를 받게 되었다. 그런데 고노에인은 병을 얻어 하루하루 쇠약해져 갔다. 음양사 아베노 야스나리安部泰成를 불러와 점을 치게 하자, 다마모노마에의 정체가 천황의 목숨을 노리는 요호라는 사실이 밝혀지고 아베노 야스나리가 기도로 물리쳤다.

이 전설에서는 요호가 직접 일본의 왕법을 파괴하려고 등장한다. 그러나 앞서 2장에서 살펴보았듯이 고노에 천황이 후지와라노 다다자네와 요리나가賴長[100] 부자의 저주로 죽었다고 판단되었던 점, 후지와라노 요리나가가 음양도에 몰두하고 있었던

---

97 묘지 또는 사자를 장송하는 곳이다. 지명이 되어 있는 경우가 많으며, 교토 시(京都市) 기타 구(北區)에 있는 후나오카야마(船岡山) 서쪽 산기슭 일대가 유명하다.

98 1254년 다치바나노 나리스에(橘成季, 생몰년 미상)에 의해 완성된 세속 설화집이다. 헤이안 귀족의 생활에 관한 이야기 등을 수록하고 있으며, 『곤자쿠 이야기집(今昔物語集)』, 『우지슈이 이야기』와 함께 일본의 삼대 설화집으로 일컬어진다.

99 (1139~1155, 재위 1142~1155) 양위 후의 고노에 천황(제76대)을 가리킨다. 도바 천황(鳥羽天皇, 재위 1107~1123)의 아들이다. 스토쿠 천황의 양위를 받아 즉위하였으나 17세의 젊은 나이에 요절하였다.

100 (1120~1156) 헤이안 시대 후기의 정치가이다. 후지와라노 다다자네의 둘째 아들로, 부친의 후원을 받아 일족의 대표가 되었다. 도바 법황의 신임을 잃은 후에 스토쿠 천황과 결탁하여 군사를 일으켰지만(호겐의 난), 패하고 죽었다.

점, 다다자네에게는 다지니천을 연마했다는 전승이 따라다니고 있던 점 등을 종합해보면 다마모노마에 전승의 배후에는 다지니천 신앙이 존재했다고 할 수 있다.

이 이야기는 후지와라노 다다자네와 요리나가 부자가 덴구天狗를 저주신咀呪神으로 삼아 고노에 천황을 저주했다는 소문을 바꿔서 다지니천을 이용해 저주했다고 말한 데서부터 구상된 것은 아니었을까. 수험자들 사이에서는 덴구와 다지니천이 같은 존재로 간주되었으며, 음양사들 또한 여우를 조종하는 전문가로 간주되고 있었다.

다지니천을 연마해서 저주와 조복을 행했던 사례로서 알려진 것으로는 역사학자 아미노 요시히코網野善彦[101]가 주목하고 있는 고다이고 천황[102]이 있다. 왕정복고王政復古를 꿈꾸며 가마쿠라 막부를 타도하고자 했던 고다이고 천황은 다지니천법을 행했다는 이유로 비난받았던 도지東寺의 장자長者[103]인 호지승護持僧 몬칸文觀[104]에게 가마쿠라 막부의 조복을 명하였다. 뿐만 아니라『태평기太平記』[105]에 따르면 직접 나서서 호마단을 쌓고 '금륜법金輪法'을 수련했다고 한다(網野善彦『異形の王權』, 平凡社).

'금륜법'이란 천자가 즉위할 때에 행하는 사해통령四海統領(사방의 영지를 통치하는 일)을 가리키는 '사해통령의 관정灌頂(도지류東寺流 윤왕관정법輪王灌頂法)'을 뜻한다. 앞서 살펴보았듯이 이 작법의 중핵에 다지니천법이 있었다. 고다이고 천황은 직접 다니지천법을 수행하여 막부를 조복함으로써 실로 천자 즉위법에 걸맞는 천하의 주인으로서의 지위를 되찾으려고 했던 것일까.

---

101 (1928~2004) 일본상민문화연구소(日本常民文化研究所)에 근무하며 어촌 자료를 수집하였다. 농민이 아닌 해민(海民)과 직인(職人) 등에게 착목하여 종래 농민에 편중된 역사학에 영향을 끼쳤다.
102 (1288~1302, 재위 1318~1339) 제96대 천황이다. 원정을 폐지하고 친정(親政)을 실시하였다. 가마쿠라 막부를 타도하고자 했지만 실패로 끝나며 오키(隱岐)로 유배된다. 하지만 후에 가마쿠라 막부가 멸망하자 복귀하여 친정을 실시한다.
103 도지(東寺)의 장관(長官)을 가리킨다. 836년 지치에(實慧, 786~847)가 천황의 명령으로 최초로 임명된 이래, 닌나지(仁和寺), 다이카쿠지(大覺寺), 가주지(勸修寺) 등의 주지들 중에서 선발되었다.
104 (1278~1357) 가마쿠라 및 남북조 시대(南北朝時代)에 활약했던 진언종(眞言宗)의 승려이다. 다이고지(醍醐寺)의 지주였다.
105 1368년에서 1375년 무렵에 성립한 고전문학작품이다. 모두 40권으로 구성되어 있다. 가마쿠라 말기부터 남북조 시대 중기까지 약 50년간의 전란을 그리고 있다.

다케다 신겐武田信玄과 우에스기 겐신上杉謙信이 이용했던 '이즈나飯綱의 법法'이란

다지니천과 덴구, 그리고 여우와의 관계를 가장 잘 보여주고 있는 것이 중세 후기부터 근세에 걸쳐 신슈信州[106]를 중심으로 상당히 넓은 지역에서 신앙되던 '이즈나 신앙'이다.

이것은 신슈 이즈나야마飯綱山의 수험도가 확산된 것인데, 그 신격인 이즈나 권현權現은 다지니천 대신에 수험자가 신앙했던 부동명왕이 등에 덴구의 날개를 단 채 여우 위에 타고 있는 모습을 하고 있다. 덴구가 사는 산으로 알려져 있던 이즈나야마도 다지니천 신앙에 바탕을 둔 수험도의 거점이었던 것이다.

다케다 신겐[107]과 우에스기 겐신[108], 또는 '오닌應仁의 난'[109]과 관련이 있는 호소카와 마사모토細川政元[110] 등은 이즈나 권현의 신자이며 '이즈나의 법'을 행했다고 한다. 입신출세와 원적怨敵 조복을 위해서였다. 우에스기 신사上杉神社에 남아 있는 우에스기 겐신의 투구 장식품에는 이즈나 권현이 수호신으로 새겨져 있다.

그런데 이처럼 '기쓰네쓰카이'가 조종하는 '저주'의 테크놀로지가 고독과 연결되는 이유로 간과할 수 없는 부분은 테크놀로지 그 자체의 공통성이다.

이미 1장에서 서술했듯이 시코쿠四國에 널리 분포하고 있는 '이누가미犬神'의 제법製法은 개의 머리를 잘라서 수호신이자 사역마로 받드는 것이었다.

'이즈나쓰카이イズナ使い'가 이용하는 '이즈나'의 제법도 이와 동일하다. 암수 각 한 마리씩 사슴 가죽을 벗겨서 그늘에 말린 후, 수컷의 가죽은 길이 약 85센티미

---

106 지금의 나가노 현(長野縣)의 옛 지명이다. 일본 혼슈(本州) 내륙부에 위치해 있으며, 시나노(信濃)라고도 불렀다.
107 (1521~1573) 일본 전국 통일의 기반을 마련한 인물이다. 도쿠가와 이에야스·오다 노부나가 연합군과의 전투 중 급사하였다. 다케다 신겐은 전투에 풍림화산(風林火山)이라는 전술을 도입한 것으로 유명하다. 풍림화산이란 손자병법에 나오는 말로 '바람처럼 빠르게, 숲처럼 고요하게, 불길처럼 맹렬하게, 산처럼 무겁게'라는 뜻이다.
108 (1530~1578) 일본 전국 시대의 무장이다. 뛰어난 전쟁 수행 능력으로 '에치고(越後)의 용'이라는 별칭을 얻었다.
109 무로마치 막부의 제8대 쇼군 아시카가 요시마사(足利義政)의 후계자 선정 문제를 둘러싼 분쟁으로 인해 1467년부터 1477년까지 계속된 내란이다. 오닌(應仁) 원년(1467)에 일어났다고 해서 '오닌의 난'이라고 부른다. 일본은 '오닌의 난' 이후 전국 시대(戰國時代)에 접어든다.
110 (1466~1507) 무로마치 시대 후기의 무장이다. 아시카가 요시즈미(足利義澄)를 쇼군으로 옹립하여 정치적 실권을 장악하였다.

터·폭 약 10센티미터, 암컷의 가죽은 길이 약 79센티미터·폭 약 10센티미터로 자른다. 이어서 몸길이 30센티미터 정도의 거북이를 대야에 넣고 비쭈기나무를 둘러친 후, 사흘 동안 술을 먹인 다음 살아있는 채로 등딱지를 벗겨내어 검게 구운 뒤에 가루로 만든다. 이 가루를 사슴가죽 안쪽에 풀로 발라서 암수의 가죽을 하나로 붙인 것을 이즈나 권현에게 공물로 바친다. 그 후 깊은 산속에 들어가 여우를 길들이면 그 여우를 자유자재로 조종할 수 있게 된다고 한다.

또 근세의 『희유소람嬉遊笑覧』[111]에 따르면 수험자뿐만 아니라 무녀巫女도 이러한 '외법'계열의 주구呪具를 지니고 있었다. 그 제법은 "이 법을 행하고자 마음먹은 사람은 몇 명이든 서로 합의하여, 이 법에 사용할 특별한 사람을 평소에 골라두고 생전에 약속을 해서 그 사람이 죽기 직전에 목을 잘라내어 사람들의 왕래가 빈번한 땅 속에 묻어두고 일 년째에 파내어서 그 해골에 달라붙은 흙을 떼어내 미리 약속했던 사람 수만큼 상像을 만들고, 그 뼈는 정성스럽게 애도한다. 이 상은 비범한 신령이므로 이것을 품안에 넣고 다니면 어떠한 일이라도 모르는 것이 없다."라고 기술되어 있다. 이 무녀는 이 밖에도 고양이의 머리(묘고猫蠱=묘귀猫鬼 종류일 것이다)와 비슷한 물건도 소지하고 있었는데, 그 정체나 제법에 대해서는 밝히지 않았다고 한다.

이처럼 해골을 받들어 모시고 그 혼백을 조종하는 것이 '외법'이며, 그 해골을 '외법두外法頭'라고 한다. 이누가미도 이즈나도 이러한 전통적 신앙의 흐름 속에 위치했던 것이다. 그리고 여기에 다지니천 신앙도 포함되어 있었다. 남녀의 성애·성교 그 자체가 즉신성불卽身成佛이라고 설파해서 탄압받았던 진언종의 다치카와立川 유파 또한 이러한 외법두 종류를 만들고 있었는데, 그 신앙의 핵심은 역시 다지니천 신앙이었다.

민간의 '저주' 전문가들 사이에서는 고독과 결부되는 음산하고 참혹한 주법의 전통이 판을 치고 있었다. 이자나기류의 '이자나기 제문いざなぎ祭文'에 보이는 인도의

---

111 에도 시대 후기의 수필이다. 모두 12권, 부록 1권으로 구성되어 있으며, 에도 시대의 풍속 및 예능 등에 관해 백과사전식으로 저술한 책이다.

이자나기 대신いざなぎ大神이 덴추天中 공주의 점을 통해 '외법 사용자'로 판정됐을 때에 격노했던 사실도 근거가 없다고는 할 수 없다.

소위 '빙의 가계'는 이러한 민간 종교자의 '외법'이 일반인들 사이에도 적용되어 '외법'을 받든다는 이유로 특정 집안을 달리 여겼던 데에서 발생하였다.

경애법敬愛法, 남녀화합의 러브 매직

이 외에도 독특한 테크놀로지를 보유한 전문가가 있다. 예를 들면 일본 고래의 무녀의 흐름을 잇는 공수空授 무녀·아즈사梓 무녀의 계통이 그것이다. 현재는 공수 무녀라고 하면 죽은 자의 영을 이승으로 불러오는 것으로 알려진 도호쿠東北 및 시모키타下北 지방의 이타코イタコ[112] 정도 밖에 떠오르지 않지만, 무녀들 또한 저주를 의뢰받고 있었던 듯하다. 다음과 같은 이야기가 있다.

엔기延喜 3년(903), 다이고 천황醍醐天皇의 아이를 가진 태정대신太政大臣 후지와라노 모토쓰네藤原基經의 딸 온시穩子는 산달 무렵 사기邪氣(모노노케物の怪)에 자주 시달렸다. 보다 못한 오빠 도키히라時平가 천태종의 수험자로 알려진 소오 화상相應和尙에게 부동명왕법을 행하게끔 했더니, 히가시고조덴東五條殿에서 무사히 황자 야스아키라 친왕保明親王[113]을 출산하였다.

이때 음양사에게 난산의 원인을 점치게 하였다. 이를 통해 온시의 출산을 질투해서 염매하는 자가 있기 때문이라는 사실을 알게 되었다. 조사해 보니 백발의 노파가 히가시고조덴의 마룻바닥 밑에서 가래나무로 만든 활을 입에 물고 저주하고 있는 것을 발견하였다. 이 노파를 끌어내는 순간 황자가 태어났다고 한다.

---

112 도호쿠(東北) 지방 민간에서 신앙되는 양잠의 신 오시라사마(オシラサマ)를 모시는 무녀를 가리킨다.

113 (903~923) 외조부 후지와라노 모토쓰네의 후원을 받아 2세에 황태자가 되었지만, 21세의 젊은 나이에 병으로 요절하였다. 이를 두고 사람들은 스가와라노 미치자네(菅原道眞)의 원령이 재앙을 내렸기 때문이라고 하였다.

바로 가래나무 활을 저주의 도구로 삼았던 아즈사 무녀에 의한 저주이다. 그러나 나의 빈약한 지식으로는 무녀가 행한 저주와 관련하여 이것만큼 확실한 기록은 찾지 못했는데 여기에는 이유가 있다.

결론을 먼저 말하자면 이 저주법이 권력의 중추보다는 사적인 영역, 그것도 주로 민중 차원에 가까운 곳에서 행해졌기 때문이라 할 수 있다. 또한 무녀는 수험자(야마부시)와 부부가 되는 경우가 많았기 때문에 저주는 남편에게 맡기는 경우도 있었을 것이다.

헤이안 시대 중기에 『이즈미 시키부집和泉式部集』, 『이즈미 시키부 일기和泉式部日記』 등으로 알려진 여류 가인歌人 이즈미 시키부和泉式部[114]는 애인들과 교환한 연가戀歌를 통해서도 짐작할 수 있듯이 상당한 정열가였던 것 같다. 여러 남자와 결혼을 반복하여, 후지와라노 미치나가藤原道長에게 '바람난 여자'라고 놀림당하기도 하였다. 남편 운이 나빴던 탓도 있는 것 같다. 이런 그녀가 삼십대 중반 무렵에 후지와라노 야스마사藤原保昌[115]와 결혼하였다. 전설에 따르면 오에야마大江山의 슈텐 동자酒呑童子[116]를 퇴치한 일로 유명한 미나모토노 라이코源賴光[117]의 사천왕四天王[118] 중 한명으로 알려진 인물이다.

이즈미 시키부와 후지와라노 야스마사 부부간에 위기가 발생한 일이 있었는데, 야스마사가 시키부를 멀리한 듯하다. 후세의 불교설화집 『사석집沙石集』 등에 따르면 이를 슬퍼한 이즈미 시키부가 무녀에게 의뢰하여 기부네 신사貴船神社[119]에서 부

---

114 (976~1036) 헤이안 시대 중기의 여류 가인이다. 결혼 후 다메타카 친왕(爲尊親王)과 관계를 맺으면서 남편과 이혼하였다.

115 (958~1036) 헤이안 시대 중기의 귀족이다. 무예가 뛰어나서 전설상의 도적 하카마다레를 두려움에 떨게 만들었다는 일화가 유명하다. 이즈미 시키부의 남편이다.

116 오에야마에 산다고 전해지는 오니들의 우두머리이다. 헤이안 시대 중기 교토 여성들의 납치사건이 발생하였다. 미나모토노 요리미쓰(源賴光)와 후지와라 야스마사(藤原保昌)는 음양사 아베노 세이메이(安部清明)의 도움으로 오에야마에 사는 '오니' 슈텐 동자의 소행임을 알게 되어, 그 소굴로 찾아가서 슈텐 동자를 술 취해 잠들게 한 다음 퇴치한다.

117 (948~1012) 헤이안 시대의 무사이다. '라이코'는 한자음을 그대로 읽은 것이지만, 일반적으로 '요리미쓰'라고 읽는 경우가 많다. 에도 시대 이전에는 문인, 가인, 귀족들의 이름을 음으로 읽는 경우가 종종 있었다.

118 원뜻은 불법을 수호하는 네 명의 외호신이다. 수미산(須彌山) 중턱에 살면서 동서남북 네 방위를 지킨다. 동쪽은 지국천왕(持國天王), 남쪽은 증장천왕(增長天王), 서쪽은 광목천왕(廣目天王), 북쪽은 다문천왕(多聞天王)이 지킨다고 한다. 다만, 여기서는 미나모토노 라이코가 거느리는 4명의 가신을 가리킨다.

119 교토 시 사쿄 구(左京區)에 있는 신사이다. 제신(祭神)으로 모시고 있는 오카미노카미(淤加美神)는 예로부터 기우

부화합(경애)의 제사를 올렸다고 한다. 당시 기부네 신사는 저주 의뢰를 받아주는 신으로 이미 알려져 있던 점을 고려하면, 이 부부화합의 법은 남편의 정부情婦를 향한 저주법이기도 했을 것이다.

이즈미 시키부는 "남자에게 잊혀 그저 시간을 보내고 있을 때, 기부네 신사에 갔다가 손을 씻는 냇가에서 반딧불이가 날고 있는 것을 보고" 다음과 같이 읊었다고 한다. "고민하고 있으려니 냇가의 반딧불이도 그리움 때문에 내 몸에서 빠져나온 혼처럼 보이네."[120] 어두운 밤에 어지러이 날아다니는 반딧불이가 자신의 몸에서 빠져나온 저주의 혼(생령生靈)일지도 모른다고 생각한 것이다.

경애의 제사, 러브 매직. 이것이 또 특이하다. 늙은 무녀가 붉은 고헤이御幣 등을 주위에 둘러치고 여러 가지 작법을 행한 후에 북을 두드리고 앞을 걷어 올린다. 즉 옷자락을 걷어서 음부를 내보이며 그곳을 두드린다고 한다. 다소 외설스럽게 느껴지는 작법이다. 그 대단한 이즈미 시키부도 이 광경에는 민망했던지 얼굴을 붉히고 아무 말도 하지 못했던 듯하다.

그렇다면 왜 이것이 저주법인가. 거의 동시대의 기록인 『신 사루가쿠키新猿樂記』[121]에 보이는 경애의 저주법이 이즈미 시키부의 사례와 대응한다. 이 기록은 사루가쿠猿樂[122]를 보러 온 노옹□翁 일가의 생활을 자세히 묘사한 것으로, 그 중에 환갑을 넘긴 노옹의 본처가 완전히 늙어버린 자신의 몸은 생각하지 않고 남편에게 사랑받고 안기길 원하며 신불 참배에 광분하는 이야기가 등장한다.

그런데 이 늙은 아내가 본존本尊으로 삼고 있던 성천聖天(환희천歡喜天)-'코끼리 머리에 사람 몸'을 한 부부가 서로 끌어안고 있는 상을 모신다-에게 부탁했지만 효험이 없었다. 항간에는 다른 신불이 포기할 정도의 무리한 부탁도 들어줄 만큼 주

(祈雨)의 신으로 신앙되었다. 수신(水神)으로서, 전국의 요식업자나 물 관련 업자들로부터 신앙되고 있기도 하다.
120 원문은 다음과 같다. "もの思へば沢の蛍もわが身より あくがれいづる魂かとぞ見る."
121 헤이안 시대 중기의 학자인 후지와라노 아키히라(藤原明衡)가 저술한 작품이다. 어느 날 밤, 수도에서 열린 사루가쿠(猿樂) 구경에 초대받은 가족의 이야기에 빗대어 당시의 세상·직업·예능·문물 등을 열거하였다.
122 헤이안 시대에 성립한 일본의 전통예능이다. 노(能)는 에도 시대까지 사루가쿠라고 불렸으며, 교겐(狂言)과 함께 노가쿠(能樂)라고 총칭하게 된 것은 메이지 이후의 일이다.

력呪力이 강하다고 알려진 환희천이다. 환희천으로 안 된다면 남은 방법은 짐작할수 있다. 자신이 모시는 도소진道祖神[123], 즉 고조五條의 도소진(훗날의 고조텐진샤五條天神社)[124]과 도지東寺의 야차신당夜叉神堂에 공물과 고헤이를 바치고 천 개의 사원을 찾아다녔으나 효과가 없었다. 질투 때문에 늙은 아내의 눈은 독사와 같았으며, 그 분노한 모습은 마치 악귀 같았다고 한다.

신도사神道史 연구자 곤도 요시히로近藤喜博[125]는 이즈미 시키부의 기부네 신사 참배와, 귀신으로 변해서 원념을 푼 우지宇治의 하시히메橋姬[126] 사이에는 신앙구조가같다고 지적하고 있다(『日本の鬼』, 講談社). 그런데 이 늙은 아내와 시키부도 동일하다고 할 수 있다.

사거리나 경계에 세우는 도소진이 성애의 신이라는 사실은 잘 알려져 있다. 남녀가 나란히 서 있는 모습을 조각한 석상부터 포옹하고 있는 모습, 나아가서는 노골적으로 남근과 여음을 본 딴 상까지 있다. 일반적으로는 성의 힘=풍요의 힘으로 외부에서 침입해 오는 사령邪靈을 쫓아 보낸다고 여겨지고 있다. 그와 동시에 인연 맺기·인연 끊기의 신이기도 하였다. 그런데 이러한 역할을 야차도 담당하고 있었다. 교토京都에서는 도지 및 기요미즈데라淸水寺[127]의 야차신이 인연 맺기·인연 끊기의신으로서 지금도 널리 신앙되고 있다.

남녀화합의 소망, 그 대극에 있는 남녀의 인연 끊기, 그리고 그것이 더욱 과격하

---

123 집락의 경계나 마을 중심, 마을 안과 밖의 경계 및 교차로 등에 주로 석비 또는 석상의 형태로 모셔지는 신이다. 마을의 수호신, 자손번창, 근세에는 여행과 교통안전을 비는 신으로 신앙되었다.

124 교토 시 시모쿄 구(下京區)에 위치한 신사이다. 병 퇴치, 액막이, 농경과 의약의 신으로 신앙되고 있다. 사호(社號)인 '고조'는 신사 북측에 있는 마쓰바라(松原) 거리를 과거에 고조 거리라고 불렀던 데서 유래한다.

125 (1911~1977) 일본 민속학자이다. 그는 『일본의 오니(日本の鬼)』에서 '오니'의 본질을 자연 파괴적 에너지로 파악하는 한편, '오니'를 통해 일본의 풍토를 읽어내고 있다. 저서로는 『곤피라 신앙 연구(金毘羅信仰研究)』(1987), 『이나리 신앙(稻荷信仰)』(2000) 등이 있다.

126 교토 부(京都府) 우지가와(宇治川)의 우지바시(宇治橋)에서 모시는 귀녀 혹은 여신이다. 다양한 전승이 존재하지만, 주로 와타나베노 쓰나(渡邊綱)가 이치조모도리바시(一條戻橋)에서 우연히 만나 검으로 벤 '질투의 오니', 우지바시 옆의 하시히메 신사에 모셔져 있는 '다리를 지키는 신' 이 두 가지가 많이 알려져 있다.

127 교토 시 히가시야마 구(東山區)에 있는 절이다. 기요미즈데라의 동쪽에 있는 오쿠노인(奧ノ院)에는 야차 신당(夜叉神堂)이 있다. 야차신은 악연을 끊어주고 좋은 인연을 맺어주는 신으로서 신앙되어 왔다. 기요미즈데라의 야차신에 관한 자세한 내용은 고마쓰 가즈히코의 『일본 마계 안내(日本魔界案內)』를 참고하기 바란다.

게 변한 연적을 향한 저주─그러한 온갖 소원들. 특히 남성 중심사회 속에서 살아가는 여성의 사적 영역에서 생겨난 저주의 마음을 신에게 중개하는 역할로서 무녀가 존재했던 것은 아닐까. 하지만 앞에서도 서술했듯이 문헌 속에서는 그 모습이 너무나 어렴풋하여 역사의 어둠 속으로 흡수되어 버렸다.

신불神佛에게 억지로 '저주'를 떠맡기는 법

『신 사루가쿠키』에서 천 개의 사원 참배에 광분하는 늙은 아내의 이야기는 중세 사람들이 신불에 대해 품고 있던 이미지의 일면을 알 수 있는 힌트를 제공해준다. 일심一心으로 신불에게 기원해도 효험이 전혀 나타나지 않을 때에 사람들은 어떻게 했을까.

밀교의 수험자나 음양사에게 '터무니없을' 만큼의 사례를 지불할 능력이 없는 사람들의 경우이다. 지금으로 치자면 서민의 경우가 되겠다.

이런 경우에 사실은 신불까지도 저주하였다. 자신의 마음을 풀어주지 않는 신불의 무자비함을 원망하고, 그야말로 '신도 부처도 있을 턱이 있나.' 하며 신불을 내몰았다. 이는 앞서 소개했던 후지와라노 요리나가의 일기 『대기臺記』에 기록된 덴구의 눈에 못을 찔러 넣는 저주법이나, 성천(환희천)을 기름에 지지는 행위와도 연결된다.

13세기 중반 무렵에 실제로 일어났던 서민의 저주사건을 살펴보도록 하겠다. 교토 시조四條 히가시노토인東洞院에서 고리대금업을 하는 비구니 묘부쓰妙佛에게는 자식이 없었다. 그래서 데리고 있던 아이 못 낳는 노비를 양녀로 삼아 가문을 잇게 하려고 하였다.

그런데 양녀가 양모를 배신한 듯하여 묘부쓰는 양녀와 인연을 끊어버렸다. 이를 원망한 양녀는 원령을 모시던 가미고료 신사上御靈神社, 시모고료下御靈 신사, 그리고 저주신으로 명성 높은 기부네 신사, 이 세 곳에 '저주 못'을 박아 넣었다. 묘부쓰와 그 친구인 세이간西願은 병에 걸렸고, 세이간은 결국 죽었다. 두려움에 떨고 있던 묘부쓰에게 다른 친구가 양녀와의 의절을 취소하라고 충고했고, 묘부쓰는 이에 따랐다.

양녀는 가미고료 신사와 시모고료 신사에 박아 넣었던 '저주 못'을 뽑아서 강에 흘려보냈다. 하지만 기부네 신사는 거리가 멀어서 그랬는지, 못을 뽑으러 가지 않았기 때문에 며칠 후에 가혹하게도 묘부쓰가 죽었다고 한다.

이 아이 못 낳는 노비의 '저주 못'과 거의 동일한 성격을 지닌 저주 방법이 설경說經인『신토쿠마루信德丸』에도 묘사되어 있다.

신토쿠마루는 교토 기요미즈데라의 관음이 점지해준 아이(신불에게 기도한 덕분에 태어난 아이)로 태어났다. 일찍 어머니를 여읜 신토쿠마루는 친자식을 후계자로 삼으려는 계모에게 저주 당한다. 그것도 하필이면 계모가 기요미즈 관음에게 저주의 기원을 행한 탓에 기요미즈 관음의 점지로 태어난 신토쿠마루가 맹인이 되어버린다. 아무리 그렇더라도 기요미즈 관음은 자신이 내려준 아이를 자신이 저주한 것이므로 대단한 부처라 할 수 있다.

이처럼 중세 시대, 간에 붙었다 쓸개에 붙었다하는 신불의 모습은 현대인의 입장에서 보면 어처구니가 없을 수도 있다.『마쓰라 장자松浦長者』라는 중세의 이야기에서는 가스가 묘진이 자기 딸 대신 용신龍神(큰 뱀)의 산제물이 되어줄 처녀를 찾아달라고 부탁하는 사람과, 돈을 받고 몸을 팔아서라도 죽은 아버지의 공양을 하고 싶다고 기원하는 갸륵한 처녀 사이에서 태연하게 그 중개자 역할을 하기도 하였다. 이 시대의 신불은 '선악불이善惡不二', 즉 선도 악도 다른 것이 아니며, 사람들이 의뢰하면 아무튼 무엇이든지 들어주는 성격을 지니고 있었던 것 같다. 소원을 이루어주지 않으면 신불마저도 격렬하게 내몰리고 저주받는 시대였던 것이다.

그 좋은 사례가 실은 신토쿠마루 이야기였다. 신토쿠마루의 부친 노부요시信吉 장자長者는 전생의 악연 때문에 후손이 없는 것이라고 설명하는 기요미즈 관음을 다음과 같이 위협해서 아이를 점지 받았다. "매정한 부처여. 설령 부부 둘 다 과거의 인과가 나쁘다 하더라도 관음의 영험으로 자식을 내려주오. 정말로 자식을 내려주지 않는다면 여기에서 물러가지 않겠소. 당신의 배를 단숨에 십자로 베어 오장육부를 끄집어내서 신체神體에 걸쳐놓고, 아라히토가미荒人神(원령)라고 부르며 참배하고 떠나려는 사람들을 붙잡아서 복종시키겠소."

일설에 따르면 도요토미 히데요시豊臣秀吉에게 미움을 받아 할복으로 내몰렸던 센노리큐千利休[128]는 아랫배를 일자로 그어 장을 꺼내어 화로의 주전자걸이에 매단 후에 십자로 다시 그은 뒤에 "난 어쨌든 인과응보다. 아라히토가미가 될 것이라고 생각했으니."라는 절명시絶命詩를 남겼다고 한다.

이 또한 노부요시가 기요미즈 관음에게 저주의 말을 퍼부은 것과 마찬가지로 도요토미 히데요시를 향한 저주 행위라고 할 수 있지 않을까. 신불도 두려워하지 않는 죽음에 처했을 때의 퍼포먼스란 이러한 것이었다.

신불에게 못을 박아 넣는 것만으로도 '저주'가 발동한다

그렇다면 계모는 신토쿠마루를 어떻게 저주했던 것일까. 우선 기요미즈데라 언덕에 있는 대장간에 숙소를 잡고, 약 19센티미터 길이의 못을 하룻밤 사이에 최대한 많이 만들어 달라고 부탁하였다. 그리고 날이 밝자 기요미즈데라에 참배해서 '신토쿠마루의 목숨을 빼앗아 달라. 아니면 사람들이 싫어하는 병에 걸리게 해 달라'고 기원한 후, 관음상 앞에 서 있는 나무에 기요미즈 관음의 재일齋日인 18일에 맞추어 18개의 못을 박았다.

또 기요미즈데라 언덕을 내려가서 기온 신사祇園神社[129]에 참배하고, 마찬가지로 재일에 맞추어 신전의 격자문에 7개의 못을 박았다. 다음으로 고료御靈 신사에 8개,

---

128 (1522~1591) 일본 전국 시대부터 아즈치모모야마 시대(安土桃山時代)에 걸쳐서 활약한 상인이자 다인(茶人)이다. 와비차(わび茶)의 완성자로서 알려져 있어서 다성(茶聖)이라고도 칭해진다.
129 교토 시 히가시야마 구(東山區) 기온마치(祇園町)에 있는 야사카 신사(八坂神社)를 가리킨다. 1868년 신사와 절을 분리하는 '신불분리령'에 의해 '야사카 신사'라는 이름으로 바뀌게 되었지만, 그 이전에는 '기온 신사', '기온사' 등으로 불렸다.

일곱 개의 사당祠堂(미상)에 7개, 이마미야今宮 신사[130]에 14개, 기타노北野 신사[131]에 25개, 도지東寺의 야차신당에 21개, 이나바稻葉 신당[132]에 12개라는 식으로 잇달아 못을 박았다. 그리고 남은 못은 가모가와鴨川[133]와 가쓰라가와桂川[134]의 수신水神을 움직이게 하기 위해서 박았다. 그 못의 합계는 무려 136개에 달하였다.

필시 이 계모가 저주 기원을 하러 참배했던 사사寺社는 당시 교토에서 저주를 걸어주는 신불을 모신 곳으로서 사람들에게 널리 알려져 있었을 것이다.

계모는 마지막으로 다시 기요미즈데라로 돌아가서 미사키御前[135]에게 세 번 절하고 "부디 집에 도착하기 전에 저주가 성취되기를 바랍니다." 하고 기도한 순간, 이 못들이 신토쿠마루의 몸을 찌르고 그는 병으로 몸져눕게 되었다. 그렇지만 이야기의 결말에는 연인인 오토히메乙姬의 신심의 힘으로 못이 전부 빠지고 건강한 신토쿠마루로 돌아오면서 대단원을 맞이한다.

이 신토쿠마루에 대한 저주의 주법은 앞서 기술한 양녀의 저주법과 완전히 같은 성질을 지녔다. 소원을 이루기 위해서는 신불을 독촉하는 것도 서슴지 않는 격렬한 원념의 발로를 간파할 수 있다. 사람들은 이처럼 신불조차도 두려워하지 않는 인간의 원념을 두려워했던 것이다.

또한 다음의 사실도 명백해진다. 에도 서민들 사이에서 널리 행해졌던, 저주 인형에 다섯 치 짜리(약 15센티미터) 못을 박는 '우시노토키 마이리丑の時參り' 저주법이 성립한 것은 후대의 일이다. 음양사나 밀교 승려에게 의뢰할 재력이 없는 중세의

---

130 교토 시 기타 구(北區)에 있는 신사이다. 헤이안쿄에 역병이 유행하자 조정에서는 신전을 창건하여 역신(疫神)을 권청(勸請)하고 이마미야라고 불렀다.

131 교토 시 가미교 구(上京區)에 있는 신사이다. 기타노 텐진(北野天神), 기타노 텐만구(北野天滿宮)라고도 한다. 천신(天神) 신앙을 중심으로, 전국 각지에 권청(勸請)이 행해지고 있다. '학문의 신'으로 추앙받는 스가와라노 미치자네를 제신으로 모시고 있다.

132 교토 시 후시미 구(伏見區)에 있는 신사이다. 제신은 이나바 일족의 조상인 이나바 마사나리(稻葉正成)이다.

133 교토 시 중부를 흐르는 강이다. 후시미 구 부근에서 가쓰라가와(桂川)와 합류한다. 헤이안 시대 이후 근세 초기에 걸쳐 가모가와 강변에서는 죄인이 처형되기도 하였다.

134 교토 시 서부를 흐르는 강이다. 일찍이 관개용수로 개발되어 에도 시대에는 염색한 직물을 씻어내는 장소로 이용되기도 하였다.

135 주신(主神) 밑에서 일하는 작은 신을 뜻했지만, 후에는 민간신앙에서 사령(死靈)이나 원령(怨靈), 여우 등을 가리키는 말이 되었다.

서민이 스스로 행했던 저주는 '저주 못'을 절이나 신사에 박아 넣는 정도의 방법이 많았다.

추측컨대 이 신불도 두려워하지 않는 '저주 못'에 의한 저주법과 주금도·음양도에서 시작된 '인형 기도', 우지의 하시히메처럼 살아있는 상태에서 오니鬼로 변해 원념을 푸는 주법 등이 뒤섞여서 겐로쿠 시대元祿時代[136] 무렵에 우시노토키 마이리의 '정식定式'이 형성되어 갔을 것이다.

'우시노토키 마이리'의 작법, 그 첫 번째

이하에서는 이른바 '우시노토키 마이리'의 저주법을 살펴보도록 하겠다.

우선 이 저주법의 전형적인 방법부터 소개하고자 한다. 복장은 흰 옷을 입고, 머리는 산발한 채 얼굴에 하얀 분을 바르고 이는 검게 물들인 후 입술연지를 짙게 바른다. 머리에 철제 삼발이를 쓰고 삼발이의 다리 하나하나에 초를 꽂아 불을 붙인다. 가슴에 거울을 걸고 입에는 빗을 문다. 신발은 굽이 높은 나막신이다.

이어서 저주의 도구는 증오하는 상대를 본 딴 제웅, 제웅에 박아 넣을 다섯 치짜리의 못, 못을 박기 위한 쇠망치이다. 제웅에 성명과 연령을 써넣으면 효과가 한층 높아진다.

저주를 행하는 장소는 절이나 신사神社의 오래된 신목神木 가지이다. 신불이 습합하고 있던 시대는 절에서도 행해졌지만, 신불이 분리된 메이지明治 이후에는 주로 신사를 저주의 장소로 골랐다.

저주를 이루기 위해서는 저주 행위만으로는 충분하지 않았다. 절·신사의 부처와 신에게 저주가 성취되기를 기원할 필요가 있었기 때문이다. 원래 우시노토키 마

---

136 에도 막부의 5대 쇼군 도쿠가와 쓰나요시(德川綱吉)가 다스린 시기(1688~1704)를 가리킨다. 유교적 덕치주의를 지향하는 문치 정치가 전개되고 조닌(町人)이라는 상인층이 대두하며 사회는 활기를 띠었고 교토를 중심으로 독특한 문화가 탄생하였다.

이리는 어떤 특정한 일을 기원하기 위한 센자마이리千社參り[137]나 햐쿠도마이리百度參り[138]의 변형이며, 그것이 이윽고 저주를 전문으로 하는 참배로 한정된 것이다.

절·신사에서 저주 성취의 기원과 저주 행위를 행하기 위해 집에서 나서는 시각은 축시丑時(오전 한시)부터 인시寅時(오전 세시)까지의 두 시간이다.

이러한 작법에 따라 다른 사람에게 들키지 않고 칠일 간 우시노토키 마이리를 행하면 칠일 째 만원滿願의 밤, 참배를 끝내고 돌아오는 길목에 커다란 검은 소가—축시이기 때문일 것이다—엎드려 있다. 이 검은 소를 무서워하지 않고 타고 넘어가면 저주가 완전히 성취된다고 한다.

오늘날에도 때때로 잡지나 TV 등에서 삽화나 실연實演이 등장하는 이 '우시노토키 마이리'의 원형이 된 것이 앞에서 소개했던 '우지의 하시히메' 전설에서 볼 수 있는 저주법이다. 즉 오니로 변해서 연적을 주살하려고 했던 하시히메의 '오니가 되기 위한 주법'이다.

그러나 이것은 어디까지나 원형이며, 지금까지 살펴본 후대의 '우시노토키 마이리'의 주법과 완전히 일치하지는 않는다. 그중에서도 가장 큰 차이는 하시히메의 기부네 신사 참배는 오니로 변신하기 위한 것이었지만, 우시노토키 마이리는 그렇지 않다는 점이다.

그럼 다시 한 번 하시히메의 오니가 되는 방법을 상기해 보도록 하자. 하시히메는 기부네 신사에 칠일 간 칩거한다. 이는 우시노토키 마이리가 칠일 간 이루어지는 것과 일단 대응하고 있다. 그러나 만원의 날에 기부네 묘진貴船明神이 우지가와宇治川의 여울에서 정진결재精進潔齋하라는 탁선을 내리는 데 비해, 우시노토키 마이리에는 이와 상응하는 것이 없다. 구태여 말하자면 흰 옷을 입는 것이 정진결재법의 잔영일지도 모른다.

하시히메는 머리카락을 다섯 갈래로 나누어서 오니의 뿔처럼 만든 다음, 얼굴에

---

137 수많은 신사나 사원을 순례하며 걷는 풍습으로, 에도 시대에 유행하였다. 센자모데(千社詣で)라고도 한다.
138 소원을 빌기 위하여 신사나 사원의 경내에서 일정 거리를 백 번 왕복하면서 그 때마다 예배를 올리는 것이다.

는 주홍색 안료를 칠하고 몸에는 붉은색 흙을 발랐다. 이것도 우시노토키 마이리와는 다른 작법이다. 일본문학 연구자인 후카자와 도루深澤徹[139]에 따르면 '붉은색'은 범죄자를 나타내는 색이며(전전戰前까지 죄수복은 붉은색이었다), 지옥의 염라대왕의 옷도 붉은색, 이승의 염라라고도 할 수 있는 게비이시초檢非違使廳[140]의 가도노오사看督長[141]의 옷도 붉은색이었다고 한다(「<赤>のコスモロジー (上)(下)」『月刊百科』1985年 5月號, 6月號). 법을 어긴 범죄자를 붙잡기 위해서는 법을 어기는 일도 허용되고 있던 자, 그리고 오니들의 통치자—즉 '붉은색'은 '일탈'을 상징하는 색이었던 것이다.

또한 특징적인 것은 하시히메의 저주에서 제웅이나 못을 볼 수 없다는 점이다. 게다가 칠일 간 신전에 은거하고 있었기 때문에 축시에 참배한 것도 아니다. 하시히메 전설이 후세의 '우시노토키 마이리' 주법의 원형 중 하나라는 사실은 변하지 않지만, '우시노토키 마이리'의 기본 요소인 축시에 행하지 않는 점과 저주용 제웅이 빠져있다는 점에서 결정적으로 차이가 있다. 저주 인형과 우시노토키 마이리의 원형은 하시히메 전설과는 다른 곳에서 찾아야만 한다.

그래서 떠오르는 것이 음양사가 저주할 때에 적으로 삼았던 인형이다. 나라 시대에 주금도의 '염매'로서 유포되던 것이 민간 차원에서는 음양사의 인형 기도와 관계를 맺었고, 그것이 우시노토키 마이리의 주법으로 파고들었다고 생각된다.

그리고 또 한 가지 잊지 말아야 할 부분이 있다. 앞서 기술했던 절 내지는 신사의 신목과 신전, 혹은 신상과 불상에도 못을 박아 넣어 신불에게 고통을 주면서까지 저주의 성취를 이루고자 하는 '저주 못'에 의한 저주법이다. 이 저주법이 '우시노토키 마이리'라는 저주법의 성립에 강한 영향을 끼쳤던 것이다.

---

139 (1953~) 가나가와 대학(神奈川大學) 교수이다. 전공은 헤이안 시대 원정기의 문학이다. 저서로는 『도시공간의 문학; 후지와라노 아키히라와 스가와라노 다카스에노 무스메(都市空間の文学;藤原明衡と菅原孝漂女)』, 『중세신화의 연단술; 오에노 마사후사와 그 시대(中世神話の煉丹術;大江國房とその時代)』 등이 있다.
140 헤이안 시대 초기에 범죄를 감찰하기 위하여 설치한 관청이다. 현재의 검찰·재판·경찰 업무를 겸하였다.
141 게비이시초(檢非違使廳)의 하급직원이다. 감옥의 간수가 본래의 직무였으나, 후에는 죄인을 체포하는 일이 주요 업무가 되었다.

'우시노토키 마이리'의 작법, 그 두 번째

이어서 왜 축시에 이루어졌는지를 고찰해보도록 하겠다. 누가 생각해도 대낮에 당당히 저주 인형에 못을 박아 넣거나 하는 행동은 논의가 되겠지만, 단순히 야음을 틈타면 된다는 말도 아니다.

앞서 서술했던 하시히메 전설에서 소재를 딴 요쿄쿠謠曲[142]「가나와鐵輪」에서는 우시노토키 마이리를 하러 온 여성에게 기부네 신사의 사람이 오니가 되는 방법을 다음과 같이 가르쳐주고 있다. "당신은 수도에서 우시노토키 마이리를 하러 오신 분이시오? 몸에 붉은 옷을 걸치고 얼굴에는 붉은 유약을 칠하며, 머리에는 쇠고

도리야마 세키엔鳥山石燕『금석화도속백귀今昔畵圖續百鬼』에 그려진 '우시노토키 마이리' (도호쿠 대학東北大學 부속도서관 소장)

리를 얹어서 그 쇠고리의 세 다리에 촛불을 꽂은 후에 성난 마음을 지니면 그 즉시 오니가 될 것이오."

또한 무로마치 시대室町時代에 제작했다는 두루마리 그림이나 그림책으로도 널리 유포된 『구마노 본지熊野の本地』라는 이야기에는 다음과 같이 설명되어 있다.

인도 마가타국摩訶陀國의 선재왕善財王에게는 천 명의 비빈이 있었다. 그중 오쇠전五衰殿에 사는 선법善法은 차츰 왕의 총애를 한 몸에 받게 되고, 이를 질투한 999명

---

[142] 일본의 전통예능인 노가쿠(能樂)의 대사와 그 음악을 뜻한다. 그 내용은 고전(古典)이나 전설 등을 각색한 것이다. 현재 약 250곡 정도가 전해지고 있다.

의 비빈들이 꾸민 다양한 음모에 휘말려서 마침내는 죽음으로 내몰리게 된다. 그 음모 중 한 가지로 구백구십 명의 비빈들이 직접 행한 저주가 있었다.

그녀들은 7척(2미터) 정도 되는 깃발을 들고서 땅을 치고 하늘을 두드리는 시늉을 하고 침을 뱉으면서 산신호법山神護法, 수신水神, 바다의 용왕 등에게 부탁하며 일곱 날 일곱 밤 저주를 계속하였다. 이것은 이자나기류의 '스소すそ의 제문' 중에서 제바왕提婆王의 왕비가 직접 행했던 저주법과도 거의 일치한다. 그러나 비빈들의 저주는 전혀 효과가 없었다.

그래서 999명의 비빈들은 신장이 7척 정도 되는 키가 큰 여자를 한 명당 10명, 합계 9,990명을 준비해서 '얼굴에는 숯을 칠하고 몸에는 붉은 옷을 걸치고서 머리에는 쇠고리를 쓴 다음, 쇠고리의 세 다리에 촛불을 밝히고 축시에 오쇠전으로 쳐들어가라'고 명령하였다. 9,990명의 여자들과 오니가 대거 오쇠전을 덮치는 퍼포먼스를 연출했던 것이다.

이 이야기에 따르면 사람이 오니로 변신하기도 하고, 오니가 출현하는 시각은 축시라고 여겨지고 있었던 것이다. 축인丑寅을 '귀문鬼門', 즉 오니가 침입하는 방위로 생각했던 음양도의 사고방식이 그 배경에 있었음은 말할 필요도 없다. 이 부분이 후세의 '우시노토키 마이리'에서는 잊혀졌다.

'우시노토키 마이리'의 작법, 그 세 번째

에도 겐로쿠 시대元祿時代[143] 무사의 일상생활을 묘사한 고사카 지로神坂次郎[144]의 『겐

---

[143] 국내외의 평화와 안정을 배경으로 17세기 후반 무렵 일본에서는 5대 쇼군 쓰나요시(綱吉)의 정권이 성립하였다. 홋타 마사토시(堀田正俊)와 야나기사와 요시야스(柳澤吉保)를 중용하여 문치 정치를 실행했던 이 시기를 겐로쿠 시대라고 한다.

[144] (1927~) 소설가이다. 대표작 중 하나인 『겐로쿠 다타미 봉행 일기』는 아사히 분자에몬(朝日文左衛門, 1673~1718)이 약 26년간에 걸쳐 쓴 일기를 바탕으로 당시 무사들의 의식주, 놀이, 동료 및 가족관계 등을 재미있게 그려낸 작품이다. 저서로는 『소설 마쓰시타』, 『바다의 가야금』 등이 있다.

로쿠 다타미 봉행 일기元禄御疊奉行の日記』에도 우시노토키 마이리가 기재되어 있다.

겐로쿠 10년(1697) 4월 7일 밤, 오와리尾張¹⁴⁵ 지방의 아쓰타텐노지熱田天王寺¹⁴⁶ 미나미 신궁南新宮¹⁴⁷의 은행나무 아래에 아름다운 지리멘縮緬¹⁴⁸ 기모노着物를 입은 여자 인형에 여덟 치(24센티미터) 정도 되는 못이 일곱 개 박혀있었다. 이 인형이 발견된 후에 와타나베渡邊 모 씨의 아내가 사망하였다. 예전에 와타나베가 아꼈던 여자가 저주했기 때문이라는 소문이 떠돌아서 여자를 체포해 투옥시켰다고 한다.

또한 이 사건이 일어난 지 십삼 년 후인 호에이寶永 7년(1710) 6월에 다음과 같은 저주사건도 기록되어 있다. 기쿄야 한에몬桔梗屋半右衛門이라는 남자는 아내가 있는데도 젊은 처녀와 깊은 관계가 되어 아내를 쫓아내고 함께 살기로 약속하였다. 하지만 아무리 기다려도 남자가 실행에 옮기지 않았기 때문에 이를 원망한 처녀는 자살을 시도했고 미수에 그쳤다. 이 사건 이후, 남자는 처녀를 점점 더 깊이 사랑하게 돼서 아내와 이혼하고 후처로 맞아들였다. 전처는 광분하여 "이마에 작은 거울을 붙이고, 머리에는 동물의 내장을 얹고서 우시노토키 마이리를 하였다. 칠일 째가 되자 그 효험이 나타나서 후처가 미쳐 날뛰는" 무서운 사태가 일어났다고 한다.

이 같은 '우시노토키 마이리'의 저주법은 지금까지 살펴본 것과는 꽤 다른 양상을 띠고 있다. 이 외에도 에도 시대의 여러 서적에 여성의 저주사건이 기술되어 있는데, 그 대부분은 일정한 저주법에 따른 것이 아니었다. 어느 정도 공통성을 지니고는 있지만 매우 다양하였다.

이것이 에도 시대 후기가 되면, 필시 현대 매뉴얼 문화의 선구라고도 할 수 있는 에도 정보산업의 발달에 따라 우시노토키 마이리의 정번定番·정식定式이 형성되어

---

145 지금의 아이치 현(愛知縣)의 옛 지명이다. 비슈(尾州)라고도 하였다.
146 아이치 현 나고야 시(名古屋市) 아쓰타(熱田) 구에 있는 아쓰타 신궁(熱田神宮)이다. 스사노오노미코토(素盞嗚尊)에게 퇴치당한 야마타노오로치(八岐大蛇)의 꼬리에서 생겨난 신검(神劍) '구사나기노쓰루기(草薙劍)'를 신체(神體)로 삼아 깃든다고 여겨지는 아쓰타노오카미(熱田大神)를 제신(祭神)으로 모시고 있다.
147 아쓰타 신궁의 섭사(攝社)이다. 스사노오노미코토를 제신으로 삼고 있으며, 매년 6월 5일에 미나미 신궁제(南新宮社祭)를 올린다.
148 쪼글쪼글한 주름이 있는 비단이다. 주로 고급 기모노(着物)나 보자기 등을 만들 때 사용된다.

갔다고 생각된다.

만약 사랑의 원한 때문에 상대방이 전화를 받으면 아무 말도 하지 않고 끊어 버리는 정도로는 기분이 풀리지 않아 '우시노토키 마이리'를 해서라도 원한을 풀고 싶어 하는 현대 여성이 있다면, 에도 후기에 형식화 된 저주법에 특별히 구애받을 필요는 없다. 일본의 '근대'가 준비된 시기는 에도 시대이며 포스트 모던post modern이 프리 모던pre modern과 연결된다는 사고방식에 입각하면, 지금까지 소개한 에도 시대 이전의 다양한 방식을 통해 연적을 저주하면 된다. 명품을 좋아하는 사람이라면 하시히메 식이나 가나와 식이 좋을지도 모르지만, 손쉽게 살 수 있는 상품을 좋아하는 사람이라면 못과 쇠망치를 준비한 다음 한밤중에 신사에 가서 사람 눈에 띄지 않는 신전 근처의 나무에 못을 박아 넣으면 된다.

단, 이때 잊지 말고 신사의 신에게 저주 기원을 해야 한다. 다른 곳이 아닌 신사에서 저주 행위를 하는 의미는 여기에 있기 때문이다. 덧붙여 말하면 어떤 신이나 부처라도 기원만 하면 효과가 그 즉시 나타나는 저주를 행해주는 것은 아니라는 사실도 잊지 말아야 한다.

부동명왕과 아미타여래阿彌陀如來를 비교해 본다면 부동명왕이 더 나으며, 대일여래보다는 야차신이 당연히 더 낫다. 또는 원령으로 모셔진 스가와라노 미치자네菅原道眞나 다이라노 마사카도平將門와 연고가 있는 신사가 더 적절할지도 모르겠다. 교토에는 기부네 신사나 우지의 하시히메를 모시는 하시히메다이묘橋姬大明 신사도 있다. 어쨌든 저주 효과를 높이기 위해서는 주험呪驗이 있는 신이나 부처를 제대로 조사할 필요가 있다.

그렇다 하더라도 선악의 분별을 잊고, 깊은 밤에 제웅 너머로 적이 불행에 빠지는 모습을 환시하면서 오로지 못을 박는 데에 열중하는 여성의 모습은 귀기鬼氣 서린 면이 있다. '우시노토키 마이리'는 그러한 인간의 무서움과 슬픔을 우리에게 호소하는 것이다.

저주를
푸는 방법
—

저주를 푸는 방법

TV 드라마 〈미토코몬水戸黄門〉의 마지막 장면

위로는 지배자·권력자에서부터 아래로는 서민에 이르기까지 '저주'에 문자 그대로 주박呪縛되어 왔던 일본문화의 역사를 살펴보았다. 이 과정에서 어렴풋하게나마 알게 된 사실은 '저주'가 그저 단순히 누군가를 미워하는 인간이 그 원념을 풀기 위해 주술에 호소하는 행위라고 하기에는 도저히 정의되지 않는 복잡한 사회관계와 권력관계 및 신앙체계로 구성되어 있다는 점이다.

그래서 다음으로 일본문화, 그리고 일본인이 계속 지녀온 '저주'를 포함한 세계인식 방법, 특히 인간에게 닥치는 재액의 원인을 어떻게 생각하고 그것에 어떻게 대처해 왔는지를 생각해 보기로 하겠다.

그 첫 번째 문을 여는 열쇠가 '원한을 푼다'는 말 속에 내재되어 있다. '원한을 푼다'는 것은 말할 것도 없이 마음속에 있는 원한을 없앤다는 뜻이다.

그리고 이 '푼다'는 뜻의 일본어 '하라스晴らす'는 날씨가 쾌청함을 의미하는 '하레晴れ'와 관계가 있다는 것도 분명하다. 우리는 마음이 바람직한 상태에 있는 것을

'고코로가 하레바레 시테이루心が晴れ晴れしている'라고 표현한다. 또 외출복을 뜻하는 '하레기晴れ着', 영광스러운 자리라는 뜻의 '하레노 부타이晴れの舞臺'[1], 쾌청한 날이라는 뜻의 '하레노히晴れの日' 등과 같이 평소와 다른 특별한 상황을 '하레'라 칭하기도 한다.

이 때 사람들 마음속 상태는 매우 청정하고 쾌적한 상태이며, 그 때문에 숙원의 적을 해치웠을 때라든가 많은 관중 앞에서 큰 규모의 연극을 멋지게 해냈을 때, 혹은 노벨상을 수상했을 때, 사람들은 '장하다'는 뜻으로 '앗파레天晴れ'라며 칭송하는 것이다.

종종 사극에서 대단원의 막을 내릴 때, 갖은 고난을 극복한 주인공이 쾌청한 하늘 아래에서 떠나가는 장면이 등장한다. TV 드라마 〈미토코몬水戶黃門〉[2]의 마지막 장면도 항상 그러하였다. 촬영일이 때마침 쾌청했다는 말이 아니라 착한 등장인물들의 마음과 사람들이 사는 사회까지도 '하레'의 상태가 되어 있음을 상징적으로 표현하고 있는 것이다.

사람의 마음이나 사회 상태도 날씨와 마찬가지여서 항상 '쾌청'하다고 할 수는 없다. '하레' 날씨의 대극에 있는 것은 하늘이 전부 구름으로 뒤덮인 '구모리曇り', 즉 '흐림' 상태이다. 고대나 중세에는 '담曇'이라는 한자 외에 '음陰'이라는 글자를 적용하기도 하였다. 태양이나 달이 그늘져 있다는 말로, '흐림'보다 의미하는 바가 명확하다고 할 수 있다.

'비'나 '눈'은 '흐림'의 변형이라고 생각하면 된다. 그 중에서도 최악의 '흐림'은 한낮인데도 불구하고 두터운 먹구름이 하늘을 뒤덮어서 마치 한밤중 같고, 격심한 천둥과 번개가 치며 장대 같은 비가 쏟아지는 상태이다. 요괴들은 이런 날씨에 출현한다고 한다.

---

1 사람들 앞에서 무언가를 하는 중요하고 화려한 장소 및 장면을 의미한다.
2 에도 시대를 배경으로 하는 사극 드라마이다. 1969년에 방영을 시작하여 2011년에 종영하였다. 기본적인 줄거리는 미토 번(水戶潘)의 번주(潘主)인 미토 미쓰쿠니(水戶光圀)가 전국을 유랑하며 악행을 벌한다는 것이다.

이 '흐림'이라는 말 또한 '마음이 흐리다', '표정이 곧잘 흐려진다'라고 하는 것처럼 사람의 마음 상태를 나타내는 표현으로 사용된다. 마음속 '흐림'의 궁극적인 상태에서는 마음이 녹초가 되어 몹시 부정해져서 살아갈 활력을 거의 잃고, 마음의 '어둠' 속으로부터 요괴가 출현하여 마음을 지배한다. 흔히 말하는 '달은 밝아도 마음은 어둡다'는 상태이다.

원념, 즉 '저주하는 마음'이 생겨나는 것은 이러한 심적 상태일 때이며, 우리가 지금까지 살펴본 각종 '저주 행위'는 이 마음의 '어둠'='흐림'을 마음의 '하레'로 바꾸기 위한 극단적인 정화방법이다.

즉 '저주'가 성취되면 원한은 풀리고, 마음도 '하레' 상태로 된다는 뜻이다. 이자나기류いざなぎ流의 '스소의 제문呪咀の祭文'은 다른 말로 '흐림의 제문曇りの祭文'이라고도 한다. 지금까지 서술한 내용을 고려하면 납득이 가는 적절한 표현이다.

'저주'가 '게가레ヶガレ'를 발생시킨다

이러한 마음의 '쾌청'과 '흐림'의 대비 및 그 양자가 서로 관련된 역학 관계를 이해하기 위해 민속학에서는 '하레ハレ', '게가레ヶガレ', '게ヶ'라는 삼항대립 개념을 설정해 왔다. 나도 이에 따라 앞으로의 논의를 진행해 가고자 한다.

'하레'란 드물게 마음이 '쾌청'한 상태이고, '게가레'는 역시 드물게 마음이 어둠처럼 '흐린' 상태이다. 이에 비해 '게'는 '하레'와 '게가레'가 섞여서 완전한 '하레'라고도 '흐림'이라고도 말하기 어려운 상태이다. 날씨는 물론 사람 마음도 대부분 이와 같은 상태에 놓여 있다. 바꿔 말하면 기분 좋은 긍정적 비일상이 '하레'이며, 부정적 비일상이 '게가레', 그리고 일상이 '게'라는 셈이다.

중요한 것은 마음의 '흐림'인 '게가레'를 만들어내는 원인이 무엇인가라는 점이다. 그것은 사람의 '외부'에서 찾아온다. 마음뿐만이 아니다. 신체의 게가레, 사회적 집단의 게가레, 특정 공간의 게가레 등 각종 '게가레'의 원인은 '외부'에서 침입한 사악한 것 때문에 발생한다. 그렇다면 그것은 무엇일까.

이것이 간단하지가 않다. 인류학적으로 보면 '게가레'의 원인은 각각의 문화가 규정하고 있을 뿐이지, 인류 보편적으로 규정되어 있는 것은 아니기 때문이다. 예를 들면 쌍둥이가 태어났을 때, 이를 풍요와 다산의 징조로 보고 기뻐하며 축하를 하는 사회가 있는가 하면, 한편으로는 불길한 징조로 보고 두려워하며 방치하면 위험해진다고 생각하여 정화 의례를 행하는 사회도 있다.

또 동일한 문화라도 시대에 따라 그 내용은 변화한다. 옛날 일본의 여성은 월경의 피 때문에 남성과 비교하여 '게가레'한 존재라고 간주되었지만, 현대에 그런 말을 하는 사람은 없다.

그리고 특정 사항이 어떠한 콘텍스트(상황, 문맥)에서도 '게가레'의 원인으로 간주되는 것은 아니다. 예를 들면 옷에 묻은 분뇨는 옷 또는 그것을 입고 있는 사람 입장에서는 '게가레'이지만, 밭에 뿌려진 분뇨가 '게가레'라고 여겨지는 것은 아니다. 화재에서의 불은 '게가레'로 여겨지지만, 아궁이나 화로의 불은 '게가레'가 아니며, 히마쓰리火祭[3]에서의 불은 확실히 성스러운 불이다.

콘텍스트를 고려하지 않고 '게가레'의 원인을 거론하기란 어렵지만, 일본에서 '게가레' 상태를 야기한다고 생각되었던 것에는 크게 나누어 두 가지가 있다.

하나는 눈에 보이는 물리적인 사항으로, 보거나 만지거나 입에 넣거나 냄새를 맡거나 하면 사람을 위험한 상태 또는 바람직하지 않은 상태로 만든다고 생각되는 것들이다. 요컨대 감염되는 것으로, 사체나 피, 부패물 등이 이에 해당한다고 간주되었다. 이와 같은 사항 중에는 단순히 각 문화가 만들어낸 것뿐만이 아니라, '과학적' 근거가 있는 것도 포함되어 있다.

또 하나는 신비한 힘이나 영靈이다. 이른바 '사기邪氣'라든가 '악령' 등으로 불리는 것들이 이에 해당한다.

---

3 불을 피워 신령·선조·조령·정령을 맞이한 다음 건강과 풍작을 기원하거나 악령을 물리치고 공양을 베푸는 마쓰리(祭)이다. 아키타 현(秋田縣)의 간토(竿燈), 아오모리 현(靑森縣)의 네부타 마쓰리(ねぶた祭) 등이 있다.

이 '게가레'의 원인이 되는 물리적인 것들과 신비한 것들이 엄격하게 구별되는 것은 아니다. 사체에서 사기가 나온다고 곧잘 말하듯이 불가분한 관계에 있는 경우도 많다. '고독蠱毒'의 독 중에는 과학적으로 아무런 효과가 없는 것도 있었던 듯하며, 독버섯을 먹이는 경우도 있었을지 모른다.

그리고 사람을 '게가레' 상태로 만드는 원인 중 하나로, 그것도 가장 무서운 원인은 '저주', 즉 산 자나 죽은 자의 원념 혹은 신이나 요괴의 원념이 있었다.

눈에 보이는 원인이라면 눈에 띄지 않는 곳에 버린다든가 해서 처리할 수도 있지만, 눈에 보이지 않는 '저주'는 그리 간단히 처리할 수 없다. 그렇기 때문에 공포의 대상이 되었다. 이 '게가레'가 사람의 마음이나 신체 혹은 집이나 사회집단 속에 침입해 옴으로써 '게가레'='흐림' 상태가 되어 여러 가지 장해가 발생하게 된다.

덧붙이자면 인간의 마음이나 신체, 그리고 사회 내부에 침입해 온 '게가레'를 발생시키는 것으로서 인간에게 조종당하거나 혹은 스스로의 의지로 들어오는 사악한 동물령도 있었다. 앞 장에서 살펴본 이누가미犬神나 여우 신, 뱀 신, 고양이 신 등이 그것이다.

특히 에도 시대江戸時代의 서민들 사이에서는 이나리 신앙稲荷信仰=호령 신앙狐靈信仰이 성행하여 원인을 알기 어려운 병에 걸리면 곧바로 '여우에게 씌었다'고 생각하여 민속종교인에게 빙의령을 떨쳐내는 기도를 올리게 하였다. 이 신앙의 전통은 오늘날에도 존속되고 있다. 때때로 악령 빙의 신앙이 발단이 된 살인사건이 센세이셔널하게 보도되는 일이 있다. 악령 때문에 생긴 인간의 '게가레'를 없애는 극단적인 방법으로 살인까지 저지르는 것이다.

'게가레'는 '외부'에서 침입한다

그렇다면 이처럼 사람이나 사회가 바람직하지 않은 '게가레' 상태에 이르지 않도록 하기 위해서는 어떻게 해야 좋을까. 또 만약 '게가레' 상태가 되었을 때는 어떻게 하면 좋을까.

그 때에는 인류학에서 말하는 '정화' 의례를 행해야만 한다.

예로부터 전해지는 일본어로 하자면 '하라이祓ぃ'나 '기요메淸め'이다. 즉 '외부'에서 침입해 온 '게가레'의 원인을 원래의 '외부'로 쫓아내서 '하레'의 청정한 상태로 만들고자 하는 것이다. 이 '하라이'는 어원적으로 돈을 지불한다는 뜻의 '하라이拂ぃ'나, 원한을 푼다는 뜻의 '하레晴れ'와 동일하다고 생각되고 있다. 즉 '하라이祓ぃ'는 '하라이晴らぃ' 또는 '하라이拂ぃ'이기도 한 것이다. 축문祝文에서 말하는 "없어져라, 깨끗해져라."이다.

그렇다면 사악한 것이 존재하는 '외부'란 어떤 영역인가. 그것은 인간의 지식 및 기술로 통제하지 못하는 미지未知의 영역, 바꿔 말하면 '카오스'의 영역을 말한다. 인류학적으로 말하자면 '자연'이다. 이에 비해 '내부'는 질서 잡힌 기지旣知의 영역, '문화(노모스)'의 영역이라는 셈이 된다.

요컨대 일본인이 곧잘 말하는 '우치ウチ'와 '소토ソト' 중 '소토'가 여기서 말하는 '외부'에 해당한다. 우치/소토의 관계가 마을의 안과 밖, 집 안과 밖, 나라의 안과 밖 등 다양한 형태를 취하는 것처럼 '내부'와 '외부'의 대립도 다양한 차원에서 존재한다.

'내부'와 '외부'가 만나는 곳에는 당연히 경계가 존재한다. 구체적으로 말하자면 집의 입구라든가 문, 고개, 강, 바닷가, 마을 외곽, 국경 등이 경계로 간주되는 경우가 많다.

'결계結界'라는 말이 있다. 주술로 경계, 즉 '외부'와 '내부'를 만들고 그 내부를 지키고자 하는 주술적 방벽을 말한다. 금줄은 그러한 것 중 하나이다. 지키기 위해서는 에워싸여 있어야만 한다. 한 곳이라도 외부로 연결되는 통로가 있으면 결계는 성립하지 않는다.

즉 '내부'란 닫혀 있는 영역이다. 예를 들면 종이 위에 어떤 형태로든 선을 그어가서 다시 시작점으로 돌아왔을 때에 생기는 안쪽이 '내부'이며, 그 반대의 열린 영역이 '외부'라고 이해해도 될 것이다.

집 정도 넓이의 '내부'라면 주위에 금줄을 단단하게 둘러칠 수 있다. 그러나 마을과 같이 규모가 큰 '내부'라면 그것은 불가능하다. 그러므로 마을 입구 등에 결계 표시를 해두고 관념상으로 닫힌 공간임을 인식한다.

'게가레'(카오스)를 정화하는 의례에는 두 가지 유형이 있다. 하나는 '게가레'의 발현을 미연에 방지하려는 의례로, 예방주사 같은 것이다.

이것은 아직 '게가레' 상태가 되지 않은 '게'의 상태에 있는 사람이 신체나 집, 집단 속에 계속 쌓여가는 '게가레'의 근원을 '게가레'가 되기 전에 떨쳐내서 외부로 추방하려는 행위이다. 세쓰분節分⁴ 때의 콩 뿌리기나 연말의 대청소, 운전자의 교통사고 방지를 위한 불제祓除, 액년厄年을 극복하기 위한 액막이 불제 등이 이에 해당한다.

다른 하나는 이미 '게가레' 상태가 되었을 때의 정화 의례로, 대증 요법이라고 할수 있다. 이 경우도 기본적으로는 전자와 마찬가지로 '게가레'=재액災厄의 원인이되는 사악한 것을 '외부'로 쫓아냄으로써 재액을 없애려는 의례이다. 이자나기류いざなぎ流의 다유太夫가 행하는 병 치료나 부자가 몰락했을 때에 가난뱅이 신貧乏神⁵을 쫓아내기 위해 행하는 의례 등이 이에 해당한다.

『마쿠라노소시枕草子』⁶에서 세이 쇼나곤淸少納言⁷은 '마음에 드는 것', 즉 마음이 상

---

4 계절이 바뀌는 때, 즉 입춘·입하·입추·입동의 전날을 가리켰으나 요즘은 입춘전날을 말한다. 세쓰분 행사로는 집안의 잡귀를 집밖으로 몰아내기 위해서 '오니는 밖으로 복은 안으로(鬼は外 福は内)' 라고 외치며 콩을 뿌리는 행사가 유명하다.

5 집에 들러붙어 그 집을 몰락하게 만드는 신이다. 유통경제 발달과 함께 근세 이후에 생겨난 도시적 속신으로, 행색이 초라하게 묘사되는 경향이 있다. 오사카(大阪) 선착장의 상인들은 가난뱅이 신을 쫓아내기 위해 매월 말에 가난뱅이 신이 구운 된장을 좋아한다는 속설과 관련이 있는 의례를 행하였다. 먼저 구운 된장을 둥글납작하게 만들어서 이것을 들고 집집마다 돌아다닌 후, 두 개로 쪼개면 냄새에 이끌려 집을 나온 가난뱅이 신을 구운 된장 속에 가둘 수 있다고 한다. 이 구운 된장을 그대로 강물에 흘려보낸 다음, 의례를 행한 사람도 몸에 밴 된장 냄새를 제거하고서 집으로 돌아간다.

6 헤이안 시대 중기의 작품이며, 일본 최초의 수필 문학이다. 사물에 대한 인상, 자연이나 일상생활에 관한 감상, 궁정사회에 대한 회상 등의 내용으로 구성되어 있다.

7 (966?~1025?) 헤이안 시대의 작가이자 가인(歌人)이다. '세이'는 부친 기요하라노 모토스케(淸原元輔)의 성 기요하라(淸原)에서 앞 글자를 딴 것이고, '쇼나곤'은 친척 중에 칙령 하달 등의 업무를 담당하던 쇼나곤 벼슬을 지낸 사람이 있던 데서 유래하였다. 남편과 사별 후, 이치조 천황(一條天皇, 980~1011, 재위 986~1011)의 중궁(中宮) 데이시(貞子)의 곁에서 시중을 든 적이 있다.

쾌하여 기분이 좋은 것 중의 하나로서 '말을 잘 하는 음양사로 하여금 강변에 나가서 저주呪詛를 풀었던' 일을 언급하고 있다.

여기에서 말하는 '저주'란 이자나기류적인 '스소すそ'에 가까운 것으로, 발현하여 재액을 형성하고 있는 '게가레'라기보다는 앞에서 언급한 것처럼 아직 발현되지 않은 '저주'를 포함한 '게가레', 즉 산 자나 죽은 자의 원념에서 발생한 '사기邪氣'를 뜻한다. 이 '사기'를 음양사가 불제해 주었기 때문에 세이 쇼나곤은 '마음이 상쾌해졌다.'고 말하고 있는 것이다.

사람이나 사회에서 바람직하지 않은 방향으로의 상태 변화는 외부의 어떤 요인 때문에 생기며, 바람직한 방향으로의 변화는 주로 자신들이 주최하는 의례로 인해 생겨난다고 생각되었다.

주금사呪禁師, 음양사, 밀교 승려, 무녀, 신관 등과 같은 존재는 그러한 정화 의례의 전문가로서 넓은 의미에서의 '스소 불제'라는 역할을 담당하고 있었다.

'게가레'를 추대해서 선반 위에 올린다

일본에는 이미 재액을 끼치고 있는 '게가레'를 없애는 방법으로 두 가지가 있었다. 하나는 '추대'라는 방법으로, '게가레'의 근원이 되고 있는 것을 말 그대로 억지로 높은 지위에 앉히고자 하는 것이다.

사람들이 그룹 안에서 바른 말 잘 하는 잔소리꾼을 거북하게 여겨 그를 격이 높은 명예직에 앉혀서 감투를 씌우는 것과 같은 원리이다. 무릇 일본인이 자주 쓰는 '선반 위로 올린다'는 말은 가미다나神棚[8]에 올리는 것을 의미한다.

사기, 사령邪靈 종류에게 '신으로 섬길 테니 재앙을 내리지 말아 달라'는 약속을

---

8   집 안에 신위(神位)를 모셔 두고 제사지내는 선반이다.

한 뒤에 그들을 외부로 내보내는 것이다. 실제로는 사당을 만들어 그곳에 모시는 경우와, 간단하게 경계에서 의례를 행하여 밖으로 쫓아내고 관념상으로만 추대하는 경우도 있다.

시골에 가면 마을 외곽이나 저택 한 구석에 '와카노미야 님若宮樣'이라 부르는 작은 사당이 세워져 있는 것을 종종 볼 수 있다. 이 와카노미야의 대부분은 마을 사람들에게 빙의하여 재액을 초래했던 악령을 모셔 봉한 것이다. '로쿠부六部⁹ 살해' 전설 속의 로쿠부의 원령도 와카노미야로 추대한 경우가 많다.

에도 시대에 많이 세워졌던 이나리 사稻荷社의 대부분도 사람에게 빙의한 여우를 쫓아낸 후, 그 여우를 신으로 섬긴 것이다. 우에노上野 간에이지寬永寺¹⁰의 '오엔 이나리お圓稻荷'는 오엔お圓이라는 여자에게 빙의한 여우를 모신 것이 그 시작이었다.

이러한 추대 중 최대 규모의 것이 스가와라노 미치자네菅原道眞의 원령을 신으로 모신 '기타노 텐만구北野天滿宮'이다. 또 영화 〈제도 이야기帝都物語〉¹¹로 일약 유명해진 다이라노 마사카도平將門¹²의 원령을 추대한 '간다묘진神田明神'¹³도 그 중 하나이다.

'게가레'를 없애는 또 하나의 수단으로 주술사가 강력한 주력으로 사기, 악령을 공격하여 격퇴하는 방법이 있다. 저자세로 마냥 섬기고만 있을 수는 없는 노릇이기 때문이다. 밀교의 '조복調伏 수법', 이자나기류에서 말하는 '저주 되돌려주기'(조복 되돌려주기)가 이에 해당한다. 이는 '게가레'의 근원이 되고 있는 악령 종류를 추방하거나, 악령을 끌고 온 장본인을 퇴치해버리려는 것이다. 다만 악령의 힘이 더 강력한

---

9 로쿠주로쿠부(六十六部)의 줄임말이다. 서사(書寫)한 법화경을 전국 66개 영장(靈場)에 한부씩 봉납하기 위해 전국 사찰을 순례하는 행각승을 가리킨다.

10 도쿄 도(東京都) 다이토 구(臺東區) 우에노(上野)에 있는 절이다. 일본 천태종(天台宗) 간토(關東) 지방의 총본산이다.

11 1985년부터 1987년에 걸쳐 발표된 아라마타 히로시(荒俣宏)의 동명 소설을 원작으로 만들어진 영화이다. 1988년에 개봉되었다. 헤이안 시대의 무장 다이라노 마사카도(平將門)의 원령을 이용해서 도쿄를 파괴하려는 초능력자와 그의 야망을 저지하기 위해 맞서는 사람들의 공방을 그린 작품이다.

12 (903?~940) 헤이안 시대 중기의 무장이다. 939년에 간토 지역 8개 고쿠후(國府)를 점령하고 자신을 신황(新皇)으로 칭하며 반란을 일으켰지만 실패로 끝났다. 사후 다이라노 마사카도는 간다 신사(神田神社)를 비롯한 여러 신사의 제신으로 모셔졌고, 신으로 모셔진 이후에는 간다 묘진(神田明神)으로 불렸다.

13 도쿄 도 지요다 구(千代田區)에 진좌한 신사(神社)이다. 정식 명칭은 간다 신사(神田神社)이며, 오나무치 미코토(大己貴命), 스쿠나히코나노 미코토(少彦名命), 다이라노 마사카도를 제신으로 모시고 있다.

탓에 퇴치를 했어도 그 혼백이 여전히 재액을 초래하여 어쩔 수 없이 신으로 섬기는 경우도 있었다.

세이 쇼나곤의 어설픈 불제 의례

그렇다면 어떤 불제 의례가 거행되었을까. 세이 쇼나곤이 『마쿠라노소시』 25단에 기록한 악령 조복의 의례를 살펴보자. 이 조복의례가 실패로 끝나서 세이 쇼나곤은 '낙담하게 된 일'이라며 한탄하는데, 여기서는 약간 분위기를 바꾸어 하시모토 오사무橋本治[14]의 『졸역 마쿠라노소시桃尻語譯枕草子』(河出書房新社)를 인용해 보겠다.

수험자修驗者가 귀신을 조복하겠다고 매우 거만하게 굴며 독고獨鈷와 염주 등을 들고 맴맴 매미 소리를 쥐어짜내면서 독경을 하였다. 그러나 전혀 해결될 것 같지 않았고 호법동자護法童子도 오지 않아서 함께 모여 기도를 올리던 사람들이 다들 '이상하다'고 여겼다. 시간을 넘어서까지 읽다 지쳐 "전혀 빙의되지 않는군. 일어섭시다."라며 염주를 돌려주고 "아아, 전혀 효과가 없구나."라고 중얼거리더니 이마에서 위쪽으로 머리를 매만지면서 큰 하품. 자기가 먼저 냉큼 기대어 잠들어버리는 것이다!

아무리 문장력이 뛰어난 세이 쇼나곤이라 하더라도 이것만으로는 상황을 충분히 전할 수 없다고 생각했는지 조복법에 대해 다음과 같이 해설해주고 있다.

병이 들면 수험자를 불러서 기도를 올리게 하여 '모노노케物の怪'[15]를 쫓아낸다는 것은 전에 말

---

14 (1948~) 소설가이자 평론가이며 수필가이다. 1977년 소설 『모모지리무스메(桃尻娘)』로 제29회 소설현대 신인상 가작에 당선되며 작가 활동을 시작하였다. 해박한 지식과 독특한 문체를 구사하며 평론가 및 수필가로 활약하는 한편, 고전문학을 현대어로 번역한 작품을 발표하고 있다.
15 인간과의 관계가 소원해져 경외시 되는 한편, 미천한 취급을 받는 존재를 '모노(精靈)'라고 한다. 모노는 대지,

했지만, 이를 가리켜 '조복'이라 한다. 독고라는 물건은 밀교의 도구 중 하나로, 나쁜 마귀를 쫓아
내는 무기인데, 이것을 앞에 놓고 기도를 올린다. 그러면 그곳에 '호법동자'라는 진기하고도 굉
장한 신이 강림하신다. 모노노케는 기도에 압박당해 병자의 몸에서 도망간다. 어디로 도망가느
냐 하면 수험자가 데리고 온 '요리마시よりまし'라는 사람에게 간다. '요리마시'는 '모노노케 처리'
같은 역할을 하는 사람을 말한다. 이 '요리마시'에 달라붙은 모노노케를 호법동자가 와서 퇴치해
준다. 일이 잘 풀리면 그렇게 되지만, 자칫 잘못하면 호법동자도 오지 않고 '요리마시'에도 옮겨
가지 않는다고 한다.

'요리마시'는 한자로 '의좌依坐'라고 쓰며, 세이 쇼나곤이 말하는 것처럼 병자의
몸에서 꺼낸 악령을 일시적으로 '붙이는' 역할을 하는 사람을 말한다. 아이나 여성
이 곧잘 동원되며, 동자인 경우는 '요리와라依童'라고도 불렀다.

호법동자는 밀교승이나 수험자가 악령을 몰아내기 위해 사용하는 '호법'이라고
부르는 사역신(부리는 마귀)을 가리키며, 동자의 모습으로 나타나는 경우가 많다. 음양
도로 말하자면 '시키가미式神'[16]에 해당하는데, 저주에는 그다지 이용되지 않았던 듯
하다. 호법을 저주에 이용하면 음양도와 같은 수준의 저주법이라는 말이 되므로 새
로운 기술이라고 할 수는 없다. 그래서 호법의 우두머리에 해당하는 부동명왕不動明
王[17]을 비롯한 오대존五大尊[18]을 저주에 동원했던 듯하다.

나의 소견으로는 이 '요리마시'가 병자의 신체 내부를 비춰주는 거울 역할을 하
고 있다. 그것도 일반적으로는 보이지 않는 것까지 비춰주는 거울이다. 이렇게 말

산천과 같은 자연물이나 물, 불과 같은 자연 현상에 깃들며 이것이 맹위를 떨치면 재해를 불러온다. 이 모노
의 괴이한 출현을 '모노노케'라고 한다.

16 음양사(陰陽師)가 사역하는 귀신이다. 인간의 선행과 악행을 감시하는 역할을 한다. 음양사를 소재로 하는 이
야기 속에서 시키가미는 평상시에는 종이 상태로 존재하지만 음양사의 술법에 의해 사용될 때는 사역 의도에
맞는 능력을 갖춘 짐승 또는 이형(異形)의 존재로 변신하는 경우가 많다.

17 힌두교 시바신의 다른 이름이다. 불교에서는 이를 대일여래의 사자(使者)로 받아들였다. 밀교의 중심적 수호신
이며, 일체의 악마를 응징하기 위해 대일여래가 무서운 형상으로 변신하여 나타난 화신이다.

18 중앙의 부동명왕, 동쪽의 항삼세명왕(降三世明王), 남쪽의 군다리명왕(軍茶利明王), 서쪽의 대위덕명왕(大威德明
王), 북쪽의 금강야차명왕(金剛夜叉明王) 등의 다섯 명왕을 가리킨다. 이들을 오대명왕(五大明王)이라고 부르기
도 한다.

하는 이유는 악령을 병자에게서 요리마시로 전이시키는 '강제 전이'라 부르는 이 의례적 행위가 병자의 몸속에 주술사의 판단대로 악령이 들어가 있었다는 것을 주위 사람들에게 확인시키기 위한 장치이기 때문이다.

바꿔 말하면 병의 원인이 되고 있는(있다고 추측되는) 눈에 보이지 않는 사기, 악령과 같은 '게가레'를 눈에 보이는(사람들이 보인다고 생각하게 만드는) 형태로 슬쩍 바꾸는 일종의 교묘한 트릭이라고 해도 좋을 것이다. 눈에 보이는 것이라면 어떻게든 조종할 수 있지 않을까라고 생각하게 만드는 것이다.

요컨대 악령 종류는 강제로 전이됨으로써 요리마시라는 거울 속에 모습을 드러낸다. 그리하여 요리마시의 몸을 빌려 병자에게 빙의한 연유와 자신이 무슨 영靈인지를 직접 밝히는 것이다. 다만 그러한 이야기는 병자의 입이 아니라, 요리마시의 입을 빌려 말하는 것이기 때문에 주술사와 요리마시가 서로 미리 짜고 연기하는 것도 가능하였다.

요리마시는 이렇게 강제로 전이당한 악령에 의해 빙의 상태가 된다. 그리하여 때로는 한층 격하게 날뛰는 요리마시를 줄로 묶어서 다른 방에 가두거나, 칼과 활 등으로 위협해서 악령이 물러가도록 압박한다. 단 이렇게 공들여 속임수를 쓰지 않아도 병자 자신이 빙령 상태가 되는 경우도 있다.

요즘도 가끔 보도되고 있는 악령 빙의 살인의 사례가 그것으로, 사건이 일어나는 것은 이와 같이 병자에게 빙의된 영을 내쫓으려 할 때이다. 통나무로 마구 치거나 한겨울에 얼음이 언 연못으로 밀어 넣어서 죽음에 이르게 했다는 사건 기록도 있다. 옛 방식에 따라 민속종교인이 요리마시를 이용하면 이러한 참사를 막을 수 있었을지도 모른다.

이와 같이 ①수험자에 의한 가지기도加持祈祷 ②병자로부터 악령 끌어내기 ③악령을 요리마시에게 전이시키는 과정을 거쳐 ④요리마시에게서 악령 끌어내기 단계에 이르면 병자의 몸은 회복된다.

그러나 세이 쇼나곤의 예처럼 ②와 ③이 잘 되지 않았기 때문에 ④에 이르지 못하고 실패로 끝나는 경우도 있었다. 그 때 수험자는 반드시 이렇게 설명했을 것이다. "요괴가 강했다."

'게가레'를 시각화하는 트릭은 주술사가 연출한다

앞서 살펴본 것은 밀교에서 '게가레'를 적극적으로 격퇴하는 의례 중 하나이다. 이에 비해 음양도에서는 어떤가 하면 시대에 따라 여러 가지 변형이 있지만, 전형적인 의례는 다음과 같은 것이었다.

먼저 1장에서 소개한 것과 같은 제단을 만든다. 그 위에 여러 신들을 본뜬 고헤이御幣를 잘라서 장식한다. 그 앞에 공물을 바친 후 고헤이에 각각의 신을 권청勸請한다. 이른바 신의 강림이다. 제문이나 경문을 읽어서 악령을 회향回向[19]하여 물러가 주도록 부탁한다.

우선은 공손하게 구는 것이다. 이어서 밀교의 호법에 해당하는 시키가미를 불러들여 병자의 몸속에 있는 악령을 끌어낸다. 물론 세부적인 차이는 있지만, 사역신으로 악령을 끌어낸다는 점에서 여기까지는 밀교의 사고방식과 기본적으로 공통된다.

이 다음이 밀교와는 현상적으로 크게 달라진다. 밀교에서는 끌어낸 악령을 요리마시라는 사람에게 전이시켰던 것에 비해, 음양도에서는 '나데모노撫物'라고 부르는 금속이나 나무로 만든 인형 속으로 끌어낸 악령을 집어넣는다.

이 또한 의례를 통해 눈에 보이지 않는 악령을 인형 속으로 집어넣었다고 여기게 만드는 행위라서 가시적인 것으로 변환시킨다는 점에서는 동일하다. 이 인형을 강변이나 사거리 등의 경계에 버리면 병자의 신체는 정화가 완료된다고 한다. 특히 강변은 '땅'과 '물'의 경계이며, 흐르는 물은 강력한 정화력을 지녔다고 간주되었다.

밀교이든 음양도이든, '게가레'를 불제하는 의례에 특징적으로 보이는 점은 어떻게 해서 눈에 보이지 않는 '게가레'를 사람들의 눈에 보이는(보이는 것처럼 생각하게 만드

---

19 불공(佛供)을 드려 죽은 사람의 명복을 비는 일이다.

는) 형태로 만들 것인가를 고심했다는 점이다. 눈에 보이는 형태가 된 '게가레'를 주술사나 민속종교인이 연출하여 그것을 경계 밖으로 내쫓거나 버림으로써 인간이나 사회집단의 정화 및 활성화를 도모하는 것이 목표였다.

제례가 모두를 '상쾌'하게 만든다

개인에게 '게가레'가 있으면 그들이 모여서 형성되는 집단에도 '게가레'가 있는 것이 당연하다. 집단도 개인과 마찬가지로 '게' 상태일 때도 있고 '하레' 상태일 때도 있다.

'게'는 일반적으로 풍파도 별로 없는 일상적 상태를 가리키지만, '하레'와 '게가레'의 상태는 집단의 규모에 따라서 다르다. 여기에서는 우선 모노베 촌物部村을 예로 들어 생각해보고자 한다.

모노베 촌에서는 개인, 집안, 마을, 향촌의 네 차원에서 '스소 불제'가 정기적 혹은 임시적으로 행해졌다.

집안 차원의 '스소 불제'에서는 연말에 반드시 행하는 '대청소', 세쓰분 때의 콩 뿌리기, 가신家神이나 조상을 위해 수년에 한 차례씩 행하는 제례인 '야기토家祈禱', 그리고 역병이 유행할 때 자신의 집에 역병이 침입하는 것을 막는 '기온 덴게쇼사이祇園天刑星祭'[20]라는 역병 제례 등이 있다. 이것들이 모두 '스소' 불제를 포함한 의례이며, 이때 '스소의 제문'을 읊는다.

마을·향촌 차원의 '스소 불제'도 동일하다고 할 수 있다. 일 년에 한 차례 행하는 진수제鎭守祭[21]나 삼십 년에 한 번 꼴로 행해지는 진수대제鎭守大祭의 목적 중 하

---

20 덴게쇼, 즉 천형성(天刑星)은 하늘의 형벌을 내리는 별이다. 덴게쇼는 음양사의 부림을 받는 귀신으로서 일본 밀교에서 행하는 가지기도(加持祈禱)를 들어주는 신으로 신봉되었다.
21 특정 건축물이나 특정 지역을 수호하기 위해 모시는 신을 진수신(鎭守神)이라고 한다. 근세 이후에는 각 촌락에 있는 신사를 의미하게 되었고, 정기적으로 진수신을 모시는 제례를 진수제라고 한다.

나도 풍작이나 우지코氏子[22]의 무사안녕을 감사하는 동시에 그 때까지 마을·향촌 안에 쌓여있던 '스소'를 불제하는 것에 있다.

그리고 농작물에 피해를 주는 해충의 발생을 가라앉히는 '무시오쿠리蟲送り'[23]나 역병이 유행했을 때의 '역병신 보내기', '기우祈雨'나 '기청祈請'과 같은 임시적으로 행해지는 의례도 마을·향촌의 질서를 파괴하는 '게가레'='스소'를 불제하는 넓은 의미에서의 '스소 불제'이며, 정화의례이다.

이러한 '스소 불제'의 의례 및 제례는 모노베 촌에 한하지 않고, 일본 전국의 각 촌에서 다양한 형태를 띠며 행해져 온 일이었다. 오히려 현재도 행해지고 있다고 말하는 편이 정확할 것이다.

사회집단의 질서를 위협하는 사악한 것='게가레'가 집단 내부에 침입해 오는 것을 막는 의례, 혹은 침입해온 '게가레'를 제거하여 집단을 정화하는 의례 모두가 '스소 불제'라 할 수 있다. 세이 쇼나곤의 말처럼 스소 불제가 훌륭하게 끝났을 때, 사회집단의 구성원들은 '흡족'하고 '상쾌'한 기분이 되었다.

제례 그 자체가 '하레' 날이라는 것이 아니라, 제례가 잘 진행되어서 사회집단이 훌륭하게 정화되는 일이 '하레'이며, 그 결과 제례가 '하레'로 간주된다.

천황으로 응축되는 국가의 '게가레'

사회집단의 '스소 불제' 중에서 최대 규모는 '국가'가 행하는 '불제'이다. 그것을 계속해서 행해온 사람이 교토京都에 거주하는 천황이었다.

시대에 따라 실제로 지배가 미치는 범위는 한정되어 있었지만, 천하를 지배한다고 생각했던 조정은 '국가'에 축적된 '게가레'를 불제하기 위해 일 년에 두 차례, 6

22　조상신인 씨족신의 후손 또는 같은 씨족신을 모시는 사람들이다.
23　농촌에서 횃불을 들고 징이나 북을 치면서 농작물의 해충을 쫓으려는 주술적인 행사이다.

월과 12월 그믐에 '대불제大祓い'를 거행하였다. 또 매달 그믐에 '불제'를 거행하고, 재해나 역병, 전란 등이 발생한 때에는 임시 '불제'를 거행하였다. 음양사들에게 명하여 불제 의례를 거행하게 한 것이다.

그 후, 후발주자인 밀교 사원 측도 '불제'를 거행하게 되었다. 그 대표적인 것으로는 수정회修正會[24]라든가 수이회修二會[25]라고 칭하는 법회가 있었다. 이는 오니鬼[26] 추방을 위한 추나追儺[27] 의례를 중핵으로 한다. 현대에 들어와서는 봄이 찾아온 것을 알리는 행사가 된 나라奈良 도다이지東大寺의 오미즈토리お水取[28]도 이러한 수이회의 일종이다. 이외에도 밀교의 호지승護持僧에게 명하여 '게가레'를 불제하기 위해 그때그때 조복 단법壇法[29]을 거행하게 한 일은 잘 알려져 있다.

조정이 이와 같이 다양한 '불제' 의례를 집행한 배경에는 자신들이야말로 천하의 지배자이며, 천하에 발생하여 국가를 위협하는 '게가레'를 자신들이 주최하는 의례를 통해 훌륭하게 '불제'하는 사실을 널리 알리려는 목적도 있었다.

다만 실제로는 온 천하가 아니라, 주로 천황이 거주하는 교토라는 공간의 '게가레'가 문제였다. 멀리 떨어져 있는 간토關東나 규슈九州 지역에서 발생한 국지적인 전란이나 역병의 유행이 교토의 정치·경제에 그다지 영향을 끼칠 것 같지 않으면 그것은 대부분 불제 대상이 되지 않았다. 중요한 것은 수도와 그 근방에 역병이 유행하거나 전란 또는 천재지변이 발생했을 때가 '게가레'이며, 병 때문에 천황의 신체가 구체적인 형태로 '게가레'해진 경우야말로 최대 위기였던 것이다.

---

24 불교 사원에서는 매년 정월에 지난해의 잘못을 뉘우치고 새해의 운수나 오곡풍요 등을 기원하는 법회를 행한다.
25 각종 일본 불교사원에서 행해지는 법회 중의 하나이며, 수정회라고도 한다.
26 사람 형상을 하고 있는 상상의 괴물이다. 머리에는 뿔이 있고 입은 옆으로 찢어졌으며 긴 엄니가 있다. 괴력이 있고 몹시 사납다고 한다.
27 악귀를 내쫓고 신년을 맞이하는 의식이다. 중국의 풍습이 일본에 전해졌다. 헤이안 시대 궁중에서는 섣달그믐날 밤에 이 의식을 성대하게 행하였다. 각지의 사사(社寺)와 민간에서는 세쓰분(節分) 행사로서 지금도 전해지고 있다.
28 도다이지의 니가쓰도(二月堂)에서 3월 1일부터 13일에 걸쳐 행해지는 수이회 중 특히 12일 심야(13일 오전 2시 무렵)에는 와카사이(若狹井)라는 우물에서 오코즈이(お香水)라는 물을 뜨는 의식이 행해진다.
29 밀교에서 행하는 수행법 중 하나이다. 특별한 단을 설치해 단상에 본존을 모시고, 결계를 쳐서 밀주(密咒)를 암송한다.

간단하게 말해 국가안녕을 기원하는 기도와 불제가 의미하는 바는 천황의 평안 및 왕권의 무사를 기원하는 것이며, 천황의 '게가레'를 없애기 위한 불제였다.

조정이 음양사를 고용하여 행한 불제는 관념상으로는 온 천하를 위한 불제였지만, 당시의 조정이 지배하는 '일본'의 국경이 아니라 궁 입구인 주작문朱雀門이나 나생문羅生門 등의 경계 혹은 교토의 사방 귀퉁이에서 의례가 집행되고, 불제의례를 거친 '게가레'는 외부를 상징하는 공간으로 버려졌다.

'나나세노 하라이七瀬の祓い'[30]라고도 불렸던 이러한 의례에서는 천황의 신체에 쌓인 '게가레'를 인형인 나데모노로 어루만지거나 숨을 불어넣어 집어 넣은 후에 그 인형을 오우미近江[31]나 야마시로山城[32] 등 이웃한 지역의 강여울에 버렸다고 한다.

이러한 지역은 말하자면 악령들이 사는 세계로 간주되었던 셈이 된다. 분명 천황은 그것으로 정화되었을지도 모른다. 그러나 '게가레'해진 인형을 버린 '외부'에 사는 사람들은 견딜 수가 없다. 이는 자기 집 쓰레기를 이웃집에 버리는 것과 같기 때문이다. 이러한 불제 의례는 어디까지나 천황 중심, 수도 중심의 세계관에 의한 것이었다.

고고학자 미즈노 마사요시水野正好[33]에 따르면 천황의 '게가레' 불제에는 금·은·철·나무의 네 종류 인형이 사용되었으며, 일 년에 금 인형 364장, 은 인형 364장, 철 인형 48장, 나무 인형 1,392장, 합계 2,168장이나 되는 대량의 인형이 '게가레'로서 버려졌다고 하니, 실로 대단한 양이다(水野正好, 「초복招福·제재除災」, 『국립역사민속박물관 연구보고』 제7집).

그런데 여기에서 주의해야 할 점이 있다. 이러한 의례에서는 천하의 '게가레', 즉

---

30 헤이안 시대 중기 이후 궁중에서 매월 또는 임시적으로 행해지던 불제이다. 천황의 재액을 제웅에 옮긴 후 그 제웅을 일곱 명의 칙사가 나나세(七瀬), 즉 일곱 군데의 물가에 흘려보낸다. 일반 귀족들도 이것을 모방하였고 가마쿠라 막부도 가마쿠라에 나나세(七瀬)를 선정하였다.

31 현재의 시가 현(滋賀縣)에 해당한다.

32 현재의 교토 부(京都府) 남부 지역에 해당한다.

33 (1934~2015) 일본의 고고학자이다. 전공은 고고학, 고대사·문화사이다. 고대 일본인들의 생활방식 및 고대의 주술·제사에 대해 연구 활동을 진행하였다.

천하의 촉예觸穢가 천황에게 응축되어 천황 개인 차원의 '게가레'처럼 여겨지고 있지만, 사실 천황 몸의 '게가레'는 국가의 '게가레'와 대응한다는 점이다. 즉 천황이 병을 앓는 것은 국가가 병이 들었다는 말이며, 천황의 죽음은 국가의 죽음을 의미한다. 그렇기 때문에 조정은 이상하다 싶을 정도로 천황의 '게가레 불제'를 수시로 행하였다.

사회적 지위가 상승할수록 집중되는 '게가레'

천황이나 국가가 생각할 때 '게가레'의 원인이 되는 것은 무엇이었을까. 대표적인 것으로는 천재지변, 역병, 그리고 교토의 정권을 위협하는 전란을 들 수 있다.

이 모두가 천황과 귀족을 중심으로 하는 국가 지배자들의 눈에는 '오니의 출현', '사기'나 '모노노케'의 발생, 혹은 '큰 뱀(용신龍神)'의 분노 등으로 이해되었다. 그 배경에는 음양도나 밀교 등에 의한 세계 이해방식이 있었다.

예를 들면 천황이 거주하는 청량전清涼殿에 벼락을 떨어뜨려 화재를 일으키고, 후지와라노 도키히라藤原時平[34]의 목숨을 빼앗았다고 여겨진 스가와라노 미치자네의 원령은 천재지변을 일으키는 '오니'로서 이해되었다. 또 오에야마大江山[35]를 근거지로 하여 교토의 미녀들을 납치해가는 슈텐 동자酒呑童子[36] 일당(필시 산적 종류였을 것이다)과, 도호쿠東北 지방에서 자주 반란을 일으켰던 에조蝦夷[37]도 '오니'로 간주되었다.

---

34 (871~909) 헤이안 시대의 정치가이다. 후지와라노 모토쓰네(藤原基經)의 장남이다. 스가와라노 미치자네를 좌천시킴으로써 후지와라 씨의 지위를 확보하였다.

35 교토 부 북서부에 있는 산이다. 센조가타케(千丈ヶ嶽)를 주요 봉우리로 하여 나베즈카(鍋塚), 하토가미네(鳩ヶ峰), 아카이시가타케(赤石ヶ岳)의 봉우리가 이어져 있다. 험준하기 때문인지 '오니' 관련 전설이 전해지고 있다.

36 오에야마에 산다고 전해지는 오니들의 우두머리이다. 헤이안 시대 중기 교토 여성들의 납치사건이 발생하였다. 미나모토노 요리미쓰(源賴光)와 후지와라노 야스마사(藤原保昌)는 음양사 아베노 세이메이(安部淸明)의 도움으로 오에야마에 사는 '오니' 슈텐 동자의 소행임을 알게 되어, 그 소굴로 찾아가서 슈텐 동자를 술 취해 잠들게 한 다음 퇴치한다.

37 일반적으로 에도 시대에 도호쿠(東北) 지역과 홋카이도(北海道) 지역에 정착해 살던 아이누 족(アイヌ族)을 가리키는 말이다.

국가에 거역하는 자, 사회질서를 위협하는 존재는 모두 '게가레'이며 '오니'로 간주되어 불제로 퇴치해야만 하는 '저주'였다.

넓은 의미로의 '저주' 속에는 천황이나 귀족의 혈족·인척에 의한 지극히 개인적인 '저주'도 포함되어 있었으며, 원령의 저주나 대립하는 정치 세력에 의한 '저주'도 포함되어 있었다.

그 모든 것이 '게가레'이며, '오니'의 이미지로 출현한다고 생각하였다. 『겐지 이야기源氏物語』에 나오는 로쿠조노 미야스도코로六条の御息所[38]의 생령도 오니의 한 예이다. 로쿠조노 미야스도코로의 생령은 아오이노 우에葵の上[39]에게 빙의하여 재액을 일으키고 아오이노 우에는 그 때문에 죽는다.

이와 같은 사회집단의 상층에 위치하는 존재의 '게가레'에 비교하면 자신의 지배하에 놓인 인간이 없는 사회의 저변에서 살아가는 사람들의 경우, '게가레'의 원인은 극히 좁은 범위의 것이라고 할 수 있다.

그 단적인 예가 우시노토키 마이리丑の時参いり[40]처럼 한 남자를 둘러싼 저주이며, 사람들을 죽이려는 『요쓰야 괴담四谷怪談』[41] 속 오이와お岩 유령(원령)의 저주이다.

즉 사회적 지위가 상승하면 상승할수록, 권력이 커지면 커질수록 '게가레'의 원인도 증가한다. 자신이 그 지위에 오르는 동안 밀어내고 매장했던 수많은 산 자와 죽은 자의 원념이 그의 주위를 에워싸기 때문이다.

'모노노케', '오니', 그리고 '스소'가 가장 많이 존재할 수밖에 없는 공간. 그것이 궁궐, 귀족의 저택, 그리고 교토였다. 후지와라노 도키히라나 후지와라노 미치나가, 고시라카와인後白川院[42] 등이 있던 곳에 많은 '스소'가 모여 있던 것은 어쩌면 당연

---

38 히카루 겐지의 애인이었던 로쿠조노 미야스도코로는 아오이노 우에(葵の上)의 일행에게 모욕을 당한 일을 계기로 생령이 되어 아오이노 우에를 괴롭힌다. 후에 남자와의 사랑에 지쳐 딸과 함께 이세(伊勢)로 떠난다.

39 『겐지 이야기』의 주인공 히카루 겐지(光源氏)의 첫 번째 정실부인이다. 임신 상태에서 로쿠조노 미야스도코로의 생령에게 괴롭힘을 당한다. 아들 유기리(夕霧)를 무사히 출산하지만 급사한다.

40 우시노토키 마이리에 관한 자세한 설명은 3장을 참고하길 바란다.

41 일본 전통극 가부키(歌舞伎)의 희곡명이다. 무참히 살해당한 오이와(お岩)라는 여인이 유령(원령)이 되어 자신을 살해한 이들에게 복수한다는 줄거리이다.

42 (1127~1192, 재위 1155~1158) 양위 이후의 고시라카와 천황(제77대)을 가리킨다. 제78대 닌조 천황(二条天皇)

한 일이었다.

천황과 귀족들이 앞을 다투어 음양사 혹은 호지승護持僧이라고 불렀던 밀교 승려를 고용했던 것이나 그들이 가진 주술을 독점하려 했던 것도 이해할 수 있다. 천황과 귀족들은 '스소'가 발현하여 '게가레'가 되지 않도록 그들로 하여금 기도를 올리게 하였다. 무사가 적의 물리적 공격으로부터 천황이나 귀족들을 지키는 경호원이라고 한다면, 고용된 음양사나 밀교승들은 신비스러운 공격으로부터 몸을 지켜주는 경호원이었던 셈이다.

일본인은 무엇을 '바람직하지 않은 게가레'로 보았는가

이 세상에 자기가 병에 걸려 죽게 해달라고 기도하는 의례는 존재하지 않는다. 또 자기 집안이 파산하고 대가 끊기는 것을 나서서 바라는 의례, 자신들이 살고 있는 마을에 역병이 덮치거나 재해로 소멸되기를 기원하는 제례도 없을 것이다. 이것은 당연하다면 당연한 일이다. 사람은 자신의 신체나 자신이 바람직하다고 생각하는 귀속집단에 '게가레'를 침입시킬 목적으로 제의를 행하지는 않는다. 자신(들)에게 바람직하지 않은 '스소'를 풀기 위해 의례·제사를 행한다.

이렇게 뻔한 말을 거듭하는 이유는 인간, 특히 일본인 사회집단이 자신들의 사회질서를 유지하기 위해 무엇을 '바람직하지 않은 게가레'로 여기고 '외부'에 버려왔는지를 생각해보고 싶기 때문이다.

헤이안 시대平安時代 무렵에는 외부에서 침입해 오는 '게가레'가 '오니'로 표현되었다고 서술하였다. 이 시대의 오니는 일반적으로 눈에 보이지 않는 무서운 존재로 간주되었다.

에게 양위한 후 5대에 걸쳐 약 30년 동안 원정을 행하며 왕권강화를 위해 노력하였다.

덧붙여서 10세기 전반에 쓰인 일본 최초의 사전『왜명류취초倭名類聚鈔』[43]에도 "오니는 사물의 뒤에 숨어서 사람 앞에 나타나기를 바라지 않기 때문에 흔히 온隱이라 부른다."라고 해설되어 있다. 또『쓰쓰미추나곤 이야기堤中納言物語』[44]에서도 오니는 사람에게 보이지 않는 것이 바람직하다는 평을 하고 있으며, 궁정의 추나追儺 의례에서도 당초에는 붉고 검은 의상을 입고 창과 방패를 든 무서운 형상의 방상시方相氏[45]가 등장하여 눈에 보이지 않는 사기邪氣를 쫓아내는 행동을 했다고 한다. 즉 고대에 오니는 형태가 확실하지 않은 사기의 일종이었던 것이다.

그런데 중세가 되면 오니가 사람들에게 목격되어 그 형상을 이야기하거나 그림으로 그리고 꿈속에도 등장하게 된다. 오니들은 중세의 수정회나 수이회 등의 의례 속에서도 형상을 갖추고 등장하게 되었다.

궁정의 추나 의례에서도 어디에서 어떻게 잘못된 것인지 사기를 쫓아내는 역할을 하는 방상시가 사기의 역할 혹은 쫓겨나는 존재로 등장하기도 하였다. 그 어느 쪽이든 오니가 사람에 의해 연출되고, 연출된 오니를 추방함으로써 '게가레'가 제거되어 '하레'를 가져온다고 생각하게 된 것이다.

왜 이와 같은 변화가 일어났을까. 인간에게 있어서 무서운 것이 보이지 않는 일만큼 무서운 것은 없다. 보이지 않는 오니=게가레를 어떻게든 보이는 것으로 바꾸어 의례로 통제할 수 있는 존재로 만들고자 한 것이다. 예를 들면 에이즈는 원인불명, 치료불가능이라고 여겨졌기 때문에 혼란이 발생하였다. 그것이 바이러스 때문이라고 알게 된 후부터는 앞으로 몇 년 지나면 현대의학이 반드시 어떻게든 해결해 줄 것임에 틀림없다고 생각하며 안심하는 사람도 많을 것이다. 말하자면 이와 동일한 원리이다.

---

43 헤이안 시대 중기에 미나모토노 시타고(源順)가 편찬한 한화(漢和) 사전이다. 한어(漢語)를 의미별로 분류하여 항목을 만들어두고 출전과 해설을 덧붙이는 체재를 취하고 있다. 백과사전적 요소가 있는 점이 특징적 이다.
44 헤이안 시대 후기 이후에 성립한 일본 최초의 단편집이다. 작자는 미상이며, 모두 10편의 짧은 이야기로 구성되어 있다. 「벌레를 좋아하는 아가씨(虫愛づる姫君)」편에 '오니와 여자는 사람에게 보이지 않는 편이 좋다'라는 구절이 있다.
45 나례(儺禮)와 장례의식에서 잡귀를 쫓는 나자(儺者)이다. 곰의 털가죽을 뒤집어쓰고, 검은 저고리에 붉은 치마를 입었으며, 창과 방패를 들고 있다고 한다.

'오니'의 등장, '보이지 않는 것'을 '보이는 것'으로 만드는 트릭

이 보이지 않는 '오니'에서 보이는 '오니'로의 변화는 매우 중대한 의미를 지닌다. 사람들은 오니=게가레가 보이지 않을 때에는 보이지 않는 적을 상대로 하여 추방 의례를 행해야만 한다.

예를 들면 민간의 추나 의례인 '세쓰분의 콩뿌리기'에서 '오니는 밖으로, 복은 안으로'라고 외치며 콩을 뿌릴 때, 오니는 보이지 않고 복신福神도 보이지 않기 때문에 온 집안에 빈틈없이 콩을 뿌려야만 한다. 무엇보다도 보이지 않는 상대로는 왠지 흥이 나지 않는다. 혼자만 설치는 것 같다. 그런데 누군가가 오니 가면을 쓰고 오니 역할을 연기해 준다면 콩을 뿌리는 쪽도 겨냥할 상대가 있다. 콩을 맞은 오니가 비명을 지르며 도망 다니다가 집 밖으로 나가준다면 그것으로 집에서 '게가레'가 없어졌다고 생각할 수가 있다. 연기를 한 오니가 '게가레'를 상징하고 그것을 집에서 몰아냄으로써 '게가레'가 제거되는 셈이다.

여기에서 게가레=오니 불제 의례를 정리해 보도록 하겠다. 먼저 보이지 않는 오니를 보이는 것으로 착각하게 만들고 그것을 추방하는 의례가 있었다. 밀교의 '모노노케 조복'에서 요리마시에게 게가레(오니)를 전이시켜 쫓아내는 의례가 그것이다. 이와 동시에 '게가레'를 형상화 한 물건으로 인형이 있다. 음양도에서 자주 이용한 '나데모노撫物'나 '저주 인형'이 그것이다.

또 원령이 된 사이토 사네모리齋藤實盛[46]가 농작물을 해치는 벌레를 발생시키는 원인이라고 보고 사네모리 인형이라는 것을 만들어 마을 밖으로 내버리거나, 도둑으로 간주하는 인형을 내버리는 등 민간에서 볼 수 있는 의례도 이와 동질적인 사고방식을 바탕으로 하고 있다. 모두 '게가레'를 형상화한 것이다.

'게가레'를 형상화 한, 이를테면 오니 인형을 만들어서 버리는 한편, 누구라도 '게

---

46 (1111~1183) 헤이안 시대의 무장이다. 마지막 전투에서 백발을 검게 물들이고 싸웠다는 전설이 전해진다. 사네모리의 죽음과 관련하여 타고 있던 말이 잘린 벼 밑동에 걸려 넘어지는 바람에 사네모리가 적군의 손에 죽었기 때문에 사네모리가 벼를 갉아먹는 해충이 되었다는 전승이 있다. 그래서 벼 해충을 사네모리 벌레라고 부르기도 한다.

가레'의 존재를 볼 수 있게 만드는 더 과격한 형식이 있었다. 특정 인간이 오니 역할을 연기하는 것이다.

인형은 움직이지 않는다. 그러나 인간이 오니 가면과 의상을 입고 의례에 등장하면 현실감도 증가하는 법이다. 당연히 그림연극보다 TV 애니메이션 쪽이 더 박력 있다. 이러한 오니는 자유자재로 돌아다니며, 무엇보다 고마운 것은 오니가 도망 가준다는 점이다.

이리하여 중세가 되면 궁정이나 사원의 추나 의례에 오니로 분장한 사람이 등장하기에 이르렀다. 이 오니는 버려지는 '게가레'를 상징한다.

그런데 오니는 궁정과 교토 내부나 국가 내부에 침입해 있는 '게가레'를 상징하는 무서운 존재이지만, 다른 한편으로는 그 '게가레'를 외부로 옮겨주는 고마운 존재이기도 하였다. 즉 의례에 의해 도망가는 바로 그 때, 무서운 오니는 호감이 가는 오니로 바뀐다.

많은 민속학자가 오니는 원래 복을 가져다주는 신이었는데, 시대의 흐름과 함께 사악한 신으로 여겨지게 되었다고 본다. 그러나 그렇지 않다. 오니는 원래 사악한 존재였다. 그 오니가 복신으로 보이는 연유는 이러한 오니 의례의 역동성이 있었기 때문이다. '게가레'를 대신해주기 때문에 오니가 복신으로 보이는 것이다.

예를 들면 오늘날에도 사람들은 수정회(수이회)에 등장하는 오니를 두려워하면서도 기꺼이 맞이하고 앞다투어 그 신체에 접촉하고자 한다. 접촉한 사람들의 '게가레'를 오니가 대신해주기 때문이다. 요컨대 오니는 움직이는 '나데모노'이며 '저주인형'이다. 오니가 의례의 공간에서 떠났을 때, 사람들의 신체나 사회는 '하레'가 되는 것이다.

'오니'를 연기하고 불제 후 버려진 사람은 누구인가

그렇다면 '게가레'를 흡수하는 오니를 누가 연기했을까. 사람들이나 사회를 '하레' 상태로 만들기 위해 '게가레'를 자기 몸에 받아들이는 역할을 연기하게 된 것은 누구일까.

중세에 수도나 지방의 유력 사원에서는 오니 역을 연기하는 사람들이 정해져 있었던 듯하다. 게다가 대부분의 경우, 오니 역은 눈에 보이는 '게가레'로서 사람들이 꺼리는 일에 종사하는 사람들, 요컨대 시체 매장 또는 죽은 소나 말의 처리 등에 종사하는 '천민' 신분의 사람들이었다. 즉 당시 천시되고 차별 당한 사람들에게 오니 역을 맡겼다.

그러나 그들은 오니 역만 맡은 것이 아니었다. 오니를 쫓아내고 사람들에게 복을 가져다주는 복신도 연기하였다. 교토의 기온사祇園社[47]에 예속된 이누지닌犬神人(하급 신관)[48]의 예를 살펴보자. 그들은 매년 정월 초하루에 천황이 청량전 동쪽 마당에서 사방배四方拜를 거행하고 있는 시각에 궁중의 일화문日華門 밖을 향하여 비사문경毘沙門經[49]을 외운다. 다음 이틀째 밤에는 오타기데라愛宕寺[50]의 수정회가 열리는 쪽을 향하여 문이나 문짝, 마루, 벽 등을 주술적인 지팡이(고오즈에牛王杖[51])로 두들겨 소리를 냈다. 그러는 동안 절의 승려는 문이나 당堂의 바깥쪽 전체에 오니의 침입을 막는 부적인 고오후다牛王札[52]를 붙였다고 한다.

이 이누지닌들이 당 안으로 들어가지 못하고 밖에서 소란을 피우는 행위는 「구마노 본지熊野の本地」[53]에서 9,990명의 오니로 분한 여자들이 오쇠전五衰殿으로 몰려가

---

47 교토 시 히가시야마 구(東山區) 기온마치(祇園町)에 있는 야사카 신사(八坂神社)를 가리킨다. 1868년 신사와 절을 분리하는 '신불분리령'에 의해 '야사카 신사'라는 이름으로 바뀌게 되었지만, 그 이전에는 '기온 신사', '기온사' 등으로 불렸다.

48 중세에서 근세에 걸쳐 교토 아사카 신사에 예속되어 신사 내의 치안 및 청소 등 허드렛일에 종사하던 하급 신관이다.

49 비사문천(毘沙門天) 신앙의 근거가 되는 경전이다. 비사문천은 북방의 수호신이다.

50 교토 시 우쿄 구(右京區) 사가노(嵯峨野)에 있는 오타기넨부쓰 절(愛宕念佛寺)을 가리킨다. 본존은 액막이 천수관음(厄除千手觀音)이다. 1,200개 이상의 나한(羅漢) 석불이 있는 것으로 유명하다.

51 막대 끝을 갈라서 액막이 부적인 고오후다(牛王札)를 끼운 것이다.

52 사사(社寺)에서 발행했던 호부(護符)의 일종이다. 호부는 신불의 이름이나 형상, 종자(種子), 진언(眞言) 등을 기록한 패(牌)이다. 몸에 지니거나 벽에 붙여 신불의 가호와 제재(除災)를 기원한다.

53 무로마치 시대의 오토기조시(お伽草子)이다. 오토기조시는 무로마치 시대를 중심으로 간행되었던 단편소설의 총칭이며, 시대사상을 잘 반영하고 있다. '구마노의 본지'의 줄거리는 다음과 같다. 인도의 왕에게는 1,000명

굉음을 내고 소리 지르며 떠드는 광경과 거의 일치한다. 이누지닌은 오니를 연기하고 고오즈에를 두드려서 오니가 출현하는 소리를 냈던 것이다.

이후에 이누지닌들은 '게소부미懸想文'[54]라고 부르는 초복招福 부적을 팔며 돌아다녔다. 이 부적을 정월 밤의 돈도야키どんど焼き[55] 불로 태우면 소원이 이루어진다고 믿었다.

요컨대 오니를 연기함으로써 '게가레'를 제거한 이누지닌은 그 다음에 '복신'으로 등장한다. 노能[56]의 바탕이 된 사루가쿠猿樂[57]가 사사寺社의 수정회와 관련이 있으며, 사악한 오니의 역할과 축복하는 신인 오키나翁[58]의 역할, 이 두 가지를 특히 중시했던 것도 이러한 맥락에서 해석할 수 있을 것이다. 이렇게 오니 역을 연기하는 사람들은 근세가 되면 다양한 형태로 민중 앞에 모습을 드러내게 된다.

섣달그믐이나 정월 엿새, 세쓰분 등에 액년인 사람 대신 신사에 참배하여 액을 떨쳐내는 역할을 했기 때문에 천시 받던 간닌보즈願人坊主(걸식승)가 "불제를 합시다. 액을 쫓아내 불제를 합시다. 액을 쫓아내고."라고 외치면서 온 마을을 돌아다니며 푼돈을 받고 사람들의 액(게가레)을 자신이 대신 받아들인 것이 그러한 예이다.

또 다카오카 히로유키高岡弘幸[59]는 다음과 같은 주목할만한 사실을 밝히고 있다. 근세의 오사카大阪에서는 감기 같은 역병이 유행하면 풍신風神을 쫓아내는 의례를 마을마다 행하였고, 풍신을 본뜬 커다란 제웅이나 오니 인형을 만들어서 마을 밖으

의 부인이 있었다. 오쇠전(五衰殿)에 살던 후궁은 그 중 한 명이었는데, 다른 후궁들의 질투로 산속에서 왕자를 낳은 후 살해당한다. 왕자는 죽은 어미의 젖을 먹고 산짐승의 수호를 받다가 지겐 쇼닌(ちけん上人)에게 거두어져 성장한다. 나중에 재회한 왕에게 왕자는 그간의 사연을 털어놓는다.

54 원래는 연모의 마음을 적은 편지를 의미한다. 에도 시대 교토 등지에서 게소부미 장수가 팔고 다니던 부적이다. 이 부적을 지니면 좋은 연분을 만날 수 있다고 여겨졌다.

55 정월 대보름 날, 설날에 장식으로 문 앞에 세워두는 소나무인 가도마쓰(門松)나, 솔가지 등을 끼워 현관에 장식하는 금줄 시메카자리(注連飾り) 등을 모아서 태우는 행사이다.

56 노가쿠(能樂)라고도 한다. 일본의 가면음악극으로, 사루가쿠(猿樂)에서 발달하여 무로마치 시대에 크게 번성하였다.

57 일본의 고대·중세에 성행한 예능의 일종이다. 익살스러운 동작 등을 주로 선보였다.

58 『오키나(翁)』는 천하태평을 기원하는 의식곡이다. 『오키나』에 등장하는 오키나는 노인 가면을 쓰고 천하태평, 오곡풍년, 자손번창 등을 축복하는 춤을 추는 역할이다.

59 (1960~) 민속학자이자, 문화인류학자이다. 후쿠오카 대학(福岡大學) 교수로 재직 중이다. 저서로는 『유령 근세 도시가 낳은 괴물(幽靈 近世都 市が生み出した化物)』이 있다.

로 떠나보냈다(「風の神送ろッ」『これは'民俗學'ではない』福武書店). 이 때 놀랍게도 마을에 따라서는 '천민'을 고용하여 풍신으로 내세우고 다리 위에서 밀어 떨어뜨리기도 했다고 한다. 이것도 '게가레'를 받아들이는 오니 역을 인간에게 연기시킨 일례라고 할 수 있다.

이상의 사실로부터 분명해지는 것은 일본의 중세 사회에서 오니를 연기하는 사람을 만들어내고 그들에게 '게가레'를 맡겨 차별하고 천시한 시대였다는 점이다. 그리고 근세가 되어서도 이러한 사상이 여전히 존속하였다.

분명하게 말하자면 천황이나 귀족들은 자신들을 항상 '하레' 상태로 만들기 위해 '게가레'로서 내버려지는 존재를 만들어냈다. 그렇기 때문에 '오니' 역을 연기하는 천민들, 온 도시를 청소하는 '기요메淸め'[60]들은 천황과 귀족에게 필요불가결한 존재이면서도 엄격하게 관리되고 기피되던 존재였다.

그리고 이와 같이 '게가레'='오니'로 보는 문화를 만들어 낸 것은 천황이나 귀족들에게 고용된 '어용학자'인 음양사나 밀교승들이 설명하는 '사악한 것'과 관련된 세계관이었다. 그들은 관념상뿐만 아니라 현실사회 속에서도 오니를 만들어냈던 것이다.

'게가레' 발생의 원인은 위정자에게 있다

왜 일본의 지배자들은 이렇게 '게가레'를 불제하는 일에 연연했을까. 이 의문에 답하는 것은 단적으로 말해서 일본 사회의 기저를 이루고 있는 사회적 구조를 해명하는 일이다. 그것은 무엇인가.

위로는 국가 차원에서부터 아래로는 촌락공동체, 나아가 가정에 이르기까지 사회집

---

60 헤이안 시대 교토에서는 부정(不淨)을 청소하는 일을 하던 특정한 신분의 사람들을 기요메라고 부르기 시작하였다. 깨끗이 청소하는 일 자체가 중시되었기 때문에 그 일에 종사하는 사람들이 천시 받는 경우는 없었다. 하지만 궁정에서 들개를 소탕하는 일이 점차 신분이 낮은 관리의 업무가 되고 최종적으로는 도시 천민의 전업이 된 사례와 마찬가지로, 기요메 역시 신분상 극도로 천시 받는 사람들의 전업으로 바뀌었다.

단은 지배자가 누구이든 그 지배자에게 불가결한 임무로서 부과되는 일이 있다.

분명 지배자는 사회집단의 대표이다. 집단을 집단으로서 유지하기 위한 권력을 소유하고, 그 권력을 행사하여 집단의 구성원에게 여러 가지 법을 부과하며 억압하고 부를 착취한다. 다만 지배자에게 어느 정도의 권력을 부여할지는 집단 구성원의 암묵적인 동의에 따라 정해져 있다. 그러므로 지배자가 완전한 사리사욕만으로 권력을 행사할 수는 없다. 행사하려고 해도 그렇게 하도록 놔두지 않는 시스템이어서 사리사욕만에만 몰두할(몰두한다고 간주될) 때, 지배자는 이르든 늦든 그 지위에서 내쫓기는 운명에 놓인다.

이 시스템이 지금까지 말해온 '게가레'의 정화 시스템이다. 지배자 자신이 사회집단에 쌓인 '게가레'를 없애기 위한 대상이 되어버리는 것이다. 사회집단의 구성원이 지배자의 불가결한 임무로 기대하고 있는 것은 이와는 반대이다. 즉 지배자란 사회집단의 질서를 위협하는 온갖 '게가레'를 정화하는 능력의 소유자여야 한다.

물론 현대의 지배자들에게도 '게가레' 정화 능력이 기대되고 있음은 말할 필요도 없다. 그러나 이전의 지배자에게 기대되던 능력만큼은 아니다. 옛날 사람들은 자연계와 인간계를 완전히 단절된 것으로 생각하지도 않았으며, 합리적 사고와 신비적 사고를 명확하게 구별하지도 않았다. 그러므로 이러한 표현이 과연 적절한지 아닌지는 의문이다. 있는 그대로 말하자면 이전의 지배자는 인간관계에서 생겨나 사회질서를 파괴하려는 '게가레'와 함께 자연계에 발생한 '게가레'도 정화해야만 하였다.

지배하는 사회집단의 내부에서 무력충돌이나 살인, 방화, 도둑질 등이 일어나고, 그것이 집단 구성원들에게 '게가레'로 간주되었을 때는 자신과 관계없는 일로 끝낼 수가 없다. 게다가 가뭄이나 장마가 계속되거나 지진이나 홍수, 역병 등이 발생했을 때에도 그러한 '게가레'를 정화해줄 것이 기대되었다. 여기에서 주의해야 할 것은 지배자의 '불제'가 사회에 쌓여있는 '게가레'를 진정으로 제거하려는 경우와, 그러한 불제를 하지 않고 겉으로만 그럴싸하게 불제인 것처럼 가장하는 경우가 있었다. 의례는 말하자면 '눈속임'이라는 측면도 포함하고 있었던 것이다.

그리고 유능한 지배자는 사회나 자연의 질서가 흐트러졌을 때, 즉 '게가레'인 때에는 그 '게가레'를 사회 외부로 제거하여 사회를 정화할 수 있는 존재여야만 했다. 그것이 불가능하면 자신의 입장이 위험해져서 지배도 관철해나갈 수 없었다. 따라서 지배자들은 인간사회와 자연계 양쪽의 '게가레' 불제 의례에 대해 고심하였다.

오른손에 검을, 왼손에 염주를

아주 오랜 옛날의 지배자는 그 자신이 사회와 자연, 양쪽과 관련된 '게가레'의 예방과 정화 능력을 지니고 있었다. 샤먼 왕이나 사제 왕이라고 부르는 존재이다. 『고사기古事記』[61]와 『일본서기日本書紀』[62]에 따르면 제10대 천황으로 간주되는 스진 천황崇神天皇[63] 치세 당시 재해가 끊임없이 발생했다고 한다. 이에 천황은 '목욕재계를 하고 전각 안을 정갈하게' 한 후에 신에 대한 자신의 공양이 아직 부족한지 오모노누시노카미大物主神[64]에게 기원하여 영몽靈夢을 구하였다. 그랬더니 그날 밤 꿈에 오모노누시노카미가 나타나서 자신의 아들인 오타타네코大田田根子에게 자신을 모시도록 하면 그 즉시 천하가 태평해질 것이라고 탁선했다 한다.

또 직접 밀교 승려의 의상을 입고 호마단護摩壇[65]에 올라가 가마쿠라 막부鎌倉幕府[66] 전복을 위한 조복을 행한 고다이고 천황後醍醐天皇[67]은 샤먼 왕으로서의 천황을

---

61 나라 시대(710~784)에 편찬된 역사서이다. 모두 3권으로 구성된다. 일본의 신화와 고대사를 전하는 중요한 역사서이며, 일본에서 가장 오래된 문헌으로 알려져 있다.

62 나라 시대에 편찬된 역사서이다. 모두 30권으로 구성된, 국가에 의해 편찬된 최초의 정사(正史)이다. 일본의 신화, 전설, 역대 천황에 관한 내용이 기술되어 있다.

63 (기원전 148?~29?, 재위 기원전 97?~29?) 제10대 천황으로 실존하는 첫 번째 천황이다.

64 일본 신화에 등장하는 신 중 하나이며, 나라 현(奈良縣) 사쿠라이 시(櫻井市)에 있는 오미와 신사(大神神社)의 제신이다. 풍작을 가져오고 역병을 퇴치하는 신으로서 신앙되고 있다. 국가의 수호신으로 여겨지는 한편, 재앙을 내리는 신으로 여겨지기도 한다.

65 호마를 행하기 위한 화로를 안치하는 단이다. 호마법에는 크게 외호마와 내호마가 있다. 외호마는 호마단의 화로에 불을 지피는 것이고, 내호마는 자기 내면의 의식에 불을 지피는 것이다.

66 일본 최초의 무사정권이다. 1185년경 미나모토노 요리토모(源賴朝)가 가마쿠라(鎌倉)에 막부를 설치하였기 때문에 가마쿠라 막부라고 한다.

67 (1288~1302, 재위 1318~1339) 제96대 천황이다. 원정을 폐지하고 친정(親政)을 실시하였다. 가마쿠라 막부를

체현했다고 할 수 있다.

그러나 이러한 능력이나 지식은 개인적인 자질에 좌우된다. 누구나가 샤먼이 될 수 있는 것은 아니다. 실패하면 지배자로서의 능력을 의심받고 실각한다. 고대의 천황이 일족끼리 다툰 것은 관점에 따라서는 천황 자신의 주력呪力을 의심 받았기 때문이다. 초능력이 없는 천황은 초능력을 가진 황족에게 쫓겨난다.

그래서 고대의 율령체제 이후, 지배자는 사회 질서와 자연 질서 양쪽의 지배자라는 것을 상징하는 신기神器(예를 들어 구사나기의 검草なぎの劍[68]은 스사노오スサノオ[69]에게 퇴치당한 야마타노 오로치八岐大蛇='자연'을 상징하는 몸속에서 꺼내어 아마테라스アマテラス[70]에게 헌상된 것이었다)를 소유하는 한편, 실제로는 강력한 무력집단과 외래의 첨단기술을 구사하는 주술집단을 고용하여 그 '힘'으로 사회에 발생하는 '게가레'를 예방하고, '게가레'가 발현한 경우에는 정화하려 하였다.

이슬람교가 '오른손에 검을, 왼손에 코란을'이라고 말하듯이 지배자라는 존재는 오른손에 활이나 칼을, 왼손에는 고헤이御幣나 염주를 들고 있었다. 게다가 활이나 칼을 쓰는 사람도, 고헤이나 염주를 지니는 사람도 천황 자신은 아니었다. 천황의

가마쿠라 막부를 저주해서 조복했다고 전해지는 고다이고 천황(도쿄대학 사료편찬소, 모사본)

타도하고자 했지만 실패로 끝나며 오키(隱岐)로 유배당한다. 하지만 후에 가마쿠라 막부가 멸망하자 복귀하여 친정을 실시한다.

68 『고사기』 및 『일본서기』에 따르면 스사노오노미코토가 이즈모(出雲)의 히노카와(簸川)에 있었다는 이무기 야마타노 오로치(八岐大蛇)를 퇴치하여 그 꼬리에서 꺼냈다고 전하는 검이다. 아마노무라쿠모노쓰루기(天叢雲劍)라고도 한다.

69 일본 신화에 등장하는 신 중 하나이며, 아마테라스의 동생이다. 난폭한 행동 때문에 천상계에서 추방되어 일본의 이즈모(出雲)에 정착한다.

70 일본 고유 종교인 신도(神道) 최고의 신으로, '아마테라스'는 '하늘에서 빛난다'는 뜻이다. 『고사기』 및 『일본서기』에 따르면 아마테라스는 태양을 신격화한 신이며, 일본 황실의 조상신으로 일컬어진다. 이세 신궁(伊勢神宮)에서 신앙의 대상이자 토지의 제신(祭神)으로 모시고 있다.

분신들이라 할 수 있는 무력집단과 주술집단에 속한 사람들이었다.

주력을 구분하는 방법은 현대의 시점에 의한 것일 뿐, 실제로는 무력집단과 주술집단을 명확하게 구별할 수 없었다. 나라 시대의 주금사呪噤師는 병을 치료하는 주술사임과 동시에 활이나 검으로 공격당해도 방어할 수 있는 호신술을 익힌 '병사'이기도 하였다.

이는 무사와 주술사가 지배자의 수호를 분담해서 맡게 된 헤이안 시대나 중세 시대에도 크게 바뀌지 않았다. 헤이안 시대에 궁궐 경비단 역할에 해당하는 다키구치滝口[71]의 무사는 무술뿐 아니라 모노노케를 물리치는 메이겐鳴弦[72] 의례에도 종사하였다. 마찬가지로 어전 경비를 맡고 있던 도코로노슈所衆[73]도 다른 한편으로는 궁중의 '스스하라이煤払い' 역할을 하였다.

덧붙이자면 전설 속에 등장하는 미나모토노 요시쓰네源義經[74]도 무예는 물론 주술에도 뛰어났던 영웅으로 묘사되고 있으며, 다케다 신겐武田信玄[75]이 열심히 이즈나飯綱의 술법을 익혔다는 전승도 이러한 맥락이었다.

사실 무사와 주술사는 '게가레'를 조복·퇴치시키는 능력을 소유한 전문가로서 매우 밀접한 위치에 있었다. 그렇기 때문에 무사는 음양사와 함께 오니 퇴치에 출격했던 것이다.

일본인들이 잘 알고 있는 전설 중에 오에야마大江山의 슈텐 동자酒呑童子를 퇴치하는 미나모토노 라이코源賴光[76] 일행의 이야기가 있다. 역사학자인 다카하시 마사아키

---

71 헤이안 시대 구로도도코로(藏人所)에 소속되어 궁중의 경비를 맡던 무사이다. 구로도도코로는 기밀문서나 소송을 담당했던 관청이다.

72 벽사(辟邪)를 위해 빈 활시위를 당겨 소리를 내는 것으로, 궁중 의식으로 행해졌다.

73 헤이안 시대 구로도도코로에 소속되어 잡무를 담당하였다.

74 (1159~1185) 가마쿠라 막부를 창설한 미나모토노 요리토모(源賴朝, 1147~1199)의 이복동생이다. 헤이시(平氏) 정권을 무너뜨리는 데 큰 역할을 했지만, 그의 명성이 높아지자 이를 견제한 요리토모에 의해 비참한 최후를 맞았다. 그러한 비극성 때문에 그를 주인공으로 하는 수많은 전설이나 설화 등이 생겨났다.

75 (1521~1573) 일본 전국 통일의 기반을 마련한 인물이다. 도쿠가와 이에야스와 오다 노부나가 연합군과의 전투 중에 급사하였다. 전투에 풍림화산(風林火山)이라는 전술을 도입한 것으로 유명하다. 풍림화산이란 손자병법에 나오는 말로 바람처럼 빠르게, 숲처럼 고요하게, 불길처럼 맹렬하게, 산처럼 무겁게라는 뜻이다.

76 (948~1012) 헤이안 시대의 무사이다. 라이코는 한자음을 그대로 읽은 것이지만, 일반적으로 요리미쓰라고 읽

高橋昌明**77**는 이 이야기의 가장 오래된 기록물인 『오에야마 그림이야기大江山繪詞』**78**에 "쇼랴쿠正曆**79** 연간에 그 귀천을 막론하고 수도와 지방에 사는 사람들을 죽인 일이 있다."라며 연호가 분명하게 적혀있는 점을 근거로 당시 크게 유행했던 역병을 오니의 짓이라고 생각했기 때문에 이 전설이 생겨났을 것이라고 기술하고 있다(『酒呑童子の誕生』中央公論新社).

게다가 이 무렵 아베노 세이메이安倍晴明**80**의 간진勘申(조정에서 의뢰 받은 점술의 답)에 의해 인왕경仁王經**81**을 학습하기도 하고, 임시 대 불제나 대 사면 등이 이루어졌다고 하므로 이 학설은 크게 설득력이 있다.

슈텐 동자 퇴치 전설의 원상原象이 역병을 물리치기 위한 불제였든, 산적 퇴치 혹은 지방에서 반란을 일으킨 정치세력의 토벌이었든 지배자는 이 모두를 '게가레'로서 진정시키고 정화해야만 하였다. '게가레'를 정화할 수 없으면 지배자라고 할 수 없었다. 원적怨敵 조복은 '게가레' 정화를 위해 행해졌다.

그리고 주목해야 할 것은 어령신앙의 유행 및 유포가 잘 말해주고 있듯이 사람들은 사회의 혼란이나 천재지변이 발생하는 원인이 지배자들의 지배 상태, 즉 권력행사의 실패나 잘못에 있다고 생각했다는 점이다.

스가와라노 미치자네菅原道眞나 다이라노 마사카도平將門, 혹은 스토쿠인崇德院이나 후지와라노 요리나가藤原頼長의 원령의 지벌이 일련의 천재지변이나 역병을 일으켜서 사회에 '게가레'를 만연케 한다고 생각하였다. 그리고 그것을 발생시킨 사람은

는 경우가 많다. 에도 시대 이전에는 문인, 가인, 귀족들의 이름을 음으로 읽는 경우가 종종 있었다.

77 (1945~) 고베 대학(神戸大學) 명예교수이며, 전공은 일본중세사이다. 저서로는 『슈텐 동자(酒呑童子)의 탄생-또 하나의 일본문화(酒呑童子の誕生 もうひとつの日本文化)』(中公新書, 1992) 등이 있다.

78 미나모토노 라이코가 칙명을 받고 교토의 여자들을 납치해서 잡아먹는 슈텐 동자를 퇴치한다는 유명한 설화를 그린 그림이다.

79 일본 연호의 하나이며, 990년부터 995년까지를 가리킨다.

80 (?~1005) 헤이안 시대에 활약한 음양사이다. 어려서부터 음양도와 천문학을 배워 황실과 귀족을 대상으로 점술의식을 행하였다.

81 대승불교 경전 중의 하나이다. 인왕반야경(仁王般若經)이라고도 한다. 예로부터 『법화경(法華經)』, 『금광명경(金光明經)』과 함께 호국삼부경(護國三部經) 중 하나로 꼽히며, 진호국가(鎭護國家)를 위해 인왕경을 강독하는 법회(法會)가 행해졌다.

위정자라는 것이다.

권력은 주술로 지탱된다

지배자에게 부과된 '게가레'를 정화하는 책임이 강화되어 그들은 지금까지 살펴본 것처럼 다양한 형태의 정화 의례, 조복 의례를 그 방면의 전문가에게 의뢰하게 되었다.

사람들은 지배자에 대해 '올바른' 스소 불제를 요구하였다. 자신들을 괴로움에서 구해주기를 바라고 그에 부응하는 것이 지배자라고 생각하였다. 또 그러기 위한 주력을 소유한 것이 지배자라고 여겼다. 그러나 지배자는 사람들의 그러한 요구에 부응하지 못할 때, 터무니없는 스소 불제에 이르렀다. 그것은 바로 탄압이며, 사람들을 물리적으로 억압하거나 원적으로 간주하고 조복하였다.

예를 들면 분메이文明**82** 원년(1469), 진언종 다이고 파醍醐派의 총본산 다이고지醍醐寺**83**의 장원에서 농민들이 봉기하였다. 사원 측은 이를 진압하기 위해 집금강신執金剛神**84**을 앞세워 농민들을 조복하였다. 그러자 봉기했던 농민들이 잇달아 병사했으므로 사원 측은 조복의 효과가 있다며 크게 기뻐했다고 전해진다. 민중은 물리적·폭력적 권력에만 지배당하고 있었던 것이 아니라 이와 같은 조복의 공포, 한층 강력한 종교적·주술적 권력에 의해서도 지배당하고 있었다.

권력은 주술로 유지되었다고 해도 결코 과언이 아니다. 권력자가 이러한 주술을 독점하여 정적政敵이 사용할 수 없도록 한 것은 당연한 일이다. 오다 노부나가織田信

---

82 일본 연호의 하나이며 1469년부터 1486년까지를 가리킨다.
83 교토 시 후시미 구(伏見區)에 있는 절이다. 본존은 약사여래(藥師如來)이다.
84 불법을 수호하는 신으로, 손에 금강저(金剛杵)를 들고 있다. 금강저는 불교의식에 사용하는 법구(法具)의 일종으로, 부처의 지혜가 번뇌를 타파하는 무기라는 점을 상징한다.

長[85]는 여러 지역의 불상과 신상을 자신의 주위에 모아두었고, 이와 동시에 적대 관계의 종교나 주술세력을 강력하게 탄압하였다. 이는 도요토미 히데요시豊臣秀吉[86]나 도쿠가와 이에야스德川家康[87]도 마찬가지였다.

'게가레'를 불제하는 '한 김 빼기ガス抜き' 의례

이러한 불제 의례 및 조복 의례는 특별히 천황과 귀족, 무사 등 지배자만을 위한 의례였던 것은 아니다. 지배자들은 표면상 자신들의 몸을 지키기 위해서만 불제를 하고 있는 듯이 보이지만, 자신을 지키기 위해서는 그들이 지배하고 있는 사회 전체를 정화해야만 하였다.

그러기 위해 그들은 자신의 불제뿐 아니라 사회집단이나 국가의 불제도 집행하였다. 삶을 지키려는 서민, 즉 지배자에게 '게가레' 불제의 집행을 기대하는 사람들 전체의 '게가레' 불제 의식이기도 하였다. 역병은 지배자뿐 아니라 민중도 덮쳤으며, 전란은 민중의 생활도 힘들게 하였다. 그러한 '게가레'를 진정시켜 정화할 수 있는 지배자야말로 훌륭한 지배자이며, '게가레' 불제가 이루어지지 않을 때에 사람들은 지배자를 비판하고 그 교체를 바랐다.

바로 그렇기 때문에 대사원의 수정회나 수이회, 기온마쓰리祇園祭[88] 등이 사람들에 의해 지지되며 발전되어 온 것이다. 그와 동시에 사람들이 사회의 '게가레' 정화 의례에 참가함으로써 개인의 마음이나 몸속에 쌓여있던 온갖 '게가레' 또한 정화되고

---

85 (1534~1582) 일본 통일의 기반을 닦은 인물이다. 노부나가는 불교를 탄압한 반면, 새로운 문화와 기술을 전파하고 있던 포르투갈 예수회 선교사들에게는 호의적인 태도를 취하였다.
86 (1536~1598) 전국시대의 일본을 통일한 무장이다. 오다 노부나가(織田信長)를 섬기던 중 노부나가가 부하의 배신으로 죽자 배신자를 처단하며 권력을 장악하였다. 1592년 임진왜란을 일으킨 인물이다.
87 (1543~1616) 에도 막부의 초대 쇼군(將軍)이다. 도요토미 히데요시(豊臣秀吉) 사망 후, 1600년 세키가하라(関ヶ原) 전투에서 승리하며 천하의 실권을 장악하였다. 1603년 쇼군이 되어 에도에 막부를 설치하였다.
88 야사카 신사의 제례행사이다. 교토의 여름 풍물시로, 7월 1일부터 1개월 동안 행해진다. 전염병을 퇴치하기 위해 기원제를 열었던 것이 유래이다.

'하레' 상태가 되었다. 사회의 지배자 입장에서는 이것이야말로 더할 나위 없는 정화로서 기능하였다. 의례에 의해 이른바 '한 김 빼기ガス抜き'[89]가 이루어지는 것이다.

이러한 '한 김 빼기'가 의례로서의 스소 불제였던 것만은 아니다. 시대적 흐름에 따라 다양해지면서 여러 가지 '한 김 빼기' 시스템이 만들어졌다. 도박, 매춘, 예능, 그리고 스포츠, 여행. 이러한 것들은 원래 신사神事 및 의례와 깊은 관련이 있으며, 한 마디로 말하자면 사회적 '스소 불제'였다. 사람들은 자신들의 삶을 유지하기 위해 자신들의 힘으로 '스소 불제'를 행해왔다.

이와 같은 개인 차원의 '스소 불제'로는 어찌 할 수 없을 것 같은 대규모의 '스소'도 있다. 사회 그 자체에 쌓여 있는 '스소'이다. 현대를 살아가고 있는 당신이라면 무엇을 떠올릴까. 무릇 그러한 '스소'를 불제하는 것이 지배자의 책임이며, 불제를 할 수 없을 때에는 지배자로서의 지위 그 자체가 위험해진다.

'희생양'을 낳는 '이중 안전장치' 기구

지배자들이 만들어낸 '게가레' 추방 시스템은 이것만이 아니었다. 그들이 주최하는 '한 김 빼기' 의례가 항상 순조롭게 진행된다고는 할 수 없었다. '게가레' 불제 의례를 아무리 행해도 전란이나 천재지변이 계속되는 경우도 있었다. 물론 지배자 자신의 병이 전혀 나아지지 않는 경우도 있었다.

이러한 때는 어떻게 하였을까. 그 전형적인 예가 이른바 '덕정德政'이었다.

덕정이란 민중이 기뻐할 만한 정치를 행하는 것으로, 범죄자를 석방하거나 창고를 열어 식량과 의복을 나누어주거나 빌린 돈을 탕감해주거나 매도한 토지를 원래의 소유자에게 돌려주거나 하는 일이다. 중세의 덕정 잇키一揆[90]란 이러한 것을 지

---

89 집단이나 조직 내부의 불만이나 긴장이 고조되었을 때, 감정 폭발의 억제를 위해 이루어진다.
90 지배자에 대한 저항·투쟁을 목적으로 했던 농민의 무장봉기를 말한다.

배자들에게 기대하고 민중이 봉기한 사건이었다.

그러나 지배자들은 민중이 기대하는 지배자 상에 일일이 부응할 수는 없었다. 그래서 준비된 것이 이중 삼중의 '게가레' 추방 시스템이다. 현대로 말하자면 이중 안전장치 기구에 해당될지도 모르겠다.

이것은 아폴로 우주선의 설계에 도입되어 유명해진 사고방식으로, 구조물의 중요한 부분을 하나가 아니라 복수로 만들어두어서 하나가 고장 나도 다른 기구가 작동하여 시스템 전체의 안전을 유지한다.

본래 지배자인 천황의 기본적 속성으로서 천재지변의 발생을 막는 자연 통제 능력이나 천재지변을 일으킨다고 여겨졌던 어령의 발생을 막는 위정이 기대되었다. 천재지변이 발생했을 때에는 당연히 천황의 지배자로서의 능력이 문제시 되었다.

그런데 실제로는 천황 자신의 문제가 아니라, 천황이 고용한 무사나 주술사들의 능력의 우열에 그 책임을 전가하는 시스템이 만들어져 있었던 것이다. 쇼와 천황昭和天皇[91]이 15년 전쟁[92] 수행의 최고 지도자였음에도 불구하고 군부 지도자의 책임만을 물은 이유는 그러한 시스템 때문이었다고 말할 수 있을지도 모르겠다.

이러한 희생양 시스템은 이 외에도 있다. 예를 들면 범죄가 다발하는 것은 그러한 사회 상황을 만들어낸 위정자의 정치 책임인데도(물론 그것만은 아니지만), 지배자는 범죄자를 처벌하기만 하면 사회의 '게가레'를 정화할 수 있다고 꾸미거나 범인을 찾지 못하면 '범인'을 조작하여 정화했다고 위장하는 방법을 취하였다.[91][92]

그런 의미에서 우리는 과거 원죄冤罪 사건[93]의 교훈을 단순히 현장수사관의 잘못이라고 할 것이 아니라 더 깊이 있는 시점에서 파악할 필요가 있다. 또한 아무리 악덕 상법이나 부동산 투기꾼을 적발해도 현대 일본사회의 '게가레'의 근원이 되고

---

91 (1901~1989, 재위 1926~1989) 제124대 천황이다. 제2차세계대전 후, '인간선언'을 발표하여 천황의 신격화를 부정하였다. 현재 일본의 헌법은 천황을 '일본국가의 상징이자 국민통합의 상징'으로 규정하고 있다.
92 1931년의 만주사변을 시작으로 1937년 중일전쟁, 1945년 태평양전쟁까지를 '15년 전쟁'이라고 한다.
93 원죄란 죄가 없는데도 범죄자 취급을 받는 것을 가리키는 말로, 누명을 썼다는 의미이다. 원죄 사건의 경우, 피고인의 유죄를 입증하는 증거가 없음에도 피고인의 무죄를 입증하는 물적·정황적 증거를 검찰 및 사법부가 인정하지 않는 데서 발생한다.

있는 '가진 자'와 '가지지 못한 자'의 격차는 좁혀지지 않는다.

추나 의례 등에서 오니를 연기하게 됐던 사람들도 이러한 희생양 시스템의 일익을 담당하였다. 그들은 지배자의 부負='게가레'의 부분을 떠맡고 사회에서 추방당하는 역할을 연기해야 했다. 지배자는 '게가레'를 가라앉히고 정화하기 위한 '산 제물'로서 천시 당한 사람들을 이용했던 것이다.

신불마저도 '희생양'이 된다

겐코 법사兼好法師[94]는 『쓰레즈레구사徒然草』[95] 제203단에 이런 이야기를 적고 있다.

칙감勅勘(천황의 꾸지람)을 받은 때에 화살 통을 걸어두는 관습은 현재 이미 사라져서 아는 사람이 없다. 황제가 병이 나거나 세상이 시끄러워졌을 때에 고조五条의 천신이나 구라마鞍馬[96]의 유키 묘진靫明神[97]은 화살 통이 걸리는 신이었다.

게비이시초検非違使廳[98]의 가도노오사看督長[99](현재로 말하면 경시청 수사과장에 해당한다고 볼 수 있다)가 칙감을 받은 집에 가서 짊어지고 간 화살 통을 걸면 그 집에는 사람들이 출입을 할 수 없게 되었

---

94 (1283?~1352?) 승려이자 문학가이다. 20대 초반에 조정의 관리가 되지만 30대에 출가하였다. 저서로는 『쓰레즈레구사(徒然草)』가 있다.

95 중세 시대를 대표하는 수필집이다. 귀족 사회가 몰락하고 무사들이 득세하던 격동의 시대를 살던 작가의 불교적 무상관이 잘 표현된 작품이다. 또한 이 책에 전하는 설화 등을 통해 당시의 사회풍조 등을 알 수 있어 역사적 사료로서의 가치도 높다. 『마쿠라노소시』, 『호조키(方丈記)』와 더불어 일본 중세의 3대 수필집으로 손꼽힌다.

96 교토 시 사쿄 구(左京區) 중서부에 있는 지명이다. 8세기에 창건된 구라마 절(鞍馬寺)은 헤이안 시대 후기 이후 교토의 북방을 수호하는 절로서 사람들의 신앙의 대상이 되어왔다. 구라마 절 본당으로 가는 참배도 도중에 유키 신사(由岐神社)가 있다.

97 교토 시 사쿄 구에 있는 신사로, 구라마 절을 진수(鎭守)하기 위해 건립되었다. 정식 명칭은 유키 신사이다. 유키(靫)는 화살 통을 의미하며, 유키 묘진이라는 이름은 천황이 병에 걸리거나 나라가 어려울 때 신에게 화살 통을 헌상한 데서 연유한다. 가을에 절 앞에 사는 사람들이 햇불을 들고 마을을 행진하는 '구라마 히마쓰리(鞍馬の火祭)'가 유명하다.

98 게비이시(檢非違使)가 사무를 보던 관청이다. 게비이시는 헤이안 시대 초기에 비위를 감찰하기 위하여 설치한 벼슬로, 현재의 검찰·재판·경찰 업무를 겸한 직책이다.

99 헤이안 시대 게비이시초에서 일하던 하급 직원이다. 본래 감옥에서 죄인을 감시하고 감옥을 관리하는 업무를 담당하였지만, 나중에는 주로 죄인을 추포하는 업무를 담당하게 되었다.

다. 이러한 관습이 지금은 사라져서 현재는 그저 봉封(폐문 표시 종이를 붙임)을 할 뿐이다.

역사학자 세타 가쓰야瀬田勝哉[100]는 이러한 작법을 다음과 같이 이해해야 한다고 말한다. 천황이 병들거나 사회에 쟁란 등이 발생했을 때, 즉 천황이나 국가에 '게가레'가 생겼을 때에 이 '게가레'=죄를 짊어져주는 신으로서 구라마의 유키 묘진이나 고조 천신이 정해져 있으며, 천황은 이 신을 교토 밖으로 일정 기간 귀양 보냄으로써 '게가레'를 정화했다고 한다.

말하자면 이러한 신들은 천황의 '게가레'를 흡수하여 수도 밖으로 버려지는 '나데모노撫物', 천민에 의해 체현體現된 오니에 해당되는 신불이다. 신불마저도 '게가레'를 정화하기 위해 희생양이 되었던 것이다.

화살 통을 걸어두고 봉쇄하는 기간은 '게가레'를 짊어지게 된 신들이 교토라는 공간의 외부를 불제하기 위해 방랑하는 기간이며, 불제 여행을 끝내고 신들이 수도로 돌아왔을 때가 천황이나 국가가 '하레' 상태로 돌아오는 때이자 화살 통이 제거되는 때이기도 하였다.

셋쿄부시說經節[101]의 대표작 『오구리 판관小栗判官』[102]의 이야기도 이러한 천황의 '게가레' 정화 신앙이나 민중의 편력遍歷 신앙을 바탕으로 하여 만들어진 듯하다. 이 이야기의 내용에서 지금까지의 논의에 따라 중요한 점을 지적하자면, 구라마의 유키 묘진이 점지해준 아이로 태어난 니조 다이나곤二条大納言의 아들 오구리 판관은 미조로가 연못深泥池의 큰 뱀과 부부가 된다.

그러자 천재지변이 일어나 황제가 살고 있는 궁궐까지 오랜 비 때문에 위험한 상

---

100 (1942~) 무사시 대학(武蔵大學) 명예교수이다. 전공은 교토 중세사, 나무의 사회사·문화사이다.

101 샤미센(三味線) 반주를 곁들인 이야기이다. 종교성과 오락성을 갖추고 있고, 내용은 권선징악적이며 교훈적이다. 불교 포교를 위해 생겨나 대중예술로 발전하였다.

102 전설상의 인물 또는 이 인물을 주인공으로 하여 일본 중세 이후에 전승되어온 이야기이다. 모델이 된 인물은 히타치(常陸) 지방의 오구리노미쿠리야(小栗御廚)에 있었던 오구리 성(小栗城)의 성주 오구리 미쓰시게(小栗滿重) 또는 그의 아들 오구리노 스케시게(小栗助重)이다. 오구리노미쿠리야는 현재의 이바라키 현(茨城縣) 지쿠세이 시(筑西市)에 해당한다.

태가 되어서 음양박사陰陽博士에게 그 원인을 점치게 하였다. 음양박사는 오구리 판관이 큰 뱀과 연을 맺은 탓이라고 판정했고, 오구리 판관은 히타치常陸 지방[103]으로 유배를 당한다. 이리하여 오구리 판관은 '무라하치부村八分'[104]를 당하고 오랜 편력 여행을 시작하게 된다. 그는 지옥으로 떨어져 아귀餓鬼의 몸으로 이 세상에 소생하여 편력을 거듭하고, 구마노熊野[105]의 성스러운 탕(온천)에서 정화수로 원래의 몸을 회복하여 수도로 돌아온다. 이 때 가족은 기뻐하며 그를 맞아들인다.

이 이야기의 발단 부분을 천황의 '게가레'라는 관점에서 보면 천황은 천재지변이라는 '게가레'를 정화시키는 역할을 맡고 있으며, 그 '게가레'의 원인으로서 음양박사의 힘을 빌려 오구리 판관을 골라내고 그를 수도라는 공동체에서 추방함으로써 '게가레'를 정화했다고 간주할 수 있다. 오구리 판관은 음양사가 점술로 발견한 황제=국가의 '게가레'=오니이며, 유배를 당한 오구리는 천황의 '나데모노'인 것이다. 요컨대 오구리는 천황을 지키는 음양사에 의해 '스소 불제' 되었다.

이와 같은 '귀종유리담貴種流離譚'[106], 즉 유배를 당해 각지를 방랑하는 귀인의 이야기는 황제=국가가 장치한 '스소 불제'에 의해 수도 밖으로 버려진 귀인의 이야기라고 해도 과언이 아니다. 오구리가 구라마 유키 묘진의 점지를 받은 아이이며, 이 신이 '게가레'를 짊어지는 신이었던 점, 그리고 구라마에는 오니로 간주된 하급의 음양사 법사가 있으며, 그 자손이 에도 시대江戶時代에 마을 사람들의 액을 대신하여 받아들이는 걸식승이었다는 점 등을 고려하면 그렇게 생각하는 편이 타당할 것이다.

---

103 현재의 이바라키 현에 해당한다.
104 마을 주민이 규약을 위반하는 행위를 했을 때, 마을 전체가 단합하여 그 집과 교류나 거래를 끊는 사적 제재이다. 그 집 사람들을 마을에서 추방하기도 하였다.
105 기이 반도(紀伊半島) 남부 일대를 말하며, 현재의 와카야마 현(和歌山縣), 미에 현(三重縣), 나라 현(奈良縣) 이 세 현에 걸쳐 있는 지역이다. 해변과 산악으로 구성된 입지조건으로 인해 예로부터 타계(他界)로서 신성시되어왔다.
106 민속학자 오리쿠치 시노부(折口信夫, 1887~1953)에 의한 설화 유형 분류 중 하나이다. 귀한 출신의 영웅이 고향을 떠나서 유랑하며 고난을 동물이나 여성의 도움 등으로 극복해가는 이야기이다. 히카루 겐지의 스마(須磨) 지방으로의 유배, 오디세우스의 표류 등이 이러한 사례이다.

다음에 '불제 당하는' 자는 누구인가

국가 지배자로서의 천황에 대해 언급해 왔는데, 이러한 속성은 촌락공동체의 지배자들에게서도 볼 수 있었다. 촌락의 지배자는 가뭄이나 장마가 지속될 때, 이것을 조정하기 위해 기우나 기청祈晴 의례를 지도하고 이를 위해 옛날이야기나 전설속에서는 자신의 딸이나 나그네를 용신에게 산 제물로 바치고 있다.

왜 촌락의 지배자가 자신의 딸을 희생시키면서까지 비나 맑은 날씨를 기원해야 한다고 생각했던 것일까. 말할 것도 없이 지배자는 사회의 질서와 함께 자연의 질서도 조정할 수 있어야 한다고 여겼기 때문이다. 사실 에도 시대의 대표적 의민義民으로 이름 높은 사쿠라 소고로佐倉宗五郎[107]처럼 진심으로 촌락의 질서 회복에 노력했던 지배자=지도자들은 자기 자신을 산 제물로 바치면서까지 촌락의 '게가레'를 정화하고자 하였다.

한편으로는 이른바 '도둑 보내기'나 '역병 보내기' 혹은 '빙의 가계' 등과 같은 희생양 시스템을 교묘하게 이용하여 자기 자신이 짊어져야 할 '게가레'를 타인에게 전가함으로써 자기 보전을 꾀하는 지배자, 지도자도 수없이 존재하였다.

이와 같이 희생양을 만들어내서 불제하는 시스템을 우리는 단순히 역사·민속사회에만 존재했던 것으로 끝내서는 안 된다. 권력을 유지하고 사회집단의 '게가레'를 정화하는 시스템은 분명히 지금도 존재하고 있다. 대규모 뇌물 비리 사건과 관련되어도 '부정을 씻어냈으니까'라고 하면 국회의원에도 당선될 수 있고, 학교에서의 '집단 따돌림' 문제, 기업이나 관공서 등에서 자주 볼 수 있는 '도마뱀의 꼬리 자르기'와 같은 현상도 동일한 구조에 의한 것이라고 할 수 있다. 또 이전에 우리 사회집단이 관동대지진이라는 천재지변에 맞닥뜨렸을 때 무엇을 '게가레' 불제의 대상으로 삼았는지, 혹은 패전이라는 국가로서의 거대한 '게가레'를 떠안았을 때 우리

---

107 본명은 기우치 소고로(木內惣五郎)이다. 그는 사쿠라 번(佐倉藩)의 번주(藩主) 홋타 씨(堀田氏)에 의한 과도한 세금 징수로 고통받는 농민들을 위해 쇼군(將軍)에 직소한다. 하지만 이 일로 체면이 손상된 번주에게 소고로와 그의 가족은 처형당한다. 한자로 '佐倉惣五郎'라고도 표기한다.

는 도대체 무엇을 불제해서 '하레'=새로운 사회를 만들려 했는지에 대해 '저주하는 마음'이 사회 속에 팽배해 있는 듯한 오늘날 다시 한 번 생각해 볼 필요가 있을 것이다.

부록
—

아베노 세이메이安倍晴明
―세이메이 신사晴明神社―교토京都―

교토 세이메이 신사의 역사

교토 중심부를 남북으로 달리는 호리가와 거리堀川通는 시내 간선도로의 하나이다. 이 호리가와 거리에 니조 성二条城이 있다. 이 니조 성에서 호리가와 거리를 북쪽으로 20분 정도 걸어 가면 서쪽에 아베노 세이메이安倍晴明를 모시고 있는 '세이메이 신사'가 있다. 주소도 세이메이 신사와 연관되어 가미쿄 구 호리가와 거리 이치조아가루 세이메이 정上京區堀川通一条上ル晴明町이다. 자동차로 갈 경우 눈여겨보지 않으면 지나쳐 버리기 쉬운 조그마한 신사이다. 10년 정도 전에는 이 지방 사람들이 태어난 아이들의 이름을 짓기 위해 점을 치러 가는 신사로서 은밀하게 믿고 있는 데 불과했다. 그런데 최근 몇 년 사이에 젊은 사람들을 중심으로 아베노 세이메이와 음양도陰陽道[1]의 붐을 타고 지금은 많은 참배객들이 찾아오게 되었다.

---

1   음양오행(陰陽五行)의 이치로 길흉을 판단하며 재액(災厄)을 물리침을 목적으로 하는 학문이다.

세이메이 신사의 초기 역사는 거의 확실하지 않다고 할 수 있겠다. 세상 소문으로는 세이메이가 죽고 나서 2년 후인 간코寬弘 4년 (1007), 천황이 세이메이 생전의 위업을 기리기 위해 그의 옛 집에 신사를 세우게 하여 그 신령을 모시도록 했던 데서 비롯되었다. 당초에 동쪽은 호리가와堀川, 서쪽은 구로몬黑門, 북쪽은 모토세간지元誓

세이메이 신사의 정면 모습

願寺, 남쪽은 나카다치우리中立賣까지 넓은 사지社地를 갖고 있었는데, 오닌의 난應仁 の亂(1467~1477)[2] 이후 큰 전화戰火와 도요토미 히데요시豊臣秀吉의 구획정리 등이 겹쳐서 축소·황폐의 일로를 걸었다. 그런데 쇼와昭和 시대가 되어 세이메이큐초구미晴明 九町組라는 씨족집단이 중심이 되어 단계적으로 정비를 추진하여 현재에 이르게 되었다고 한다. 그러나 에도江戶 시대 이전의 일은 전설로 이해하는 것이 틀리진 않을 것이다.

유의할 것은 역사적 사실에서 세이메이의 집은 현재 이 세이메이 신사가 있는 곳이 아닌 호리가와의 동쪽, 모도리바시戾橋의 동남쪽인 가미쿄 구 가미초자마치 거리 신 정上京區上長者町通新町 서쪽 입구 북쪽의 쓰치미카도 정土御門町에 있었다고 한다. 따라서 만약에 이 신사가 세이메이의 옛 집에 세워졌다고 한다면 어느 시기엔가 현재 있는 지역으로 옮긴 것이 된다.

세이메이사晴明社의 역사를 추측할 수 있는 몇 개의 사료史料를 소개하겠다. 에도 시대 후기인 안에이安永 9년(1780)의 『미야코메이쇼즈에都名所圖會』 권1에 "아베노 세

---

2 쇼군(將軍) 가문 및 시바(斯波)·하타케야마(畠山) 두 집안의 상속싸움과 호소가와(細川)·야마나(山名) 두 집안의 대립으로 일어났으며 교토를 무대로 격렬한 싸움을 벌였다. 이 내란으로 교토는 황폐화되고 막부의 위신은 실추되어 장원제의 붕괴가 촉진되었다.

이메이샤安倍晴明社는 이치조一条 서쪽 요시야 정葭屋町, 세이메이 정晴明町에 있다. 세이메이 영신靈神을 모신다. 옛날에는 이 곳이 세이메이의 집이었다."라는 간단한 설명이 있다. 또『교마치카가미京町鑑』(1762)에도 "세이메이 정 거리 동쪽에 아부라노고지 도노油小路殿 저택이 있다. 또한 서쪽에 아베노 세이메이샤가 있다. 이곳이 세이메이가 살았던 옛터이며, 이 거리의 서쪽으로 들어간 중간 정도의 곳"이라고 되어 있으며,『산슈메이세키시山州名跡志』(1711) 권17에도 "세이메이 정 이치조 거리 요시야 정의 서쪽에 있다. 이것을 요코세이메이 정橫晴明町이라고 한다. 요시야마치 거리 이치조의 북쪽을 다테세이메이 정竪晴明町이라고 한다. 옛날에는 이 두 거리에 걸쳐 아베 집안의 집들이 있었다. 세이메이의 영사靈社는 다테 정竪町에 있다."라고 되어 있다. 근세 중기 무렵에도 이미 조그만 신사가 있었던 셈이다. 더욱더 거슬러 올라가서 근세 전기의 간분寬文 5년(1665)에『후소케이카시扶桑京華誌』권1에도 "세이메이 신사는 호리가와의 서쪽, 이치조 북쪽에 있고, 그 곳을 세이메이 정이라고 한다."고 되어 있다. 즉 근세를 통해서 현재의 땅에, 세이메이의 옛 집터에 세워졌다고 전해지는 세이메이샤가 있었다는 것을 알 수 있다.

이『후소케이카시』와 거의 같은 시기에 쓰여진『데키사이쿄미야게出來齎京土産』에도 "세이메이의 옛 집터 이치조 이노쿠마猪熊의 동쪽을 세이메이 정이라고 부른다. 아베노 세이메이의 옛 집터이다."라고 기록되어 있다. 이『데키사이쿄미야게』에는 또한 "나중에 세이메이가 죽었는데, 그 무덤은 고조五條 마쓰바라松原 가모가와鴨川의 동쪽 기슭에 있으며, 지금도 그 표시가 있다."라는 기록이 있어서, 세이메이의 묘라고 하는 무덤이 고조 거리五條通 마쓰바라의 가모가와 동쪽 기슭에 있었다는 것을 알 수가 있다. 이 세이메이의 무덤은 그 후『미야코메이쇼즈에』권2에 "세이메이의 신사는 미야가와 정宮川町 동쪽, 마쓰바라 북쪽에 있다. 옛날에 이 곳에 아베노 세이메이의 무덤이 있었는데, 새 도로와 인가人家를 만들어 감에 따라 점차 무덤이 무너져 평지가 되었다. 이런 까닭으로 이 곳에 신사를 세우고 그 혼령을 모신다."라고 하는 것처럼, 이른바 개발이 진행되어 무덤이 있는 산이 깎여 내려졌기 때문에 세이메이의 신사를 새로 지어 모시게 되었다고 한다. 하지만 이 신사는 메이지明

治 시대[3] 초기에 폐사廢社되었다고 한다.

여기서 약간 보충한다면,「기요미즈데라 참예만다라淸水寺參詣曼陀羅」 등에 의하면 이 미야가와 정宮川町 마쓰바라 거리松原通에 있었던 무덤은, 중세시대에는 가모가와와의 나카스中州에 세워져 있던 '호조지法城寺' 경내에 있었던 것 같다. 그러나 근세에 들어 동쪽 강줄기가 없어져 강 기슭의 일부가 되고, 이 호조지도 종파를 바꾸어 산조바시히가시즈메三條橋東詰로 옮겨져 버려 무덤만이 그대로 거기에 남아 있었던 것이었다.

근세를 통해서 세이메이 신앙의 2대 거점이었던 호리가와의 세이메이샤와 가모가와 동쪽 기슭의 세이메이샤 중에서 한쪽은 살아남고 다른 한쪽은 폐사되었다. 여기에는 이 세이메이샤를 지탱해 온 씨족들의 신앙심 차이가 반영되어 있다. 그러나 조금 더 이해하기 쉽게 설명을 덧붙인다면, 호리가와 서쪽의 세이메이 정의 세이메이샤는 바로 가까이에 아베노 세이메이와도 연관되어 있는 모도리바시戻橋를 바로 옆에 끼고 있었던 것과도 관련이 있는지도 모른다.

더욱이 이 호리가와의 세이메이 신사조차도 세이메이 신앙의 쇠퇴에 따라 한 때에는 전임신직專任神職이 없어진 적도 있으며, 현재는 근대 이전의 음양사陰陽師[4]의 전통과는 관련이 없는 신직에 의해 지켜져 가고 있다.

아베노 세이메이는 어떤 사람인가

세이메이 신사의 제신祭神으로 되어 있는 아베노 세이메이는 후지와라藤原 가문[5]을

---

3 1868년부터 메이지 천황이 사망한 1912년 7월까지 약 44년 동안을 말한다.
4 옛날 궁중의 음양료(陰陽寮)에 속하여 점·풍수지리 등을 관장한 벼슬자리로 지금의 역술인을 가리킨다.
5 후지와라 가문은 고대부터 근세의 대표적인 귀족으로 다이카 개신(大化改新, 645)에서 공적을 세운 나카토미노 가마타리(中臣鎌足)가 덴지 천황(天智天皇)으로부터 후지와라(藤原)라는 성을 받으면서 시작되었다.

중심으로 한 귀족의 전성기에 해당하는 헤이안平安 시대[6] 중기에 음양도의 대가로 알려진 인물이다. 아베노 세이메이는 『쓰치미카도 기록土御門記録』에 의하면, 간코寬弘 2년(1005) 9월 26일에 타계하였다고 되어 있으며, 『존비분맥尊卑分脈』과 『아베 씨 계도安倍氏系圖』에 의하면 향년 85세라고 되어 있다. 이러한 것들에 따르면 엔기延喜 21년(921)에 태어났다는 셈이 된다.

음양도의 전문가를 음양사라고 한다. 이 당시의 음양사는 조정의 기관인 음양료陰陽寮에 속하는 음양사와 민간에서 활동하는 음양사로 나뉘어지는데, 세이메이는 조정에서 일하는 음양사로 당시 최고권력자인 후지와라노 미치나가藤原道長[7]에게도 중용되었다.

음양도는 고대 율령국가 건설에 적용하여 규범이 되었던 중국의 국가조직을 떠받치는 지식과 기술의 일부로 이입되었다. 그 지식과 기능을 관리하는 관청이 음양료이고, 그 주요 임무는 음양오행설陰陽五行說 혹은 십간십이지十干十二支에 따른 우주의 이해라는 우주론적·형이상학적 측면과 그것을 적용한 천문 등의 자연관측·기록·달력의 작성과 시각 측정 등 과학적·실용적 양쪽에 걸친 연구와 교육, 그 지식에 의해 길흉을 판단하는 점술, 나아가서 점의 결과에 대처하기 위한 초복제재招福除災 의례의 집행 등 여러 방면에 걸쳐 있었다.

일본에 정착되어 감에 따라서 주술적인 측면을 비대화시켜 '다이잔후쿤사이泰山府君祭'[8]라는 궁중제사와 '모노이미物忌み'[9] '가타타가에方違え'[10] 등 귀족들의 일상생활 구석구석까지 규제하는 독특한 코스몰로지(우주관)와 주법呪法을 고안해냈다. '다이잔후쿤사이'는 음양도식의 병 치료 의례이며, '모노이미'는 사악한 신령의 침입과 공

6   794년 헤이안쿄(平安京)로 수도를 옮겼을 때부터 1192년 미나모토노 요리토모(源賴朝)가 가마쿠라 막부(鎌倉幕府)를 열 때까지의 약 400년 동안을 말한다.
7   (966~1027), 이치조(一條), 고이치조(後一條), 고스자쿠(後朱雀), 니조(二條) 천황의 4대에 걸쳐 딸을 시집보내 30년 동안 섭정(摂政)과 관백(關白)을 독점하며 셋켄 정치(摂關政治)의 전성기를 맞이했다.
8   다이잔후쿤(泰山府君)은 인간의 생사를 담당하는 음양도의 주신(主神)이다.
9   불길하고 부정하다고 꺼려하거나 피하는 것을 말한다. 금기(禁忌).
10 나들이나 여행을 할 때 목적지의 방위가 나쁘면 일단 방위가 좋은 곳에서 1박을 하고 다음날 목적지로 가는 일이다.

격을 피하기 위해 특정한 날은 집에 틀어박혀 사회적인 생활을 중지한다는 주법이다. 그리고 '가타타가에'는 외출할 때 그 방향으로 움직이는 것이 흉이라고 한다면, 그 전날 밤에 길한 방향에 해당하는 집에서 하룻밤을 묵어 흉한 일이 일어나지 않도록 하고 나서 목적지로 향한다는 것이었다. '주소노하라에呪咀の祓え'는 사람의 원한과 게가레ヶガレ[11] 등을 일년에 한 두 번 제거하기 위한 의례였다.

이러한 우주론으로부터 사악한 신령을 '귀신'으로 표현하는 사상과, 사악한 신령을 쫓아내거나 점을 치기 위해서 사역하는 '시키가미式神'[12] 사상이 생겨났다. 특히 시키가미는 사람을 저주하여 죽이는 데에도 이용

아베노 세이메이 초상화

될 수 있는 아주 강력한 사역령使役靈이었다고 한다.

당시 궁중의 음양도는 유서 깊은 가문인 가모賀茂 집안이 종가의 지위를 지키고 있었다. 가모 다다유키賀茂忠行는 그 이전의 음양사에 결코 뒤지지 않는 당대 제일이라고 평가받은 음양사였으며, 그의 아들인 야스노리保憲에 의해 종가의 지위가 확고해졌다. 세이메이는 유서깊은 가문 출신은 아니었는데, 재능이 풍부하고 또한 오래 산 덕분에 이 다다유키와 야스노리 부자 2대를 섬겼다. 스승인 야스노리는 음양도를 이분하여 천문도天文道는 세이메이에게, 역도曆道는 야스노리의 아들인 미쓰요시光栄에게 전수하여, 여기에서 후대의 음양도 2대 종가의 기초가 만들어졌다. 아베

---

11 월경, 상(喪), 해산 등의 부정(不淨)을 뜻한다.
12 음양도에서 음양사가 시키는 대로 조화를 부린다는 신령(神靈)이다.

노 세이메이의 자손은 '쓰치미카도 집안土御門家'으로서 메이지 초기까지 종가의 지위를 유지하게 된다.

세이메이는 음양료에서 천문박사天文博士를 담당직무로 하였고, 관직으로서는 다이센다이부大膳大夫, 사쿄다이부左京大夫, 하리마노카미播磨守를 맡았으며, 위계는 주시이게從四位下까지 올랐다. 사실史實로써 세이메이의 활동을 전해주는 것은 당시 귀족들의 일기이다. 거기에서 단편적이지만 세이메이의 이름을 조금씩 볼 수 있다.

예를 들면 후지와라노 무네타다藤原宗忠의 일기인 『주유키中右記』의 조토쿠長德 3년(997) 3월 21일 대목에, 히라노 신사平野神社에 가마마쓰리竈祭 사전社殿이 없기 때문에 조정에서 그 건축에 착수하는 길일吉日을 세이메이에게 점치게 하고 있다. 또 후지와라노 유키나리藤原行成의 일기인 『곤키權記』 조토쿠長德 3년 6월 대목에, 이치조 천황一條天皇이 히가시산조인 센시東三條院詮子[13]의 병문안을 갈 때 '한베이はんべい'를 하였다. 이것은 북두구성北斗九星을 표상하는 스텝 동작으로, 악령을 밟아서 진정시켜 사기邪氣를 내쫓는 주술이었다. 조호長保 4년(1002) 11월 대목에는, 유키나리行成가 아마 병에 걸렸을 것이라고 하며 세이메이에게 다이잔후쿤사이를 시키고 있다. 후지와라노 미치나가의 일기 『미도칸파쿠키御堂關白記』의 조호 2년(1000) 1월 대목에는, 미치나가의 딸인 쇼시彰子가 정식으로 황후로 결정되었기 때문에 입궁 길일을 알아보게 하고 있다. 또한 같은 해 7월 대목에는 가뭄이 계속되고 있기 때문에 오룡제五龍祭라는 기우제를 지내자, 그 날 밤에 큰 비가 내렸다고 한다. 특히 이미 소개한 도우노미네多武峰의 단잔 신사談山神社와의 관계에서 흥미로운 것은 간코寬弘 원년(1004) 9월25일 대목으로, 후지와라노 가마타리 능묘藤原鎌足陵墓(도우노미네의 묘)가 명동鳴動하기 때문에 점을 치고, 미치나가의 쓰치미카도 저택에서 대반야경大般若経 등의 공양법회를 거행하도록 했다는 기록이 있다.

---

13 후지와라노 센시(藤原詮子 : 962~1001)를 말하며, 이치조 천황의 생모이다.

신화화神話化된 아베노 세이메이

아베노 세이메이는 왕조문화가 꽃 피던 헤이안 중기시대의 실재 음양사 이다. 그의 명성은 이미 생전부터 있 었다. 그러나 세이메이는 음양도사陰 陽道史 상에서는 명성을 떨친 음양사 중 한 명에 불과하다.

그런데 죽은 후에 세이메이의 명성 을 더욱 높여주는 센켄占驗·주켄단呪 驗譚이 활발하게 이야기되기 시작한

세이메이 신사에서 판매하는 각종 부적

다. 그것은 이미 헤이안 시대 말기 설화집인 『곤자쿠 이야기집今昔物語集』과 역사 이야기 인 『오카가미大鏡』 등에서 시작되어, 마침내 『겐페이 성쇠기源平盛衰記』와 『소가 이야기曾我 物語』 등의 소설물 속에도 채택되어 있으며, 신비화의 정도를 강화해 가면서 민중 속으로 깊게 파고들어 갔다.

신비화 초기의 중심적인 담당자는 설화작가들이었다. 귀족들은 귀족사회 내외에서 재미있는 화제를 채집하여 기록하고, 이것들을 모은 설화집을 읽고 즐겼다. 『곤자쿠 이 야기집』과 『고사담古事談』 『고금저문집古今著聞集』 등이 차례로 편찬되고, 그 속에 세이메 이의 이야기도 수록되었던 것이다. 거기에서 묘사된 세이메이는 귀족사회 속에서 신비 화된 인물이라고 해도 좋을 것이다. 읽기와 쓰기 능력을 갖춘 사람들이 아니라면 이런 종류의 설화집을 향유할 수 없었기 때문일 것이다.

그 중에서 몇 가지를 소개해 보겠다. 『곤자쿠 이야기집』에는 세이메이가 스승인 가모 다다유키를 따라 시모쿄下京 부근에서 마차 뒤를 걷고 있던 바로 그 때, 앞쪽 에서 지나가는 백귀야행百鬼夜行을 보고 수레 안에서 잠들어 있던 다다유키를 깨워 서 이 사실을 알렸다. 다다유키는 법술法術로 자신들의 모습을 백귀야행으로부터 숨 겨서 무사할 수 있었다. 이때 스승은 제자인 세이메이의 재능이 심상치 않음을 발

견하고, 이후부터 세이메이를 소중하게 대하였다. 또 세이메이가 히로자와廣澤의 간초寛朝 스님 집에 있을 때 젊은 귀족과 스님이 사람을 주술로 죽일 수 있느냐고 물으며, 만약에 죽일 수 있다면 연못 옆에 있는 개구리를 죽여보라고 재촉하였다. 그래서 풀잎을 움켜잡고 주문을 외어 개구리에게 던지자 납작하게 으스러져서 죽어버렸다. 세이메이는 집에 사람이 없을 때는 시키가미를 사용해서 덧문을 올리고 내리거나 문을 열고 닫게 하였다. 『우지슈이 이야기집宇治拾遺物語集』에서는 구로도藏人[14] 고쇼少將가 까마귀에게 똥을 뒤집어쓰는 것을 목격하고, 그 까마귀가 고쇼를 저주하여 죽이려는 음양사가 보낸 시키가미인 것을 간파하여 고쇼를 위해서 주술을 베풀어 빌어주었다. 그 때문에 주술을 부린 음양사는 되돌려 보내진 자신의 시키가미에게 맞아서 죽고, 주술을 부탁한 사람도 고쇼의 동서였던 것이 판명되었다.

이러한 설화가 이야기되어지고 있던 헤이안 시대 말기부터 가마쿠라鎌倉 시대[15]에는 세이메이의 신사를 만들어 그 신령을 제사지낸 일이 없었던 것 같다. 만약에 그런 일이 있었다고 해도 이윽고 세이메이의 자손들이 '쓰치미카도 집안'임을 내세우며 군림했을 때, 선조의 분묘를 특별한 종교시설로 만들어 갔을 정도였던 것은 아닐까?

가마쿠라 시대에서 무로마치室町 시대[16]가 되면 소설물들이 민중들에게 지지를 받게 된다. 『헤이케 이야기平家物語』와 『겐페이 성쇠기』『의경기義經記』『태평기太平記』 등과 같은 전기 이야기戰記物語에서 시작되어 「셋쿄부시說經節」와 「고조루리古淨瑠璃」 등과 같은 여러 가지 소재의 소설물이 만들어졌다. 그 중의 에피소드로써 음양사가 등장하고 있다. 그리하여 세이메이는 음양사의 대명사처럼 유명해지고 그의 센켄·주겐단이 이야기되고, 마침내 고조루리 「시노다즈마信太妻」와 같은 세이메이의 일대

---

14 구로도도코로(藏人所)에서 사무를 보는 영(令) 이외의 관직이다. 천황을 측근에서 모시면서 천황의 명령을 전달하고 궁중의 행사나 일상생활까지 맡았으며, 그 우두머리를 구로도노토(藏人頭)라 한다.

15 미나모토노 요리토모(源賴朝)가 가마쿠라(鎌倉)에 막부(幕府)를 연 1192년부터 1333년까지 약 150년 동안을 말한다.

16 아시카가 다카우지(足利尊氏)가 막부(幕府)를 연 1336년부터 1573년까지를 가리키는 무가정권으로, 3대 쇼군 아시카가 요시미쓰(足利義滿)가 1378년 교토의 무로마치에 저택을 짓고 그 곳을 막부로 했기 때문에 무로마치 막부라고 한다.

기도 만들어지게 된 것이다.

이 소설물들의 주된 담당자는 귀족이 아니다. 귀족과 특정 사사社寺에 예속되어 있는 하급, 즉 궁핍한 종교자(=예능인)들이었다. 그들은 사사의 영험을 선전하기 위해서 많은 사람들이 즐길 수 있는 이야깃거리를 전하면서 돌아다녔다. 그 한편에서는 민중의 요구에 부응해서 주술적 활동도 행하였다. 음양사 계통의 민간종교자(=예능인)가 그 주력呪力을 보증해주는 제신祭神으로서 숭배하는 '조신祖神' 속에 아베노 세이메이의 신령도 있었던 것이다.

「시노다즈마」 전설은 그러한 천시받던 민간종교자(=예능인)들이 자신들이 처해있는 처지를 반영해서 만든 '세이메이 신화'였다. 세이메이의 아버지는 아베노 야스나安倍安名라고 하며 여우사냥을 하는 아쿠우에몬惡右衛門에게서 여우를 구해주었다. 이 여우가 여자로 변해서 야스나의 아내가 되어 세이메이(아베의 아들)를 낳았는데, 그 정체를 아들이 알게 되자 "사랑한다면 물어서 찾아와 봐요. 이즈미和泉에 있는 삼림 속의 원한의 담쟁이 넝쿨 잎"이라는 노래를 남기고 사라진다. 마침내 세이메이는 하쿠도조닌伯道上人으로부터 「긴우교쿠토슈金烏玉兎集」라는 비권秘卷을 손에 넣고 상경하여, 크게 활약하며 천하에 그 이름을 떨치게 된다는 이야기이다.

세이메이의 유적을 만든 사람들

중세 시대 세이메이 전설의 중심적인 담당자는 궁중 음양사가 아니라 민간 음양사이고, 그들의 지지를 받는 민중들이었다. 그들은 자신들의 제사와 주술적 활동에 근거를 제공하는 '신화'로써 새로운 세이메이 전승을 창출해내고, 그것을 각지에 전하였다. 그리고 신화적 존재가 된 세이메이가 신비로운 일을 했다는 장소를 찾아내거나 새롭게 창출해내기도 하면서 거기에 신사와 무덤을 세워갔던 것이다.

세이메이와 관련이 있는 신사와 무덤 등을 전국적으로 답사한 다카하라 도요아키高原豊明에 의하면, 오늘날 전해지고 있는 세이메이의 전설 지역은 대사大社의 말사

末社와 섭사攝社[17], 작은 신사와 무덤, 우물, 집터 등이 대부분이다. 이러한 이유는 역사학자 등이 분명히 밝혀왔듯이, 세이메이를 자신들 신앙의 시조로 숭배하는 종교자들이 당시의 사회구조와 종교조직 속에서는 주변적 위치에 놓여있던 사람들이었기 때문일 것이다.

그렇지만 다른 관점에서 보면 사회 중심에 있던 사람들이 가질 수 없는 특별한 지식과 능력을 갖춘 사람들이고, 그 지식과 능력으로 민중을 도와 그 생활을 활성화할 수 있었다는 것이다. 그들의 생활을 자세히 살펴보면 지나치기 쉬운 또 다른 일본의 모습이 떠오를 것이다. 예를 들면 주술과 점의 역사는 물론이고, 일본의 천문학과 역학曆學, 토목공사, 예술 등에 그들은 깊이 관여하고 있었다. 즉 그들은 이계異界와 현세의 경계에 서있는 사람들이고, 그런 까닭에 '어둠闇'을 바로 볼 수도 있었다.

점술가·주술가로서 아베노 세이메이의 이미지는 후세 사람들의 '생각·기대'를 의탁하는 형태로 몇 번이나 재창조되어 왔다. 또한 최근의 유행도 그 연장선상에 있다고 말할 수 있을 것이다. 따라서 그 역사를 탐구할 경우, 세이메이 신앙·세이메이 전설을 전승하거나 재창조하는 사람들과 그것을 지지하는 민중의 사회사·심성사心性史를 염두에 두지 않으면 안 된다는 것이다.

교토 호리가와의 세이메이 신사도 교토 소재 신사 중에서는 결코 큰 신사가 아니다. 음양도의 종가는 세이메이의 자손인 음양가 '쓰치미카도 집안'이며, 이 곳이 전국의 음양도를 지배하고 있다. 세이메이 신사는 세이메이와 연고가 있는 지역이라는 점 때문에 언제부턴가 신사가 만들어지고, 중세에는 음양사 계통의 종교자들과 그 신자들에 의해서, 근세에 들어서는 거기에 지역주민도 참여하여 비교적 영세한 형태로 유지되어 온 신사에 지나지 않았다고 말할 수 있을 것이다. 게다가 근대가 되면 신불분리神佛分離와 국가신도國家神道의 영향을 받아 음양도의 전통은 거의 끊기고, 사람을 신으로 모시는 다른 신사와 같이 아베노 세이메이를 제신祭神으로 해

---

17 신사의 제신(祭神)과 인연이 깊은 신을 모신 신사이다.

서, 그의 위업을 현창·기억하기 위해 받드는 신사로 변해버렸던 것이다.

그런데 현재 이 세이메이 신사는 음양사와 아베노 세이메이 붐으로 음양도와 아베노 세이메이 팬들의 메카가 되어가고 있다. 세이메이 신사는 새로운 융성기를 맞이한 것이다. 때마침 2005년은 세이메이가 죽은 지 천년에 해당하며 세이메이 신사는 그 기념 사업을 준비하고 있다. 그 사업의 일환으로서 음양도의 역사와 아베노 세이메이에 관한 연구서 간행도 계획되어 있다. 그 속에서 세이메이 전설을 담당해 온 사람들의 심성도 설명될 수 있을 것이다.

이노에 내친왕井上內親王·사와라 친왕早良親王
―가미고료 신사上御靈神社―교토京都―

저주받은 수도·교토

교토는 저주받은 도시였다. 그 저주는 한 두 가지가 아니라 크고 작은 다양한 저주가 무수히 많은 도시였다. 그리고 그 저주에 떨며 저주의 발현을 모든 수단을 이용하여 방어하고, 또 나타나면 계속 제거하면서 천년 이상이나 되는 긴 세월에 걸쳐 수도로서 계속 이어져 왔던 것이다.

교토가 저주 속에서 탄생했다는 점을 여실히 말해주는 것이 '고료 신사御靈神社'이다. 교토에는 상하 2개의 고료 신사가 있다. '가미고료 신사'가 더 오래된 것으로, 엔랴쿠延曆 13년(794), 천도에 앞서 간무 천황桓武天皇이 이 곳에 정쟁政爭에서 패한 '사와라 친왕'의 영을 모셨던 것에서 비롯된다고 한다. 『미야코메이쇼즈에都名所圖會』는

고료 신사의 경내

이를 의식한 것 같다. 이 책의 1권 첫머리에 대궐 그림에 이어서 '가미고료샤上御靈社'를 소개하고 있다.

'시모고료 신사下御靈神社'는 닌묘 천황仁明天皇이 조와承和 6년(839)에 헤이제이 천황平城天皇의 즉위를 둘러싸고 후지와라노 나카나리藤原仲成[18]의 음모에 의해 실각된 이요 친왕伊予親王[19]과 그의 모친의 영을 제사지낸 것이 시작이며, 당초에는 가미고료 신사(가미이즈모지上出雲寺) 남쪽, 이치조키타一條北, 교교쿠히가시京極東의 시모이즈모지下出雲寺 경내에 있었으나 덴쇼天正 18년(1590), 히데요시의 도시개조계획에 걸려 신정근위新町近衛를 거쳐, 주쿄구中京區의 현재 지역으로 옮겨졌다.

가미고료 신사의 부지에는 천도 이전부터 있었던 이즈모 씨出雲氏의 우지데라氏寺인 가미이즈모지上出雲寺가 있었다. 이 절에는 이미 나라奈良 시대의 정쟁에 의해 폐위된 이노에 내친왕井上內親王[20](고닌 천황光仁天皇의 황후)이 그 고장의 신으로 모셔져 있으며, 그곳에 합사의 형태로 사와라 친왕[21]를 모시는 신사가 건립되었다고 한다. 이전에는 '고료의 숲'이라 불릴 정도의 넓은 지역을 차지하고 있었다고 한다.

그런데 우리들은 이미 단잔 신사談山神社(도우노미네지多武峯寺)와 다다 신사多田神社(다다노인多田院)의 창건과 그 후의 경위를 알고 있다. 따라서 이 신사도 근대 초까지는 사원寺院이었을 것이라고 의심해 봄 직하다. 그러나 고료 신사의 경우는 반대로 이즈모우지가 쇠퇴함에 따라 가미이즈모지도 쇠퇴하여 헤이안 시대 말에는 "지금은

---

18 (764~810). 나라-헤이안 시대 전기의 귀족으로 후지와라노 다네쓰구의 장남이다. 헤이제이 천황의 총애를 받아 여동생인 구스코와 함께 권세를 휘두르다가 사가 천황 측에 의해 사살되었다.

19 (?~807). 나라-헤이안 시대 전기 간무(桓武) 천황의 황자이다. 다이도(大同) 2년 음모의 의심을 받아 어머니인 후지와라노 요시코(藤原吉子)와 함께 야마토가와라지(大和川原寺)로 유폐, 친왕위를 박탈당하였으며 11월 12일 어머니와 함께 음독 자살하였다. 이 사건은 후지와라노 나카나리가 꾸며낸 일로 고닌(弘仁) 10년에 무죄가 밝혀져 복귀되었다.

20 (717~775). 나라 시대 고닌 천황의 황후이며 쇼무(聖武)천황의 황녀이다. 황제를 저주한 죄로 폐후, 아들인 오사베(他戶)친왕도 폐태자가 되었다. 호키(寶龜) 4년 난바(難波) 내친왕을 저주하여 죽였다는 이유로 오사베 친왕과 함께 유폐, 6년 4월 27일 모자가 동시에 죽었다.

21 (750~785). 나라 시대 고닌 천황의 황자이며 어머니는 다카노 니가사(高野新笠)이다. 형인 간무 천황의 즉위로 황태자가 되었지만, 후지와라노 다카쓰구(藤原種繼) 암살사건에 연루되어 폐하게 되고 아와지(淡路)로 유배되어 가는 도중에 36세의 나이로 죽게 된다. 후에 원령을 두려워 한 천황은 엔랴쿠(延曆) 19년 스도(崇道) 천황의 호를 하사하였다.

옛날, 가미이즈모지라는 절이 있었다. 건립 후 얼마 되지 않아 당_堂은 쓰러져 기울고 특별히 수리하는 사람도 없었다."(『곤자쿠 이야기』권 제20)라고 읊어지고 있는 상황이었다. 그 절에서 하나의 종교시설(진슈지鎭守寺)에 지나지 않았던 '고료샤'(불교적으로 말하면 '고료도御靈堂')는 고료 신앙의 융성을 배경으로 신앙을 모아 가미이즈모지를 해체·흡수하고, 더 나아가 신사화神社化하는 형태로 발전해온 것 같다. 즉 이른 시기에 가미고료 신사는 절에서 독립한 신사가 되어 있었던 셈이다.

단잔 신사나 다다 신사도 전승에서는 제신이 된 인물이 매장된 '묘'를 중심으로 제신의 자손과 친척이 그 '영혼'(조령)을 불교의 힘으로 공양하는 형태로 발전한 것이었다. 가미고료 신사는 사와라 친왕과 이노에 내친왕의 묘가 따로 있기 때문에 '묘'가 발전한 신사는 아니다. 그것은 '고료샤'라는 신사 명에 분명히 명시되어 있는 것처럼 '영혼'을 권청해서 모시는 '사社'에서부터 발전한 것이었다.

'고료샤'란 이 세상에 원한을 남기고 죽은 자의 영靈, 즉 그 원한 때문에 이 세상에 저주를 내리는 원령을 달래기 위해서 건립된 것이었다. 원령을 가두어두기 위한 종교시설이 '고료샤'이며, 모셔짐으로서 진정되어진 원령이 '고료'였다. 따라서 원령 신앙이 융성했던 시대에는 크고 작은 많은 고료샤(고료도)가 만들어졌다. 그 중에서도 고료 신사는 교토에서 가장 오래되고 또한 가장 중요한 고료—즉 이것은 가장 위험하다는 말이기도 하다—를 모신 신사였다. 이는 헤이안쿄平安京를 조영한 간무 천황이 일족을 영원히 번영시키기 위해서는 절대로 가둬두지 않으면 안 된다고 생각한 원령을 모셨던 신사였기 때문이다. 거기에는 혹여 제사지내는 정성이 부족하여 그 원령이 발현하면 간무 일족에게 타격적인 재앙을 가져올 원령이 모셔져 있었다.

그럼 이노에 내친왕과 사와라 친왕은 어떤 인물이며 그 원령은 어떤 활동을 했을까?

이노에 내친왕의 원령

교토는 저주받은 도시로 탄생하였다. 그것은 간무 천황이 저주받은 천황이었기 때문이다. 간무 천황은 헤이조쿄平城京에서 나가오카쿄長岡京, 그리고 헤이안쿄로의 천도와 도호쿠東北 지방의 에미시蝦夷 반란 진압에 힘을 쏟은 전제적인 천황으로 알려져 있다. 그러나 그 한편으로는 계속 원령에 벌벌 떨던 천황이기도 했다.

원령은 신변에 생기는 재앙에 대하여 '원령의 재앙이다'라고 여기는 사람이 없으면 발생하지 않는다. 즉 원령은 분명 사람의 '불운한 경우', '운수가 나쁠 때' 발생한다. 따라서 정권의 최고 권력자인 간무 천황 자신이 황위 계승에 관련되는 항쟁 속에서 쫓아내 버린 많은 정적들의 '원령'이 품고 있는 '원한'의 눈빛을 뒤에서 민감하게 느끼고 있었다는 것이 된다. 분명 그 '부담감'이 원령을 불러모으게 되는 것이다. 간무가 원령이 되지 않을까 가장 두려워했던 대표적 인물이 가미고료 신사의 시초가 되었던 '이노에 내친왕'과 '사와라 친왕'의 혼령이었다. 이노에 내친왕은 유명한 쇼무 천황聖武天皇[22]의 딸이며, 어머니는 아가타이누카이노 히로토지縣犬養廣刀自였다. 20년 정도 이세사이구伊勢齋宮[23]를 지낸후 시라카베 왕白璧王[24](후에 고닌 천황)의 왕비가 되었다. 쇼무 천황은 덴무 천황의 손자이며 시라카베 왕은 덴지 천황天智天皇의 손자이다. 이렇게 나라조정 내부는 황통의 엇갈림으로 인해 일어나는 정쟁이 끊이질 않았다. 덴무 천황의 손자인 나가야 왕長屋王[25]은 쇼무 천황을 저주한 이유로, 덴무의 손자인 시오야키 왕塩燒王[26]은 후지와라노 나카마로藤原仲麻呂[27]의 난에 연루된 이유로, 또한 시오야키 왕후인 후와 내친왕不破內親王[28]은 천황을 저주한 이유로 고켄 여왕孝謙女王[29]에게 죽임을 당했던 것도 그러한 황통을 배경으로 한 정쟁의 결

---

22 (701~756). 나라 시대 제45대 천황(재위 724~749)이다. 불교에 귀의하여 전국에 고쿠분지(國分寺)를 세웠으며 도다이지(東大寺)의 대불 설립을 진척시켰다.
23 고다이진구(皇大神宮)에 봉사한 미혼의 여자황족이다.
24 (709~782). 고닌 천황으로 나라 시대 제49대 천황(재위 770~781)이다. 덴지 천황의 손자이다.
25 (684~729). 아스카-나라 시대의 사람으로 덴무 천황의 손자이다. 진키(神龜) 6년 누리베노 기미타리(漆部君足) 등에게 음모를 꾸몄다고 밀고를 당하여 그해 2월 12일 자살하였다.
26 (?~764). 나라 시대 니타베(新田部) 친왕의 왕자이며 후와 내친왕의 아버지이다. 다치바나노 나라마로(橘奈良麻呂)의 변에 관계하지만 면죄되었다.
27 (706~764). 나라 시대 귀족이며 다치바나노 나라마로 쪽 대항세력을 제거하고 덴표호지(天平寶字) 2년 주닌(淳仁)천황을 옹립하였다.
28 생몰년 미상. 나라 시대 쇼무 천황의 황녀이며 시오야키 왕의 비이다.
29 (718~770). 나라 시대 제46대 천황(재위 749~758)이다. 쇼무 천황의 황녀이다.

과였다. 정쟁에 저주신앙이 이용되고 저주신앙이 정치를 움직이는 그러한 시대였던 것이다.

이윽고 고켄(쇼토쿠稱德)여왕이 죽자 그 대신 시라카베 왕이 즉위하여 고닌 천황이 되었다. 이노에 내친왕은 황후가 되었다. 이 이노에 황후의 친언니가 후와 내친왕이 었기 때문에 후와 내친왕 저주사건의 재조사를 명하게 되었고 그 결과 저주사건은 거짓 고발이었던 것으로 판명되어 후와 내친왕과 그의 왕자는 누명을 벗게 되었다.

그러나 기쁨도 잠시뿐 이 황후가 남편인 고닌 천황을 저주했다는 이유로 황후의 지위를 박탈당하고 왕자인 오사베 친왕他戸親王[30]도 황태자의 지위를 빼앗겨 버린다. 그것만이 아니었다. 이노에 내친왕은 천황의 언니인 난바難波 내친왕을 저주하여 죽였다는 죄로 고발되었으며 게다가 황족의 명부를 박탈당하여 모자가 함께 야마토大和 지방 우지 군宇智郡으로 유폐되었다. 그리고 1년 반 정도의 유폐생활 후인 호키寶亀 6년(775)에 모자는 같은 날에 죽었다. 독살 당했을 것이라고 여겨지고 있는데 이는 덴지 천황의 황통을 황위로 하려는 후지와라노 모모카와藤原百川의 음모였다.

이노에 황후와 오사베 황태자의 실각으로 인해서 상황이 좋아진 사람은 고닌 천황의 부인이었던 다카노노 니가사高野新笠[31]와 그의 왕자인 야마베山部 황자[32], 즉 간무 천황이었다. 따라서 간무가 즉위했을 때, 권력을 잡기 위해 음모를 꾸며 죽음으로 몰았던 사람들의 혼령이 저주할지도 모른다는 두려움에 떨었다는 것은 어쩌면 당연할 것이다. 그 중에서 가장 신경이 쓰였던 혼령이 이노에 내친왕의 혼령이었다. 『속일본기續日本紀』에 의하면 고닌 천황 시대인 호키 8년(777) 12월에 이노에 내친왕의 매장지를 이장하여 '고료'라 칭한다는 칙어를, 그리고 다음해 정월에는 박탈한 황족의 명부(황적)를 회복시킨다는 칙어를 발표하였다. 또한 간무 천황 시대가 된 엔랴쿠延暦 19년

---

30 (761~775). 나라 시대 고닌 천황의 넷째 아들이며 어머니는 이노에 내친왕이다. 15세의 나이로 대역죄에 연루되어 후지와라노 모모카와(藤原百川)에게 독살당했다.

31 (?~790). 나라 시대 고닌 천황의 비다. 간무 천황, 사와라 친왕, 노토(能登) 여왕을 낳았다.

32 (?~672). 아스카 시대의 호족으로 임신의 난 때 오아마노 황자(후에 덴무 천황) 측에 귀순하려 하였으나 기회를 잃고 오미(近江) 조정 측에 머무르게 된다. 후에 정략전에 가담한다.

(800)에는 황후의 호칭도 회복하였다. 이러한 움직임은 이노에 내친왕의 원령화와 대응했던 원령의 위무, 즉 원령을 위로하기 위한 것이었다고 하겠다.

사와라 친왕의 원령

이노에 내친왕의 원령은 간무 천황이 황위를 손에 넣기 위한 음모에 의해 제거된 대표적인 정적이었다. 그런가 하면 간무가 천황이 되고 난 후에 음모를 꾸며 제거시킨 자들의 대표적인 원령이 사와라 친왕이었다.

사와라 친왕은 간무의 친동생으로 간무가 황위에 올랐을 때 그 후계자인 황태자가 되었다. 수도 나가오카 조영 중이었던 엔랴쿠 4년(785) 그 조영장관을 맡고 있던 후지와라노 다네쓰구藤原種繼[33]가 누군가에게 암살 당하는 사건이 발생하였다. 다네쓰구는 후히토不比等[34]의 손자로 시라가와百川의 조카가 되는데, 심복을 잃어버린 간무의 노여움은 대단하여 오토모노 쓰구히토大伴繼人,[35] 다케라竹良등 용의자를 체포하여 참수형에 처했다. 사와라 친왕도 이 사건에 연루되었다는 이유로 태자에서 폐위되어 오토쿠니지乙訓寺로 유폐되었으며, 또한 아와지淡路로 귀양가는 도중에 절명했다. 죽음의 이유는 무죄를 호소하며 단식했기 때문이었다. 유해는 그대로 아와지로 보내져 매장되었다. 그 후 몇 년이 지나 원령이 간무의 주변에 나타나기 시작하게 된다.

엔랴쿠 7년(788), 부인인 후지와라노 다비코藤原旅子가 30세의 젊은 나이로 죽는다.

---

33 (737~785). 나라 시대 귀족이다. 간무 천황에게 신임을 얻어 주나곤(中納言)에서 정삼위(正三位)에 오른다. 나가오카(長岡)로의 수도 천도를 주도, 나가오카 궁궐의 감독자로서 공사를 추진하였다. 그러나 반대파인 오토모노 즈구히토(大伴繼人) 등에 의해 암살되었다.
34 (659~720). 아스카―나라 시대의 귀족이며 후지와라노 가마타리의 차남이다. 딸인 미야코(宮子)와 아키코(光明子)를 몬무(文武)·쇼무 천황의 후궁으로 들여보내 황권과 연결되는 후지와라 씨(氏)의 특권적 지위를 구축하였다.
35 (?~785). 나라 시대 때 견당사로 당나라에 건너갔던 인물이 나가오카쿄에서 후지와라 다네쓰구를 암살한 주모자로서 처형되었다.

엔랴쿠 8년에는 친어머니인 다카노노 니가사가, 다음해 9년에는 황후인 후지와라노 오토무레藤原乙牟漏³⁶와 부인인 사카우에노 마타고坂上又子³⁷가 죽는다. 간무를 덮친 것은 집안의 불행만이 아니었다. 치세와 큰 관련이 있는 가뭄과 홍수, 전염병이 잇따라 발생하였다. 그리고 엔랴쿠 11년, 음양사의 점술에 의하면 황태자인 아테 친왕安殿親王의 병의 원인은 사와라 친왕의 저주라는 것이었다. 이 때부터 간무는 나가오카쿄로부터의 천도를 생각하기 시작한 듯하며, 다음 해에 야마시로山城 지방의 가도노葛野를 신도 조영을 위해 조사하고 서둘러 엔랴쿠 13년에는 헤이안쿄 천도를 실현시켰던 것이다. 이 천도에 앞서 이루어진 것이, 언제쯤이고 어떠한 경위인지는 모르지만, 이미 이노에 내친왕의 '혼백'이 모셔져 있었던 가미이즈모지上出雲寺의 수호신에 사와라 친왕의 '혼령'을 모셔와 합사하였다는 것이다.

그러나 천도 후에도 재앙은 계속된다. 엔랴쿠 13년(794) 아테 친왕비인 후지와라노 오비코藤原帶子의 급사, 엔랴쿠 16년에는 궁중에 괴이한 일이 있어 아와지에 있는 사와라 친왕의 묘에 승려 2명을 급파하였고, 엔랴쿠 18년 아와지에 봉폐사를 파견하였으며, 19년에는 사와라 친왕에게 '스도 천황崇道天皇'이라는 존호를 내렸다. 이노에 내친왕의 황후 호칭이 회복된 것은 이때였다. 또한 이 두 사람의 묘를 산릉(제왕이나 왕후의 무덤)으로 정하였으며 아와지에는 음양사와 승려가 파견되었다. 엔랴쿠 24년(805)에는 아와지에 스도 천황을 위해 조류지常隆寺를 건립하였다. 또한 그 직후에 가이소텐노즈카사改葬天皇司를 임명하여 스도 천황의 묘를 야마토 지방 소에가미군添上郡으로 옮겼다. 그리고 엔랴쿠 25년에는 다네쓰구種繼 암살사건의 관계자 모두를 용서하여 본래의 지위로 회복시켰으며, 모든 지방의 고쿠분지國分寺에 봄가을 두 번의 금강반야경 독경을 명하였다. 그리고 스도 천황의 명복을 계속 기원하라는 유언을 남기고 간무 천황은 70세의 생애를 마치게 된다.

---

36 (760~790). 나라─헤이안 시대 전기 간무 천황의 황후로 헤이제이 천황, 사가 천황 등을 낳았다.
37 (?~790). 나라 시대의 궁녀로 간무 천황이 황태자였을 때 그 궁으로 들어와 다카쓰(高津) 내친왕을 낳았다.

원령怨靈에서 어령御靈으로

가미고료 신사는 사전社傳에 따르면, 이 두 사람의 어령제사에서 시작되었다고 한다. 그러나 이것이 사실史實인지는 의심해 볼 필요가 있다. 사전이라는 것은 보통 신사 유래의 정확성과 오랜 전통을 강조하기 위해 만들어진 부분을 많이 내포하고 있기 때문이다. 현재의 가미고료 신사는 사와라 친왕(스도 천황)과 이노에 황후(이노에 내친왕)와 더불어 오사베 친왕·후지와라 대부인大夫人·다치바나 대부橘大夫·훈 대부文大夫·호노이카즈치노가미火雷神·기비 대신吉備大神의 8좌 어령을 모시고 있다.

그런데 에도 시대의 『미야코메이쇼즈에』에서는 사와라 친왕(스도 천황)·이요 친왕(스도 천황의 황자)·후지와라 부인(스도 천황후)·훈 대부(훈야노 미야타마루·文屋宮田丸)[38]·다치바나노 하야나리橘逸勢[39]·후지와라노 히로쓰구藤原廣嗣[40]·기비 대신(기비노 마키비吉備眞備)[41]·호노이카즈치노가미(스가와라노 미치자네菅原道眞)의 8좌로 그 수는 동일하지만 매우 중요한 '이노에 내친왕'의 어령 이름이 보이지 않고 그 대신 후지와라노 히로쓰구로 되어 있다. 이와 같이 가미고료 신사의 제신에 대해서는 여러 설이 있어 확실치 않다.

여기서 상기해야 할 것은 '어령'의 문헌 초출이 되는 조간貞觀 5년(863) 5월 20일에 조정 주최로 열렸던 신센엔神泉苑에서의 어령회이다. 이 때의 제신은 사와라 친왕(스도 천황)·이요 친왕·후지와라 부인·훈야노 미야타마루·다치바나 하야나리, 그 외 1명까지 6좌의 어령이었다. 그 중 이요 친왕은 간무 천황의 제 3황자이며 그의

---

38 생몰년 미상. 헤이안 시대 전기의 관리로 지쿠젠(筑前)의 수장이 되어 신라 상인 장보고와 교역을 하였다. 후에 수장에서 해임되어 조와(承和) 10년에 반란을 꾀했다하여 이즈로 귀향을 간다. 조간(貞觀) 5년 어령회에서는 어령제신으로서 모셔졌다.

39 (?~842). 헤이안 시대 전기의 관리이며 다치바나노 나라마로의 손자이다. 견당사를 따라 당나라에 다녀왔다. 조와 변의 주모자라 하여 이즈로 귀향 도중 죽는다.

40 (?~740). 나라 시대 관리이다. 덴표 12년에 겐보(玄昉)와 기비노 마키비(吉備眞備)의 제거를 요구하며 다자이부(大宰府) 관내의 병사들을 모아 거병을 하였다. 오노노 아즈마히토(大野東人)의 끈질긴 토벌에 의해 같은 해 11월 1일 처형되었다.

41 (695~775). 나라 시대의 귀족이며 학자이다. 견당 유학생으로서 17년간 유학과 병학을 연구하였다. 귀국 후 '나카마로의 난' 진압에 공을 세워 다이나곤(大納言)을 거쳐 정2위(正二位), 우대신(右大臣)이 된다.

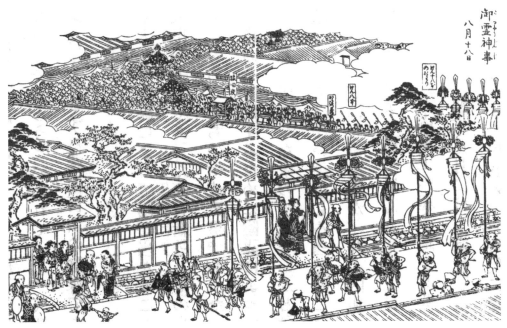

고료사의 제례 행렬 그림

어머니가 후지와라노 요시코藤原吉子로, 다이도大同 2년(807)에 모반으로 체포되어 야마토 지방에 있는 가와라지川原寺로 유폐, 모자가 자살했다는 경력의 소유자이다. 그 말로가 이노에 황후와 오사베 친왕의 상황과 비슷했다. 때문에 후세에 『미즈카가미水鏡』와 『구칸쇼愚菅抄』 『다이헤키太平記』 등을 통해서 이노에 내친왕이 어령이라 부르기에 어울리는 원령으로서 '발견' 되었을 때 제신의 변경과 혼란이 발생했던 것은 아닐까? 훈야노 미야타마로도 다치바나노 하야나리도, 간무 천황 이후의 정쟁에 패하여 실각된 사람들로서 그러한 사람들의 원령의 저주가 조칙에 "근대 이후 전염병이 빈발하여 사망하는 자가 대단히 많다. 천하에 생각해 보건대 이 재앙은 어령이 만든 것이다."(『삼대실록(三代實錄)』 조간 5년 5월 20일)라고 적혀 있듯이 조정을 괴롭히고 있던 재앙의 원인으로 여겨졌던 것이었다.

  가미고료 신사의 제사가 이 어령회를 재현한 것이라고 여기는 것을 보면 가미고료 신사의 실제의 창건 시기는 9세기 후반에서 10세기 전반 사이로 보는 것이 타당할지도 모른다. 그 때 이미 존재하고 있던 이즈모지 경내의 '진주샤'(고료도)에 사당을 빌리는 형태로, 6좌의 '원령'이 '어령'으로서 받들어 모셔져 진좌된 것은 아닐까?

'어령'이란 원령이 사람들에게 받들어 모셔져 진좌된 상태에 있는 혼령을 의미한다. 그러나 유의해야 할 것은 역사학자인 이노우에노 마로井上滿郎가 정확히 지적하고 있는 것과 같이, 그 원령의 재앙이 원령화의 원인을 만들어낸 당사자뿐만 아니라 천재지변을 일으켜서 아무런 관련도 없는 수도의 많은 사람들까지도 휘말리게 한다고 여겨지고 있었다는 것이다. 이것은 간무 천황을 괴롭혔던 원령신앙과 계속적으로 연속성을 가지면서도 원령관에 새로운 전개가 있었다는 것을 의미한다. 이리하여 가미고료 신사는 귀족이 모셔 제사지내는 어령신앙으로부터 주민들도 제사지내는 어령신앙의 대상이 되어 있었다.

그러나 가미고료 신사뿐만 아니라 시모고료 신사도 포함해서 그런 것이지만, 이러한 황족, 귀족 계의 어령은 민중 속에 형성되어 있던 또 하나의 어령신앙, 즉 조금 더 추상적이고 보편성을 가진 제신인 '어령'에게 권리를 빼앗겨 가게 되는 것이다.

그것은 말할 필요도 없이 야사카八坂의 기온칸진인祇園感神院(현 야사카 신사)를 중심으로 유포되어 있던 '고즈 천왕牛頭天王'42 신앙이다. 기온샤祇園社는, 역병은 역병신='고즈 천왕'에 의해 일어나는데 그 역병신을 모셔 봉해 놓고 있는 기온샤의 신자들은 역병으로부터 벗어날 수가 있다고 해석했던 것이다. 즉 일반적인 역병신이 '어령'이 된 것이다. 이 특정인간의 원령으로부터의 이탈이라는 것에서 도시 서민들의 어령신앙과 기온 어령회=기온제가 발전해 가게 된 셈이다.

간무 천황은 헤이안쿄를 조영하고 도호쿠 지방 에미시의 반란 진압을 위해 대군을 보냈다. 그리고 원령과도 싸워 많은 정적을 신으로 모셨다. 그러나 자기자신이 신으로 받들어 모셔지는 일은 없었다. 그 자신이 신으로 모셔지는 것은 '현창형顯彰型'의 신사가 많이 창건되는 근대가 되고 나서의 일이다.

---

42 교토 야사카(八坂) 신사의 제신으로, 인도에서는 기원정사(祇園精舍)의 수호신이며, 일본에서는 역병막이 신이다. 기원제는 고즈 천왕을 모시고 역병을 진정시키는 연중행사이다.

메이지 28년(1895)에 헤이안 천도 천 백년제가 거행되었다. 이 제전이 사람들에게 간무 천황의 기억을 떠오르게 했다. 그리고 헤이안 신궁平安神宮이 건립되었을 때 간무 천황의 위업을 오래도록 현창한다고 하는 의미로 그 제신이 되었다. 현대인의 입장에서 보면 간무 천황을 모시는 신사가 근대가 될 때까지 하나도 없었다는 것이 이상하다. 그러나 고대에 있어서는 신이 될 자격을 갖고 있던 사람은 대개 원령이 된 자들이었던 것이다.

스가와라노 미치자네菅原道眞
-기타노 텐만구北野天滿宮-교토京都-

서민생활 속의 '덴진天神'

매화꽃 피는 2월 말에 기타노 텐만구北野天滿宮[43]를 방문하였다. 아직 추위는 심했지만 매화꽃 축제梅花祭의 참배객들로 몹시 붐볐다. 이곳은 '기타노北野에 있는 덴진사마天神樣'[44]라고 하여 교토 사람들에게 친숙한 신사이며, 전국에 많은 분사分社를 가진 덴진샤天神社의 총본사이다. 이곳에 있는 매화나무 숲을 산책한 후에, 매화를 바라보며 찻집에서 잠시 쉬는 것은 꽤 운치가 있다. 유감스럽게도 경내는 스가와라노 미치자네菅原道眞[45] 사후 1,100년 제祭를 맞이하여 큰 보수공사를 하고 있어서 야

---

43 교토 시(京都市) 가미쿄 구(上京區)에 있는 신사로 스가와라노 미치자네(菅原道眞)를 모신다. 10세기 중엽에 창건되었다고 하며, 독특한 신사 건축 양식을 보여주는 곤겐즈쿠리(權現造り) 사전(社殿)은 1607년 도요토미 히데요시(豊臣秀吉)가 재건하였으며 국보로 지정되어있다. 기타노 덴진(北野天神), 기타노 신사(北野神社), 텐만구(天滿宮) 등으로 불린다.

44 기타노 텐만구의 제신인 스가와라노 미치자네를 말한다. 또는 텐만구를 높여서 하는 말이다.

45 스가와라노 미치자네(845~903)는 헤이안(平安) 시대에 저명한 정치가였지만, 유학의 거두였기에 '학문의 신'으로 추앙받고 있다. 일본의 3대 마쓰리(祭)의 하나인 오사카의 덴진마쓰리(天神祭)에서 모시는 신이 바로 학문의 신인 스가와라노 미치자네이다.

쓰무네 즈쿠리八棟造り[46]라는 독특한 사전
社殿에는 참배할 수 없었다.

기타노 텐만구 정면 입구

내가 '덴진사마天神様'라고 하는 신의
존재를 알게 된 것은 '도랸세通りゃんせ'[47]
라는, 옛날부터 어린이들 사이에서 불러
져 내려온 노래를 통해서였다. 왜 일곱
살이 되면 그 무언가를 축하를 하기 위
해 무섭고도 좁은 길을 지나, 덴진사마
가 있는 곳에 가지 않으면 안 되는가에
대해 어린 마음에도 이상하게 생각했던
기억이 있다. 나는 시치고산七五三[48]의 축하를 받은 기억이 없지만, 얼마 지나지 않
아 일곱 살 때 하는 축하가 '시치고산 축하'라는 것을 알게 되었다. 또한 서적을 통
해서 덴진이라는 것이 미치자네라는 헤이안 시대의 학자를 신으로 모신 것이라는
것도 알게 되었다. 그러나 미치자네를 왜 하늘을 의미하는 '덴진天神'이라고 하는지,
왜 덴진이 어린이와 인연이 깊은 신이라고 하는지를 알게 된 것은 민속학을 배우
고 나서부터이다.

일찍이 각지의 촌락사회에서는 주로 정월 25일에 '덴진코天神講'[49]라고 하여, 이때

한편 스가와라노 미치자네는 억울하게 죽은 자의 원령(怨靈)이 내리는 재앙을 피하기 위해 제사로서 진정시킨
다는 어령신앙(御靈信仰)이라는 것과 관련하여, 사람을 신으로 모시는 인신신앙(人神信仰)의 시작이라고도 전
해진다. 오늘날 스가와라노 미치자네는 거의 일본 전역에서 덴진(天神)으로서 신사에 모셔져 있고 그 신사 수
는 일만이 넘어, 덴진은 일본인에게 있어 가장 친숙한 신의 하나라고 할 수 있다.

46 모양이 복잡하며 용마루가 여러 개이고, 지붕 끝에 있는 합장형(合掌形)의 장식판이 많은 건물이다. 근세의 민
가에서 나타나며 신사에서는 곤겐즈쿠리(權現造り)라고 부른다.

47 옛날부터 어린이들 사이에서 불러져 내려온 노래의 하나. 또는 어린이에게 불러주는 노래이다.

48 남자아이 세 살과 다섯 살, 여자아이 세 살과 일곱 살 때에 어린이의 성장을 축하하는 행사이다. 11월 15일에
그 해에 해당하는 어린이에게 특별한 날에만 입는 하레기(晴れ着)를 입혀서 신사(神社)·우지가미(氏神) 등에게
참배하러 간다.

49 미치자네의 기일인 2월 25일 또는 매월 25일에 행하는 덴만덴진(天滿天神)에게 올리는 제사이다. 옛날에는 데
라코야(寺子屋) 등에서 행하였다. 덴진사이(天神祭).

제사를 담당하는 사람 집에 떡이나 음식을 가지고 가서 놀거나 공부하는 어린이들의 모임이 있었다. 그것은 텐진이 된 미치자네가 죽은 날이 25일이었다고 하는 것에 기인하고 있다. 어린이들이 머리가 좋아지길 바라는 기대를 담아 텐진코라고 칭했던 것이다.

기타노 텐만구는 학문이 대단히 뛰어났던 미치자네를 모셨다는 이유로 창건된 지 얼마 되지 않아 10세기 후반에는 이미 귀족들 사이에서 학문의 신으로 섬겨지기 시작하였다. 그러나 그것이 어린이들과 관련을 맺게 되는 것은 근세에 들어서부터이다. 그때부터 서민의 교육기관, 특히 어린이를 위한 교육기관의 성격이 강했던 데라코야寺子屋[50]의 보급이 활발하였기 때문이다. 데라코야에서는 학문의 신 미치자네의 기일인 25일에는 공부를 하지 않고, 선생님이 아이들을 데리고 근처의 텐진샤天神社에 참배하러 가거나, 교실에 텐진의 화상을 걸어놓고 참배하였다. 또한 정성 들여 쓴 습자習字나 음식을 바치기도 하였다. 그리고 바친 음식이나 집에서 각각 가지고 온 음식을 먹으며, 산과 들에서 노는 즐거움도 있었던 것 같다. 이러한 데라코야의 휴일이 각지에서 텐진코라고 하는 형태로 남은 것이다. 특히 아이들의 수험受驗에 영험하다고 알려져 있는 현재의 텐진 신앙天神信仰이 실은 이러한 데라코야나 텐진코에서 볼 수 있었던 텐진 신앙의 연장선상에서 자리잡게 되었는지도 모른다. 아마도 어린이에게만 국한되지 않고 근세 이후의 서민생활 속에 자리잡은 텐진 신앙이라는 것은 대강 이러한 성격을 띠고 있었을 것이다.

그렇지만 텐진이 처음부터 학문의 신이었던 것은 아니다. 원래는 무서운 신이었다. 더 확실히 말하면 미치자네의 혼령 '덴만 다이지자이텐진天滿大自在天神'[51]으로 모셔지기 전까지 교토 사람들에게 재앙을 가져오는 무서운 '원령怨靈'[52]이었던 것이

---

50 에도(江戸) 시대에 서민을 위해서 세운 초등 교육기관이다. 무사·승려·의사·신직(神職) 등이 선생이 되어 습자(習字)·읽기·산술(주판) 등을 가르쳤다.

51 스가와라노 미치자네의 신호(神號)이다. 덴만 다이지자이텐진(天滿大自在天神)의 약칭으로 텐진(天神)이라고 한다. 또한 스가와라노 미치자네를 모신 텐만구를 말하기도 한다.

52 원한을 품고 있어 다타리(崇り)라는 재앙을 내리는 혼령을 말한다.

다. 아무것도 모르는 어린이였던 나조차도 '도랸세' 노래 속에 나오는 '덴진사마에게 가는 좁은 길'이라고 하는 말에서 왠지 모를 두려움을 느꼈던 것도 덴진이 가지고 있는 무서운 측면 때문이었는지도 모른다.

스가와라노 미치자네의 초상화

스가와라노 미치자네의 생애와 업적

기타노 텐만구의 주제신主祭神인 미치자네는 헤이안 중기의 비운의 문인정치가이다. 텐만구와 매화는 매우 관계가 깊은데, 이것은 미치자네가 다자이후太宰府[53]로 유배당하기 전에, 마당에 있는 매화를 읊은 "바람이 불면 향기를 내 뿜어 다오/ 주인이 없어도/ 봄을 잊지 말고"[54] 라는 노래에서 찾을 수 있다. 그 일화는 이미 헤이안 시대에 이야기 형태로 전해졌고, 중세에는 그 매화가 다자이후에 있는 미치자네 곁으로 날아갔다고 하여 '도비우메飛び梅'[55]라는 전설까지 만들어졌다.

매화와의 신비로운 애정을 그린 이 전설 속에 등장하는 미치자네는 실로 호감이 가는 학자이자 귀족이었다. 그러나 실제의 미치자네는 전설과는 매우 다르게 나조

---

53 통례적으로 관청은 '大宰府', 지명은 '太宰府'라고 쓴다. 율령제에서 지쿠젠(筑前)에 두었던 지방관청이다. 규슈(九州) 모든 지방의 행정에 대한 통할(統轄), 외국사절의 접대, 해안방비 등의 일을 보았다. 후쿠오카 현(福岡縣) 다자이후시(太宰府市)에 그 유적이 있다.

54 원문은 "こち吹かば匂ひおこせよ梅の花あるじなしとて春な忘れそ".

55 '날아가는 매화'라는 의미이다.

차도 좋아하기 힘든 융통성이 결여된 타입의 학자였던 것 같다.

미치자네는 쇼와承和[56] 12년(845)에 태어났다. 스가와라 집안菅原家은 고대 호족인 하지 씨土師氏의 자손이었다. 이들은 나라奈良 시대에 헤이조쿄平城京[57]에 있는 스가와라菅原라는 지역[58]에 본거지를 두고 있었으므로 그에 연유해서 스가와라菅原로 성을 고쳤다. 원래는 상장喪葬에 관련되는 일을 하는, 특히 하니와埴輪[59] 등을 만드는 직능집단이었던 듯하며 교토로 옮겨와 살게 되면서 학문과 관련된 가문으로 변해 갔다. 아버지 고레요시是善도 미치자네 자신도 뛰어난 학문적 재능을 지닌 사람으로 모두 다이가쿠노가미大學頭[60]나 몬조하카세文章博士[61]를 역임했다. 미치자네는 특히 우다 천황宇多天皇[62]의 신임을 얻어 우대신右大臣[63]에 임명되었다. 그것은 큰 정치 세력이 되었던 후지와라씨藤原氏에게 대항시키기 위한 파격적인 임용이었다. 하지만 미치자네는 성격이 너무 꼼꼼하고 도량이 좁은 인물이었던지 주위 사람들과 자주 충돌하여 반감과 불쾌감을 사는 일이 많았다. 재능이 풍부한 학자에게 흔히 볼 수 있는 타입이다. 우다 천황의 뒤를 이은 다이고 천황醍醐天皇[64]도 미치자네를 가까이 하기가 쉽지 않았던 모양이다. 그러한 점 등도 원인이 되어 그를 제거하려는 좌대신左大臣 후지와라노 도키히라藤原時平[65] 같은 사람들의 중상모략으로 다자이후로 유

---

56 닌묘(仁明) 천황대 연호의 하나이다. 834~848년에 해당한다.

57 8세기 초, 현재의 나라 시(奈良市)에 당나라의 도읍지인 장안(長安)을 본 따 조영된 도성(都城)을 말한다. 710년 겐메이(元明) 천황이 후지와라쿄(藤原京)로부터 천도하고 784년 간무(桓武) 천황이 나가오카쿄(長岡京)로 천도할 때까지, 덴표 문화(天平文化)의 중심지로서 번영하였다.

58 현재의 나라 시(奈良市) 스가와라 정(菅原町) 부근이다.

59 고분의 외부에 늘어 놓여진, 유약을 바르지 않고 저온에 구워낸 토제품을 가리킨다. 성역(聖域)을 나타내기 위해서 늘어놓은 것이라고도 하며 분구토(墳丘土)가 붕괴되는 것을 막기 위한 것이라고도 한다.

60 고대 일본의 율령제도 하에서 다이가쿠료(大學寮)의 장관(長官)을 말한다. 종5위(從五位) 이상에 상당한다.

61 고대 일본의 율령제도 하에서 대학(大學) 학과의 하나인 문장과(文章科) 교관의 장(長)이다.

62 (867~931). 제59대 천황(재위 887~897)이다. 친정(親政)을 행하려고 하였지만, 관백(關白)이었던 후지와라노 모토쓰네(藤原基經)에 의해 뜻을 이루지 못하였다. 모토쓰네의 사후는 스가와라노 미치자네를 기용하여 정치의 폐해를 시정하기 위해 노력하였다.

63 고대 일본의 율령제도 하에서 태정관(太政官) 관명의 하나이다. 태정대신(太政大臣)·좌대신(左大) 다음 서열에 해당한다. 좌대신(左大臣)과 마찬가지로 태정관(太政官)의 정무를 통괄한다.

64 (885~930). 제60대 천황(재위 897~930)이다. 우다 천황의 첫 번째 황자로, 스가와라노 미치자네를 우대신(右大臣)으로 등용하여 '엔기노치(延喜の治)'라고 불리는 천황친정을 행하였다.

65 (871~909). 헤이안 전기의 조정대신이다. 모토쓰네(基經)의 아들로, 좌대신(左大臣)에 올랐다. 스가와라노 미치

배당하게 된다. 그렇지만 당시의 율령제도[66]는 귀족에게 형벌을 가할 수 없도록 되어 있었다. 그래서 '다자이노 곤노소치太宰權帥'[67]로 강등되는 조치가 취해진다. 이렇게 하여 미치자네는 다자이후로 유배당하게 되었고, 2년 정도 후에 그곳에서 사망하게 된다. 그때가 그의 나이 59세였다.

그의 유명한 업적으로는 『간케분소菅家文草』[68]나 『간케코슈菅家後集』[69] 등의 시문집을 들 수 있다. 또한 그의 성격을 단적으로 알 수 있는 것으로는 견당사遣唐使[70] 폐지를 건의한 점을 들 수 있다. 결국 견당사는 폐지되었고 그것은 결과적으로 국풍문화國風文化[71]를 낳게 되었다. 그렇지만 이는 시간이 지난 후의 평가이며 견당사에 임명된 미치자네가 겁에 질려 이런저런 이유를 늘어놓으며 폐지 쪽으로 몰고 간 것이 그 진상인 것 같다. 그에게는 바다 저편의 새로운 학문을 흡수하자고 하는 모험이나 지적호기심이 결여되어 있었던 것이다.

원령怨靈으로 창출된 미치자네의 혼령

미치자네는 확실히 정적政敵의 중상모략으로 실각되었고, 유배당한 다자이후에서 자신이 결백함을 주장하며 그 불운함을 한탄하였다. 그러나 '호겐의 난保元の

자네를 다자이노 곤노소쓰(大權帥)로 좌천시켜 후지와라 가문(藤原氏)의 지위를 확보하였다.
66 대보율령(大寶律令)·양로율령(養老律令)에 규정된 제도, 또 율령격식(律令格式)에 의해 운영되고 규정된 정치체계이다.
67 '다자이노 곤노소쓰'라고도 한다. 영외(令外) 벼슬의 하나로, 고대 일본의 율령제도 하에서 다자이후 장관의 권관(權官)을 말한다. 중앙의 고관이 좌천되어 부임한 경우에는 그 본인이 실무를 접할 수 없었다.
68 한시문집(漢詩文集)이다. 12권으로 되어 있다. 스가와라노 미치자네의 작품으로 900년에 성립되었다. 전반부 6권은 시로 되어 있고, 후반부 6권은 부(賦)·명(明)·찬(贊)·주상(奏狀)·원문(願文) 등으로 되어 있다. 정식 명칭은 『道眞集』이다.
69 한시집(漢詩集)이다. 1권으로 되어 있으며 903년 이전에 성립되었다.
70 나라 시대부터 헤이안 시대 초기에 걸쳐 일본이 당나라에 파견한 사절을 말한다.
71 헤이안 중기에서 후기에 걸쳐 발달한 일본풍의 귀족문화를 가리킨다. 견당사 중지에 의해 당풍(唐風)은 옅어지고, 가나(仮名)로 쓰여진 문학, 귀족 주택 양식인 신덴즈쿠리(寢殿造り), 전통적인 중국 회화 양식이 아닌 일본의 풍경·풍속을 그린 야마토에(大和繪), 정토교 예술 등이 발달하였다.

다자이후로 향하는 미치자네가 탄 배(기타노 텐만구 소장)

亂'(1156~1177)**72**에서 패하고 사누키讚岐**73**로 유배되어 그 지역에서 죽게 된 스토쿠 상황崇德上皇**74**처럼 자신을 그런 처지로 떨어뜨린 정적을 원망하고 저주하면서 이 세상을 떠나갔던 것은 아니다. 즉 미치자네는 사후에 원령이 되어 정적에게 복수하리라는 생각 따위는 하지 않고 죽은 것이다. 그가 살아 있었을 때의 행적을 보더라도 나의 견해로는 그다지 위력적이었다고는 생각되지 않는다.

그럼에도 불구하고 미치자네의 혼령은 사후 40년 정도 지나 '텐만 다이지자이텐진'으로 모셔지게 된다. 미치자네 생전의 의사와는 별도로 미치자네를 특별한 신으로 모시게 되는 메카니즘이 그의 사후에 생겨나게 된 것이다.

즉 미치자네의 혼령이 덴교天慶**75** 5년(942) 7월 12일, 교토 우경右京 7조條 2방坊 13정町에 사는 다지히노 아야코多治比文子라는 가난한 여자에게 탁선託宣을 내려, 자신

---

72 호겐(保元) 1년, 1156년 교토에서 발발한 내란이다. 황위 계승에 관한 스토쿠 상황(崇德上皇)과 고시라카와 천황(後白河天皇)과의 대립에 섭관가(攝關家)의 후지와라노 요리나가(藤原長)와 다다미치(忠通)의 가독권(家督權)이 관련되어 무사단을 불러들여 싸우게 되었고, 상황쪽이 패배하였다. 상황은 사누키(讚岐)로 유배당하고, 요리나가(賴長)는 전쟁에서 부상을 입고 사망하였다. 이 난은 다음의 무가(武家)정권 성립의 발단이 되었다.

73 옛 지방명의 하나. 가가와 현(香川縣) 전역에 해당된다.

74 (1119~1164). 제 75대 천황(재위 1123~1141)이다. 이름은 아키히토(顯仁)이며, 도바(鳥羽) 천황의 첫 번째 황자이다. 도바 상황의 힘에 의해 이복인 고노에(近衛) 천황에게 양위를 하고, 나중에 '호겐(保元)의 난'을 일으켰다가 사누키(讚岐)로 유배되어 그곳에서 죽음을 맞는다.

75 스자쿠(朱雀) 천황대의 연호 중 하나이다. 938~947년에 해당한다.

이 생전에 놀던 우콘바바右近馬場에서 제사지내도록 하였다. 이것이 '덴만 다이지자이덴진'의 출현, 즉 기타노 텐만구가 창건되는 발단이 되었다. 그러나 아야코의 탁선은 돌연한 사건이 아니었다. 그것은 선학의 연구에 의하면 40년에 걸친 역사를 지니고 있었다. 미치자네가 죽은 후 교토에는 연달아 이변이 생겼다. 그것이 미치자네의 원령에 의한 것이라는 소문이 퍼져, 이윽고 '덴만 다이지자이덴진'의 창출이라고 하는 형태로 낙착되는 것이다.

그 과정을 간단히 더듬어 보자. 미치자네가 사망한 해로부터 삼 년에 걸쳐서 천재天災가 계속되고 또한 역병의 유행으로 인해 많은 사망자가 생겼다. 더 나아가 월식月食과 동시에 대혜성大彗星의 출현 등 천체의 이변이 계속되는 가운데 미치자네의 원령에 대한 소문이 귀족들의 입에 오르내리며 갖가지 불행한 사건은 미치자네의 원령과 관련 있다는 말로 번져나갔다. 엔기延喜[76] 8년(908) 5월, 발해국渤海國의 사신을 접대하려고 하였는데, 대낮에 심한 뇌우가 내려 식장이 침수해 버렸기 때문에 이 예정은 연기되었다. 그리고 분주하게 이 준비를 하고 있던 후지와라노 스가네藤原菅根[77]가 8월에 사망한다. 그는 미치자네의 추방에 깊이 가담한 사람이었다. 다음 해 4월에는 유배사건의 중심 인물이었던 좌대신 도키히라時平가 39세로 병사한다. 그는 병중에 미치자네의 원령이 괴롭히자 고승들에게 부처의 힘을 빌려 재앙을 물리치는 기도를 하게 하였다. 『기타노 텐진 엔기北野天神緣起』[78] 등에 보이는 전승에 따르면 영적 능력이 뛰어난 것으로 유명한 기요쿠라净蔵에게 기도를 하게 하였더니, 미치자네의 혼령이 나타나서 좌우 귀에서 청룡靑龍을 꺼내어 들고는, 동행한 기요쿠라의 아버지 미요시 기요유키三善清行[79]에게 "천제天帝의 허락을 얻어 원적怨敵에게 복수

---

76 다이고(醍醐) 천황대의 연호 중 하나이다. 901~923년에 해당한다.
77 (856~908). 헤이안 전기 중기의 공경(公卿), 학자이다. 쇼타이(昌泰) 2년(899)에는 몬죠하카세(文章博士), 이듬해에는 구로도노토(藏人頭)를 지냈다. 엔기(延喜) 원년 스가와라노 미치자네의 좌천이 있을 때 우다 상황의 의향을 거슬렀다 하여 한때 다자이노 다이니(大宰大貳)로 강등되었다.
78 그림으로 이야기가 설명되어 있는 두루마리 형식의 그림책(繪卷)이다. 작자미상의 가마쿠라(鎌倉) 시대의 작품으로, 스가와라의 원령담(菅公怨靈譚), 기타노덴진의 유래·영험을 그리고 있다.
79 (847~918). 헤이안 시대 전기의 학자이다. 기요쓰라(きよつら)라고 부르기도 한다. 몬조하카세(文章博士)·다이가쿠노토(大學頭) 등을 역임하였다.

하려고 하는데 너의 아들 기요쿠라가 방해하고 있다. 즉각 그만 두게 하여라."라고 말하였다. 기요유키가 기요쿠라에게 기도를 그만두고 나가게 하였더니 도키히라는 곧바로 즉사했다고 한다. 기요유키는 미치자네와 라이벌 관계에 있던 학자였다.

불행은 그 뒤로도 멈추지 않았다. 엔기 13년(912), 미나모토노 히카루源光⁸⁰가 죽었는데 그도 유배사건의 관계자였다. 다음해에는 교토의 좌경左京에서 큰불이 났고, 그 다음해인 15년에는 천연두가 크게 유행하였다. 또한 엔기 23년(923) 3월에는 다이고 천황의 황태자 야스아키라 친왕保明親王⁸¹이 23세로 급사한다. 그의 부인은 도키히라의 딸이었다.

여기까지 이르자 궁중에서는 원령에 대한 공포가 극에 달했다. 가모사이賀茂祭⁸²는 정지되었고 궁중에서는 요괴출현이 끊임없이 보고되었으며, 항간에서는 미치자네의 원령과 그 밖의 요괴에 관한 소문으로 가득하였다. 그래서 다이고 천황은 미치자네의 원령을 달래기 위해 좌천을 명한 선명宣命⁸³을 소각한 뒤 우대신으로 복귀시키고 직위를 올려 정이위正二位의 벼슬을 내렸다. 주지한 바와 같이 이러한 원령을 위로하는 방법은 간무 천황이 사와라 친왕早良親王⁸⁴의 원령을 위로하려 한 방법과 같은 것이었다.

그러나 원령의 재앙은 계속되어 엔초延長 3년(925)에는 다음 황태자인 요시노리 왕慶頼王⁸⁵도 다섯 살로 죽게 되고, 엔초 8년 6월에는 다이리內裏⁸⁶의 세이료덴清涼殿⁸⁷을

---

80 (845~913). 닌묘(仁明) 천황의 세 번째 황자이다.
81 스가와라노 미치자네를 다자이후로 좌천시킨 후지와라 도키히라의 여동생의 아들이다. 친왕(親王)이란 황족남자의 신위(身位) 중 하나이다. 현 제도에서는 적출(嫡出)인 황실의 남자 및 적출 남계의 적출 황손의 남자를 말한다.
82 아오이 마쓰리(葵祭)를 말한다. 아오이 마쓰리는 교토 시의 가미가모 신사(上賀茂神社)와 시모가모 신사(下鴨神社) 양사에서 지내는 제례이다. 제일은 원래 4월 중의 호랑이날(寅日)이나 현재는 5월 15일에 행한다. 헤이안 시대에 '마쓰리'라고 하면 이 마쓰리를 의미할 정도로 성대하였다.
83 한문체로 쓴 조칙을 이른다.
84 (750?~785). 781년 형이었던 간무 천황이 즉위에 오르면서 황태자가 된다. 후지와라노 다네쓰구(藤原種継) 암살사건에 연루된 일로, 지금의 효고 현(兵庫縣) 아와지시마(淡路島)에 해당하는 아와지(淡路)로 유배당하는 도중에 단식하여 목숨을 끊는다. 원령을 두려워하여 스도 천황(崇道天皇)이라는 추호가 내려졌다.
85 야스아키라(保明)의 아들이다.
86 천황이 사는 대궐을 뜻한다.
87 천황이 사는 대궐인 헤이안쿄(平安京) 다이리(內裏)의 전사(殿舍) 중 하나이다. 천황이 일상적으로 거주하는 곳

직격한 낙우落雨로 인해 다이나곤大納言[88]이었던 후지와라노 기요타카藤原淸貴를 비롯하여 구교公卿[89] 여러 사람이 사망하는 대참사가 발생한다. 이 충격으로 천황도 병으로 드러눕게 되어 9월에는 히로아키라寬明(후에 스자쿠 천황朱雀天皇이 됨)에게 양위하지만, 그 보람도 없이 며칠 후에 죽어버린다. 자신을 유배시킨 주모자인 도키히라時平를 비롯하여 주요 관계자의 목숨을 차례로 빼앗고, 결국에는 천황의 목숨까지도 앗아가 버렸기 때문에 미치자네의 원령은 압도적인 승리를 거둔 셈이다.

'신'으로 모셔지는 미치자네의 혼령

기타노 텐만구北野天滿宮는 메이지明治 시대의 신불분리神佛分離[90]까지는 천태종天台宗의 만슈인曼殊院[91]이 사무를 맡아보는 '진구지神宮寺'[92]였다. 그러나 그 '신사'의 발단은 이제까지 보아온 도우노미네데라多武峯寺[93]나 다다인多田院[94] 등의 경우와는 크게 다르다. 그것들은 '영묘靈墓'가 발전해서 사원이 되었고, 그러다가 메이지 시대

이다. 근세 초기에 다이리를 조영한 후 세이료덴(淸凉殿)은 의식전용이 되었다.

88 고대 일본의 율령제도 하에서 좌·우대신 다음으로 태정관(太政官)의 차관(次官)에 해당되었던 직명이다. 대신(大臣)과 함께 정무를 심의하고, 천황에게 주상(奏上)이나 선하(宣下)를 담당하였다.

89 중국의 삼공구경(三公九卿)에서 나온말로 공(公)과 경(卿)의 총칭이다. 공은 태정대신(太政大臣), 좌·우대신, 경은 대납언(大納言)·중납언(中納言), 3위(三位)이상의 조관(朝官) 및 참의(參議)를 말한다.

90 1868년 3월, 메이지 정부에 의해 행하여진 고대 이래의 신불습합(神佛習合)을 금한 명령을 가리킨다. 이에 의해 전국에 폐불훼석(廢佛毁釋)운동이 일어났다.

91 만주인이라고도 부른다. 교토시 좌경구(左京區)에 있는 천태종에 속하는 절로, 기타노 신사(北野神社) 별당사(別當寺)이다. 엔랴쿠(延曆) 연간(782~806)에 사이초(最澄)가 히에잔(比叡山)에 세웠고, 1656년에 현재의 장소로 옮겨졌다. 일본의 독특한 정원양식인 쇼인(書院) 정원과 함께 경내 전체가 명승으로 지정되어 있다.

92 신사에 부속하여 세워진 사원(寺院)을 말한다. 신불습합사상이 나타나게 되면서 사승(社僧)이 신사의 제사를 불교식으로 거행하였다. 1868년 신불분리에 의해 폐절 또는 분리되었다.

93 도노미네(多武峯)의 깊은 산 속에 있다. 후지와라노 가마타리(藤原鎌足)의 장남이 아버지의 묘를 셋쓰(攝津)에서 이 지역으로 옮겨 13층탑을 세운 것이 기원이며, 나중에 도노미네데라(多武峯寺)로 고쳐졌다. 메이지 시대의 신불분리령에 의해 신사로 다시 태어나게 되었으며 사원 건축을 그대로 간직한 신사로서 독특한 분위기를 자아내고 있다.

94 효고 현(兵庫縣) 가와니시 시(川西市)에 있었던 절이다. 970년 다다 미쓰나카(多滿仲)가 창설하고, 미나모토 가문(源氏)의 선조 대대로 위패를 안치하는 절이 되었다. 현재는 다다 신사(多田神社)라고 부른다.

가 되어 묘지에 잠들어 있는 인물을 제신으로 모시는 신사가 된 것이었다. 그러나 흥미롭게도 기타노 텐만구의 경우는 민간의 무녀와 같은 아야코가 탁선에 따라 모신 작은 사당이 발전한 것이다. 아야코는 사전社殿을 만들 재력이 없었기 때문에 자기 집 한쪽에 모양만 갖춘 작은 사당을 지어 조용히 모셨던 것이다. 그리고 나서 5년 후 덴랴쿠天曆[95] 원년(947), 이번에는 오미近江 지방[96]의 히라구 신사比良宮神社 신직神職인 미와노 요시타네神良種의 일곱 살 먹은 아들인 다로마루太郎丸에게 "소나무가 하루 밤사이에 돋아나는 땅에 나를 모셔라."라는 탁선을 내렸다. 그곳이 기타노北野의 사콘바바左近馬場였다. 그래서 요시타네와 아야코, 그리고 아사히데라朝日寺의 승려 사이친最鎭이 협력해 이 지역에 사전을 조성하여 미치자네의 혼령을 모시게 되었다. 즉 미치자네의 혼령은 민간 종교인의 손에 의해 '신'으로 모셔지기 시작한 것이다. 그것은 당초부터 신직과 무녀, 그리고 승려가 공동으로 모신 신불습합神佛習合[97]적인 '신'으로, 다시 말해 일본에서 처음으로 '텐만 다이지자이텐진·텐만 다이이도쿠텐天滿大威德天'이라고 하는 독자적인 '신'의 이름을 획득한 '인신人神'이었던 것이다.

여기에서 유의할 점이 있는데, 미치자네의 원령이 '신사社'를 만들어 자신을 모시라고 명했다고 하는 것은 그 시점에서 원령 스스로가 원령임을 그만두겠다고 선언했다는 것과 같은 의미라는 점이다. 비록 작은 사당일지라도 신으로 모셔짐으로써 더 이상 원령이 아니게 되는 것이다. 일찍이 기타노 텐만구를 방문했을때 나를 응대해 주었던 한 신직은 신으로 모신 후 100년이라는 세월이 지나서야 미치자네의 원한이 완전히 정화되었다고 말한다. 그만큼 강력하고 무서운 원령이었던 것이다.

이와 같이 기타노 텐만구는 절이나 묘를 모태로 하여 발전한 '영묘'가 아니며 거

---

95 무라카미(村上) 천황대의 연호 중 하나이다. 947~957년에 해당한다.
96 지금의 시가 현(滋賀縣) 지역이다.
97 일본 고래(古來)의 신과 외래종교인 불교가 혼합된 신앙을 말한다. 일찍이 나라(奈良) 시대부터 사원(寺院)에 신이 모셔지기도 하고, 신사에 신궁사(神宮寺)가 세워지기도 하였다. 헤이안 시대 무렵부터 본격적인 본지수적(本地垂迹)이 유행하여 료부신도(兩部神道) 등이 성립하였다.

기서 독립한 형태로 발생한 '신사'였다. 그러나 완전히 아무것도 없는 벌판에 '신사'가 새로 만들어진 것은 아니었다. 기타노에 이미 뇌신雷神을 모신 '덴진샤天神社'나 '히노미코샤火之御子社'98가 존재하고 있었고 그 일부를 빌리는 형태로 신사 지을 땅을 얻었던 것 같다. 왜 거기에 미치자네의 '신사'가 모셔진 것일까. 물론 탁선에 이끌려서겠지만 그 배경에는 미치자네의 원령이 뇌신의 형태를 띠었다는 점이 작용한 듯하다. 그 후의 역사를 보면 확실히 알 수 있는 것처럼 텐만구는 귀족과 같은 지배자 층의 두터운 신앙을 배경으로 개축이나 재건을 반복해가면서 큰 신사로 발전해갔다. 옛날부터 내려온 덴진샤 쪽에서 보자면 실로 처마 밑을 빌려주고 안채까지 빼앗긴 듯 한 사태가 벌어졌다고 할 수 있다.

  이런 유형의 신사 발생 과정을 살펴보면서 내가 항상 흥미롭게 생각하는 점은 그 '이야기物語'를 만들어 내고 전달하는 많은 사람들이 존재한다는 점이다. 이 이야기의 경우는 눈앞에서 일어나는 이변의 원인을 미치자네의 '원령'이라고 상상하고, 그 원령과 눈앞의 이변과의 사이에서 인과 관계를 찾아내고 있다. 그 이야기를 말하는 사람의 대표가 아야코이고 다로마루였다. 그리고 많은 사람들의 손을 거쳐 『기타노 텐진 엔기』라고 하는 이야기로 정착되어 간 것이다. 미치자네의 원령을 창출해 냄으로써 그 시대의 사건들이 하나의 이야기로 정리되고 만들어져서 시대를 넘어 우리에게 생생하게 전해주고 있는 것이다.

  그렇다 하더라도 왜 미치자네가 원령이 될 수 있었던 것일까? 그것은 필시 소년 시절부터 재능을 발휘하고 이상하리만큼 빠른 出世를 하였으며, 그러다 갑자기 패배하여 도성을 떠난 후 결국에는 교토라는 도성으로 돌아오지 못한 채 몰락해 버리고 마는, 누가 보더라도 깊은 인상을 줄 만한 인생을 보냈기 때문일 것이다. 그러한 비극적인 인생에 대해 후세 사람들이 원령이야기를 만들어 냈던 것이다. 그 만들어낸 이야기 속에서 미치자네가 신이 되어 모습을 나타낸 것이다. 그것을 후세

---

98 현재도 본사(本社)의 제신(祭神)과 인연이 깊은 신을 모신 섭사(攝社)로서 존재한다.

사람들은 '인신人神'으로 부르거나 '영신靈神'으로 부르기도 하였다. 이렇게 하여 사람을 신으로 모시는 전형으로서 스가와라노 미치자네의 원령 전승은 자리 잡게 된 것이다.

사쿠라 소고로佐倉惣五郎
―도쇼지東勝寺 소고 영당宗吾靈堂―지바千葉―

사쿠라 소고로의 이야기

오늘날 널리 사람들 입에 오르내리고 있는 사쿠라 소고로의 이야기는 나리타成田와 사쿠라佐倉[99]지방에 전해져 오던『지조도 쓰야 이야기地藏堂通夜物語』라는 책에 근거를 두고 있다고 한다. 이 이야기는 사쿠라 시佐倉市 쇼인지勝胤寺에 있던 지장당地藏堂에서 공양을 올리는 날 밤, 여러 지방을 순례하며 하룻밤 머물고자 하는 순례자에게 소고로 부부의 망령이 소고로의 이야기를 들려주는 형식을 띠고 있다.

시모우사下総 지방[100] 인바 군印旛郡 사쿠라의 성주城主는 홋타 마사모리堀田正盛였는데, 마사모리가 죽은 후 아들인 마사노부正信가 가업을 계승했다. 마사노부는 백성에게 막중한 세금을 부과했기 때문에 백성들은 세금을 감당하기 위해 논밭과 산림을 팔거나 노역을 나가 연공年貢을 지불했지만, 그렇지 못한 백성들은 일가가 뿔

---

99 지바 현(千葉縣) 북부의 도시이다. 나리타(成田) 가도를 지나가며 에도(江戶) 시대에는 조카마치(城下町)였다.
100 옛 지명으로 지금의 지바 현 북부와 이바라키 현(茨城縣)의 일부이다.

뽈이 흩어지게 되었다. 나누시名主[101]들은 연공의 경감을 요구하며 군다이郡代[102]·간조가시라勘定頭[103]·가로家老[104]에게 호소를 했으나 전혀 받아들여지지가 않았다.

곤경에 처한 영지領地 내의 나누시들은 서로 상의한 결과 에도江戶에 있는 홋타 저택에 가서 연공을 경감해 줄 것을 탄원했지만, 응대조차 해주지 않았다. 그래서 영주의 한사람이었던 소고로의 제안으로 로주老中[105]인 구제야마토久世大和 수령守令에게 가고소駕籠訴[106]를 하게 되었다. 다행히 직소는 일단 받아들여졌다. 그러나 며칠 후 로주의 저택에서 내려진 명령은 가고소를 한 것은 괘씸한 일이지만, 각별히 자비를 베풀어 소송을 되돌린다는 것이었다. 자신들의 염원이 성취되리라 생각하고 있었던 나누시들의 실망과 낙담은 헤아릴 수 없을 정도로 컸고, 마침내 그들은 쇼군將軍에게 직소할 것을 결의한다. 직소는 소고로 혼자서 하기로 하고, 쇼군 이에쓰나家綱[107]가 우에노上野에 있는 간에지寬永寺[108]를 참배할 때 결행하기로 했다. 소고로는 시타야下谷의 히로코지廣小路[109]에 있는 구로몬黑門 앞 다리에서 숨어 있었다. 그리고 쇼군과 그 일행이 그 곳을 지나가자 다리에서 튀어나와 장대 끝에 소장을 끼워 내밀었다. 쇼군의 측근들이 소장을 받고 소고로를 내쫓았다. 소고로는 소장을 받아준 기쁨에 행렬의 뒷모습을 향해 세 번 절을 하고는 그 곳을 떠나 숙소에 머물러 있던 나누시들과 축배를 올렸다.

---

101 에도 시대 막부직할지의 정(町)과 촌(村)의 장을 말하며 신분은 상인과 농민이었다. 서일본에서는 쇼야(庄屋)라고 하고 동북지방에서는 기모이리(肝煎)라고 불렀다.

102 가마쿠라(鎌倉)·무로마치(室町) 시대에는 각 지방의 경비 및 치안 유지를 담당했으나 뒤에 강대해져서 영주화(領主化)되었다. 에도 시대에는 막부의 직할지를 다스리던 직명이었다.

103 에도 막부의 직명으로 재정·소송을 관장하던 관청이다.

104 에도 시대 다이묘(大名)의 중신(重臣)으로 무사를 통솔하고 가무(家務)를 총괄하던 직책을 말하며, 하나의 번(藩)에 여러 명이 있었고 보통은 세습을 했다.

105 에도 막부의 쇼군에 직속하여 정무를 총괄하고 다이묘를 감독하던 직책으로 정원이 4~5명이었다.

106 에도 시대 차례를 밟지 않고 직접 영주나 막부에 소청하던 월소(越訴) 중 하나로 다이묘의 가마를 기다려 직소하는 것을 말한다.

107 도쿠가와 이에쓰나(1641~1680). 도쿠가와 제4대 장군으로 이에미쓰(家光)의 장자이다.

108 도쿄 우에노 공원에 있는 천태종의 절로 1625년에 개산했다. 역대 주지는 법친왕(法親王)이며 도쿠가와 가문의 개인사찰이었다.

109 도쿠가와 장군의 간에지(寬永寺)로의 참배길에 해당되며 에도 시대를 통해 니혼바시(日本橋)와 함께 번화가로서 활기찼다.

직소장直訴狀은 쇼군에게서 다음 교대자인 이노우에 가와우치井上河內 수령에게 건네졌으며 그 평결 결과가 훗타 마사노부에게 내려졌다. 마사노부는 체면을 잃고 저택으로 돌아갔으며, 곧장 가로들을 불러 그 책임을 캐물어 연공의 경감을 명하고 영지의 관리책임자들을 에도로 불러들였다. 그러나 관리들은 자신들의 잘못을 감추고 이러한 사건을 일으킨 소고로야말로 극악무도한 인간이므로 극형에 처해야한다고 주장했다. 마사노부도 이들의 주장을 받아들여 소고로 부부는 책형磔刑[110]에, 아이들 또한 사형에 처하며 논밭은 몰수한다는 처분을 내렸다. 가로들은 형을 가볍게 해야 한다고 진언했지만, 격노한 마사노부는 전혀 들으려 하지 않았다.

소고로는 죄수들을 태우는 수레에 실려 사쿠라로 보내져 형장으로 끌려갔다. 소고로는 "나는 사리사욕을 위해 직소를 한 것이 아니라 만민을 구하기 위해 한 것이다. 그런데도 어린아이까지 죽이는 것은 도리에 어긋난 짓이 아닌가. 나는 이렇게 죽지만 나의 뜻은 이승에 머물러 3년 내에 마사노부를 지옥으로 불러들여 그 자손들에게 오래도록 울분을 맛보게 할 것이다."라는 말을 남기고 숨을 거두었다. 백성들의 바람은 이루어졌지만, 그 주모자인 소고로 일가는 극형에 처해지는 서글픈 결말이었다.

그 후 소고로 부부의 저주가 나타났다. 마사노부의 처가 임신 중에 남녀의 울음소리가 들린다든가 도깨비불이 보인다는 등의 이상한 일이 생겼고, 그녀는 기도한 보람도 없이 죽어버린다. 마사노부도 산킨參勤[111]중에 말을 타고 사쿠라로 되돌아가 버리기도 하고 시녀를 망령으로 잘못 알고 죽이는 등의 광기 때문에 가록家祿[112]과 저택을 몰수당한다.

---

110 옛날 죄인을 나무기둥에 묶어놓고 찔러 죽이던 형벌이다.
111 에도 시대에 다이묘들을 일정기간 에도에 머물도록 하여 다이묘를 통제했던 제도를 말한다.
112 한 집안이 세습적으로 물려받는 녹봉, 즉 집안에 주는 봉급을 뜻한다.

소고 영당宗吾靈堂을 방문하다.

늦은 벚꽃이 피기 시작 할 무렵, 사쿠라 소고로를 모신 나리타 시成田市 소고宗吾 소재의 '소고 영당'을 방문했다. 나로서는 첫 참배였다. 게이세이센京成線 전철로 우에노上野에서 약 한 시간 거리의 소고 참도宗吾參道 역에서 내려, 새로 정비된 참도參道[113]를 천천히 걷다가 막다른 골목에서 오른쪽으로

도쇼지 본당과 소고 영당

돌아가다 보면 소고 영당의 대문이 보인다. 문의 안팎에는 참배객을 노린 가게가 즐비하게 늘어서 있다. 그러나 벚꽃 철이 지난 평일이어서인지 참배객은 뜸했다.

본서에서 지금까지 다뤄온, 사람을 신으로 모시고 있는 종교시설이란 성격이 상당히 다르긴 해도 모두 신사였다. 그런데 소고 영당은 신사가 아니고, 진언종眞言宗의 풍산파豊山派 별격 대본산別格大本山 명종산 동승사鳴鐘山東勝寺라는 절이다.

그렇다고 해도 절이 사람의 혼령을 신으로 모시고 있다는 것 자체는 그다지 이상한 일이 아니다. 예를 들면 진언종 총본산인 고야산高野山[114]의 오쿠노인奧の院[115]은 고보 다이시弘法大師 구카이空海[116]의 묘지인 동시에 구카이의 혼령을 모신 '당堂'에 해당한다고도 볼 수 있다. 그러한 예는 본서에서 다룬 단잔 신사談山神社[117]나 다다

---

113 신사나 절에 참배하러 가기 위해 만들어진 길이다.
114 와카야마 현(和歌山縣)에 있는 산으로, 진언종의 영지로서 816년 구카이(空海)가 진언종의 총본산인 금강봉사를 창설했다.
115 주로 사원의 본당보다 안쪽의 가장 좋은 곳에 위치하며 영불 또는 개산(開山)한 창시자등의 영(靈)을 안치하는 곳으로 고야산(高野山)의 것이 유명하다.
116 헤이안(平安) 초기의 승려로 진언종의 개조(開祖)이다.
117 나라 현(奈良縣) 사쿠라이 시(櫻井市)에 있는 별격관폐사로 주제신은 후지와라노 가마타리(藤原鎌足)이다. 경내에는 무로마치 시대의 건축에 해당되는 일본 유일의 목조 13층탑이 있다.

신사多田神社도 메이지 초기의 폐불훼석廢佛毀釋[118]·신불분리神佛分離 때 신사가 된 것으로, 이전에는 도우노미네데라多武峰寺, 다다인多田院이라는 절이었으며 경내의 구조는 후지와라노 가마타리藤原鎌足[119]나 미나모토노 미치나카源滿仲[120]의 묘, 즉 공양을 드리는 영묘靈廟와 본당 그 밖의 불교적 시설로 나뉘어져 있었기 때문이다. 따라서 만약 도우노미네데라로 하든 다다인으로 하든 신불분리 때에 절이 되는 것을 택했다면 고야산의 경우처럼 사원으로서 존속하는 것이 가능했을지도 모른다.

나는 당초 소고 영당도 그런 절일 것이라고 예상하고 있었다. 그런데 그런 내 생각이 완전히 빗나가버린 것이다. 참도에 들어서서 조금 걷다보면 오른편에 원령이 되어 영주에게 재앙을 내렸다는 전승이 담긴 사쿠라 소고로의 '묘'가 있다. 분명 훌륭한 묘이다. 하지만 이 정도의 묘는 어느 공동묘지에나 있는 것으로 '소고레하카宗吾靈御墓'라는 푯말만 없으면 이 절의 고승 중 어느 한 분의 묘일 것이라고 생각하고 지나쳐 버릴지도 모른다.

인왕문을 빠져나가자 정면에 훌륭한 본당이 세워져있고 '소고 영당'이라는 편액이 걸려있다. 본당에 들어가 보았다. 내가 상상했던 것은 중앙에 대일여래大日如來라든가 관음보살, 비사문천毘沙門天[121]이라는 불상이 안치되어있고 그리고 그 옆쪽과 안쪽에 소고의 혼령이 모셔져있는 것은 아닐까 하는 것이었다. 그런데 놀랍게도 본존 그 자체가 '소고손레이宗吾尊靈' 혹은 '소고사마宗吾樣'라 불리는 소고로의 혼령이었다. 본존은 보통 때는 볼 수 없고 9월 2일부터 3일까지 소고의 기일忌日에만 개방된다고 한다. 닫힌 '본존의 단' 앞에 커다란 거울이 설치되어있다. 신불혼효神佛混淆[122]의 시대에는 이러한 광경이 보통이었는지 모르지만 내게는 왠지 묘한 느낌이 들었다.

---

118 불교를 배척하고 절·불상을 부수는 등, 메이지 초기에 신불분리로 일어났던 불교배척 운동을 말한다.
119 후지와라 씨의 선조로 나카노오에(中大兄) 황자를 도와 소가 씨(蘇我氏)를 멸하고 다이카가이신(大化改新)에 큰 공을 세웠다. 단잔(談山) 신사에 모셔져 있다.
120 헤이안 중기의 무사로 미나모토노 쓰네모토(源経基)의 장자로 태어났다.
121 사천왕의 하나이다.
122 일본 고유의 신과 불교가 결합된 신앙, 즉 신불습합(神佛習合)을 의미한다.

소고로를 모시는 두개의 종교시설

이 약간 평범하지 않은 절은 어떠한 경위로 이렇게 된 것일까? 가부라키 유키히로鏑木行廣의 연구에 의하면 도쇼지東勝寺의 경우, 에도 시대에는 에도의 미로쿠지彌勒寺의 말사末社로 본존은 대일여래였다. 사전寺傳에 의하면 창건된 유래는 정이대장군征夷大將軍[123]인 사카노우에노 다무라마로坂上田村麻呂[124]가 보소房総[125]를 정복했을 때 전사자를 추모하기 위해 건립했다고 되어있다.

도쇼지는 다이쇼大正 10년(1921)에 현재의 위치로 이전한 것으로 그전까지는 지금 자리에서 서쪽으로 1킬로미터 정도 떨어진 가네우치鐘打라는 곳에 있었다. 현재 위치한 곳은 도쇼지를 창립한 창시자라고도 불리는 조유澄祐가 사형을 당한 소고로의 유해를 형장터에 매장한 장소이다. 거기에 도쇼지가 관리하는 작은 법당이 세워졌고 그것이 재건을 거듭한 끝에 커다란 공양당으로 발전했으며, 메이지明治 43년(1910)의 화재로 소실되었던 영당이 재건되었을 때 도쇼지도 이곳으로 옮겨졌던 것이다. 아마 이때 본존이 대일여래에서 소고 영신宗吾靈神으로 바뀌었을 것이다. 이후 사쿠라 소고로를 모시는 영당으로 현재에 이르고 있다. 도쇼지 입구에 있는 상점사람들 말로는 불경기가 되면 소고로를 찾는 참배객이 늘어난다는 것이다. 즉 불경기를 호경기로 바꾸어주는 '신'으로 전국 각지에서 신자가 참배하러 온다고 한다.

그런데 우리들의 관심상 간과할 수 없는 것은 소고로의 묘인 공양당에서 발전한 소고 영당과는 별도로 소고로의 혼령을 모시는 종교시설이 한군데 더 존재하고 있다는 사실이다.

그것은 에도 시대의 '구치노묘진口の明神'에서 발전하여 메이지 시대부터는 소고로를 '사쿠라 소고로 다이묘진佐倉宗五郎大明神', '기노우치 소고로다이진木内宗吾郎大神'으

---

123 가마쿠라(鎌倉) 시대 이후 무력과 정권을 쥔 막부의 주권자의 직명으로 쇼군(將軍)이라 한다.
124 (758~811). 헤이안 초기의 무사로 정이대장군이 되어 에조(蝦夷) 정벌에 큰 공을 세웠다. 교토의 기요미즈데라(清水寺)를 건립했다.
125 아와(安房) 지방과 가즈사(上總)·시모우사(下總)의 총칭이다.

사쿠라 소고로의 묘지

로 모시고 있던 '구치노진자口の神社' 또는 '구치노미야진자口の宮神社'라 부르는 신사이다. 메이지 시대에는 이 신사를 근거로 해 사쿠라 소고로를 현창하는 신직神職이 있었다고 한다. 그렇지만 다이쇼 8년(1919)에 본전과 배전의 소실에 의해 종교시설로서의 기능을 잃고, 그 결과 소고 신앙은 소고 영당에 통합된 것이다.

게이세이다이사쿠라京成大佐倉 역에서 남쪽으로 올라가는 언덕 주변은 예전에 마사카도산將門山이라 불렸으며, 속설에 의하면 여기에 다이라노 마사카도平將門[126]의 집이 있었고 마사카도의 아버지 요시마사良將의 본거지가 있었다고 한다. 산 속안에는 막말幕末에 다이라노 마사카도를 모신 '다이라노신노샤平親王社'와 '묘켄샤妙見社', 그리고 앞에서 언급한 '구치노묘진자口の明神社'가 모셔져 있고 그것을 보살피는 별당사는 가까이에 있는 진언종의 호주인寶珠院이었다.

엔쿄延享 3년(1746) 데와出羽 지방의 야마가타山形 번주였던 홋타 마사스케堀田正亮가 로주老中로 취임함에 따라 사쿠라로 영지를 옮겼다. 마사카도산의 구치노묘진은 이 홋타 마사스케가 건립한 것으로 되어있다. 영지에 부임한 마사스케는 소고로의 원령전승을 들었는지 소고로가 사형을 당한 조오承應 2년(1653)으로부터 100년이 되는 호레키寶曆 2년(1752)에 번藩 주최로 소고로 100주기 제사를 올리고 계명을 받아 구치노묘진에서 년 2회의 제례를 행하도록 지시를 내렸다. 이후 이 구치노묘진이 소고로의 영을 '묘진明神'[127]으로 모시는 신사가 된 것이었다.

이 지역에 소고로의 영을 모시게 된 이유의 하나로서, 이미 거기에 소고로의 영

---

126 헤이안(平安) 중기의 무장이다.
127 위엄과 덕이 있는 영험스러운 신, 혹은 신의 존칭이다.

을 모시는 신사 혹은 사당이 있었기 때문이라고도 볼 수 있다. 아마도 원령화한 마사카도의 신사가 원령화했다는 소고로의 영을 불러들인 것은 아닐까?

아무튼 에도 시대의 '구치노묘진'이 메이지 시대의 '구치노미야진자'였다. 필자가 자의적으로 판단컨대, 구치노묘진과 그 별당사였던 호주인이 신불분리 때 잘만 대처했다면 이쪽이 '소고 신사'로서 소고로 신앙의 거점이 될 수 있었을지도 모른다. 그러한 조건은 충분히 갖추어져 있었던 것이다. 그러나 다이쇼 8년의 화재로 사전社殿을 소실한 후 재건은 이루어지지 않았고 지금은 작은 사당만이 남아 있을 뿐이다.

역사적 사실史實에 등장하는 사쿠라 소고로와 그의 원령화

그렇다면 도쇼지가 관리하는 공양당이나 구치노묘진을 신앙의 거점으로 하여 널리 알려진 사쿠라 소고로란 어떠한 인물이었을까? 과연 그는 실제인물이었을까?

소고로는 고다마 유키오兒玉幸多의 연구에 의하면 실제인물이었다. 역사적 사실에 따른 사쿠라 소고로는 사쿠라 번내의 고즈 촌公津村에 살았던 기노우치 소고로木內惣五郎라는 농민으로 마을 안에서도 최고의 전답과 택지를 갖고 있었는데, 어떤 사정으로 인해 조오 2년(1653)에 아이들 4명과 함께 형벌을 받아 죽었다. 그 후 재앙이 있다는 소문이 퍼져 마을 사람들이 작은 사당을 지어주었고, 마침내는 사쿠라 번도 그 제사에 깊이 관여하게 되었다는 정도 밖에는 밝혀지지 않았다. 그 외의 것은 거의 전설이나 이야기 거리에 지나지 않는다.

쇼토쿠正德 5년(1715)의 『총엽개록総葉概録』에 의하면 형벌로 죽은 후 얼마 안 있어 농민들 사이에서 당시의 영주였던 홋타 마사노부堀田正信와 그의 일족에게 재앙을 일으키는 소고로 원령의 소문이 나돌고, 농민들에 의해 원령을 애도하고 진정시키기 위한 '소고구総五宮'라고 불리는 사당도 만들어지게 된 것 같다. 그 원령전설이 부풀려지고, 약간의 내용 차이를 보이는 '사쿠라 소고로 이야기佐倉惣五郎物語'가 만들어졌던 것이다.

소고로 전승을 부풀린 계기가 된 것이 홋타 마사스케의 법요法要였다. 법요는 그 때까지의 소문을 추인하는 형태를 취했기 때문이다. 그 소문의 내용은 본래는 상호 연관이 있을 리가 없는 소고로의 죽음과 그 당시의 사쿠라 번의 영주인 홋타 마사노부의 불행을 결부시키는 것이었다. 즉 소고로 원령의 재앙으로 홋타 집안에 불행이 끊이질 않다가 마침내는 영지와 가록을 몰수당하게 되어버렸다는 것이다.

구치노묘진을 건립했다는 홋타 마사스케는, 소고로가 재앙을 내렸다는 홋타 마사모리의 직계 자손이 아니다. 사쿠라의 번주 홋타 마사노부는 쇼군인 이에미쓰家光의 죽음과 함께 순사한 부친 마사모리의 뒤를 이어 번주가 되었다. 그러나 그는 막부의 정치를 비판했다는 이유로 가록과 저택을 몰수당했으며 신슈信州의 이다 번飯田藩, 와카사若狭의 오바마 번小濱藩, 그리고 마지막에는 도쿠시마 번德島藩으로 좌천되었다가 세상을 마쳤다. 야마가타山形에 부임한 마사스케는 홋타 마사모리의 3남인 마사스케의 자손에 해당된다. 예전 본가 혈통에 해당되는 선조 마사노부의 거성이었던 사쿠라성에 들어간 마사스케의 심중은 복잡했을 것이다. 그때 마사스케는 마사노부가 가록과 저택을 몰수당한 원인이 사형당한 소고로의 재앙 때문이었다는 소문을 듣게 되었던 것이다. 그래서 구치노묘진의 건립(재건이라는 설도 있지만)과 100주기 법요에 이르게 되었던 것이다.

역사가는 거기에서 추선追善공양뿐만 아니라 사쿠라 번 백성의 마음을 위무慰撫한다는 성격도 읽어내고 있다. 왜냐하면 이러한 일을 함으로써 흉작 때에 영주에게 품게 될 불만을 조금이라도 누그러뜨릴 수 있기 때문이라는 것이다.

첫 부분에 소개한 『지조도 쓰야 이야기』는 세부적으로 차이를 갖는 전본傳本이 많고 어느 계통의 전설이 오래된 것인지는 쉽게 판단할 수 없지만, 필사 연대를 확인할 수 있는 가장 오래된 사본이 메이와明和 8년(1771)의 것이다. 따라서 호레키 2년(1751) 새 영주인 홋타 마사스케가 소고로의 100주기 법요를 성대하게 개최한 것을 계기로 소고로에 대한 관심이 다시 환기되어 그것을 배경으로 이야기적인 윤색이 한층 가해져 만들어진 것으로 보인다. 이른바 이 시기에 구전 차원의 전설만이 아니라 책을 매개로 한 문헌상의 전설도 생겨난 것이다.

사쿠라 소고로의 의민義民 전승의 전개

이러한 전승이 지역적인 차원에서 전국적인 차원으로 확대되어 가는 실마리가 된 것은 소고로 전설에서 소재를 얻어 가에이嘉永 4년(1851) 첫 공연을 한 가부키歌舞伎 '히가시야마 사쿠라소시東山櫻莊子'의 대히트였다. 막말에서 메이지에 이르는 시대는 정치적으로나 경제적으로 불안정한 시기로 각지에서 농민의 잇키一揆[128]라든가 소동이 빈발했다. 그러한 세태 속에서 막부의 탄압을 각오하고 감히 목숨을 걸고 잇키를 성공시킨 소고로의 이야기를 연극으로 올린 것이다. 그것이 대성공한다.

사쿠라 소고로 역할을 맡은 가부키 배우의 그림

'히가시야마 사쿠라소시'는 이치가와 자단지市川左團次[129]가 시모우사 지방에 있는 나리타의 신쇼지新勝寺를 참배할 때, 오쿠라 조자에몬小倉長左衛門이라는 사람의 집에 전해지는 『지조도 쓰야 이야기』를 근거로 해서 만들어졌다고 되어있다.

개작을 거듭하면서 메이지에서 쇼와昭和 초기까지 빈번하게 상연되었고 이것에 자극을 받아 고단講談[130]이나 료쿄쿠浪曲[131]에도 받아들여졌으며, 그렇게 해서 많은 사람들에게 알려지게 되었다는 것이다.

---

128 영주들의 횡포에 대한 토착민들의 무장봉기를 말한다.
129 에도 시대의 가부키(歌舞伎) 배우이다. 가부키는 일본의 전통예능 중 하나이다.
130 사람을 모아 돈을 받고 하는 만담이나 야담을 가리킨다.
131 샤미센(三味線)을 반주로 하여 주로 의리나 인정을 노래한 대중적인 창으로 나니와부시(なにわ節)라고도 한다.

소고로의 이야기가 히트한 배경에는 소고로를 농민의 잇키를 성공으로 이끈 선구자로 간주하는 사고가 작용하고 있었다. 더욱이 메이지 시대의 우에노 에다모리植野枝盛와 같은 자유민권가도 민권의식의 뿌리를 소고로의 행동에서 찾아내 그것을 적극적으로 추켜세우려 했다. 그것은 이야기 속에 그려진 소고로를 독자들이 사정에 따라 새롭게 해석한 것으로 보다 구체적으로 말하면 새로운 '신격화神格化'였다. 사실 메이지 이후 각지에 건립된 소고로를 제신祭神으로 하는 신사의 대부분은 농민들이 관청이나 이웃마을과의 분쟁에서 자신들의 승리로 끝나기를 바라는 염원을 담아 건립한 것이 대부분이다.

즉 원령형 의민義民 전승으로 떠오른 소고로의 이야기는 농민봉기나 소요騷擾의 영웅·수호신형 의민 전승 또는 민권의 선구자로서 떠받들어야만 할 의민의 이야기로서 정착되었던 것이다. 우리들 대부분이 알고 있는 사쿠라 소고로의 이야기는 허와 실이 뒤섞여 버렸지만, 이러한 과정을 거친 전승인 것이다.

남을 빠뜨릴 구멍에
자신도 빠진다

—

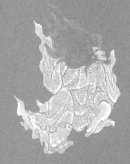

'남을 빠뜨릴 구멍에
자신도 빠진다'

　우리는 현대 사회에 존속하는 '저주' 신앙이나 '저주' 증후군에 관심을 가지고 있다. 여기서는 고치 현高知縣 모노베 촌物部村에 전승되고 있는 이자나기류いざなぎ流의 '스소의 제문呪詛の祭文'과 민속종교인이 행하는 시키가미式神 조종법인 '시키호式法'에 대한 현지조사를 계기로 일본 '저주'의 문화사, '저주' 신앙의 시스템에 주목하였다.

　그 결과 다다른 것은 개인 차원부터 크고 작은 다양한 사회집단, 그리고 국가 차원에 이르기까지 모든 곳에서 발견되는 '불제祓除'=정화의 시스템이었다.

　이 '불제'라는 관점에서 '저주'를 다시 보았을 때, '저주' 신앙의 의미는 지금까지 독자가 지녀왔던 인상과는 매우 다를 것이다. '저주'는 개인 또는 사회집단이 '게가레ヶガレ'로서 제거해야 할 것의 레퍼토리 중 일부를 구성하는 매우 강력한 '게가레'의 원인이었던 것이다.

　또한 '불제'의 관점에 입각함으로써 '게가레'의 원인으로서의 '저주'에는 살아 있는 자의 저주뿐만 아니라, 신불神佛의 저주(재앙)나 죽은 자의 원령에 의한 저주(재앙)도 있으며, 특히 일본에서는 원령의 저주가 두려움의 대상이 되었다. 원령은 천재지변을 일으키고, 역병을 유행시키고, 농작물을 고사시키거나 수확량을 격감시키는 해충이 발생하게 만들며, 또한 많은 사람들의 생명을 빼앗을 수도 있었다. 이에 비하면 살아 있는 자의 저주는 대단한 것이 아니었는지도 모른다. 살아 있는 자의 '저주'는 원적조복怨敵調伏·적국조복敵國調伏이라고 해서 기껏해야 한 명이나 두 명을 죽이려는 것이 고작이었다.

게다가 원령이나 신불의 '저주'에 대해서는 살아 있는 자가 '저주 되돌려주기'로 대항할 수 없었다. 물론 신불을 향해서 중세 사람들처럼 '저주 행위'를 할 수는 있었다. 그러나 큰 효과를 기대할 수는 없었다. 살아있는 자가 원령을 주술로 죽일 수는 없는 노릇이었다. 그렇기 때문에 산 자는 신불이나 원령의 저주에 대해 오직 그 '게가레'를 정화하여 저 세상으로 보내든가, 아니면 모시든가 하는 수 밖에 대처 방법이 없었다.

이에 비해 살아 있는 자의 '저주'는 정화하여 없애거나 진좌시키는 것 이외에 적 보다 더 강력한 '저주'로 적을 죽일 수 있었다. '저주 되돌려주기'는 즉 '불제'이기도 했기 때문이다.

또 하나 중요한 점이 있다. '저주'는 개인의 마음속에 생긴 원념을 정화하는 것에 그치지 않고, 저주하지도 않은 인간을 '저주 행위'를 한 범인으로 날조하는 시스템을 낳았다. 즉 어느 날 갑자기 당신이 누군가를, 집단을, 또는 국가를 저주했다고 고발하여서 사실유무를 떠나 당신을 정화시켜 없애는 시스템을 만들어낸 것이다. '저주' 신앙이란 이와 같이 복잡하고 두려운 '불제' 시스템이기도 한 셈이다. 그 때문일까. '남을 빠뜨릴 구멍에 자신도 빠진다'는 말이 있듯이 저주를 걸면 그 저주가 자신에게 돌아온다고 해서 규제를 가했다.

물론 현대에는 '저주'에 대해 효과가 없다고 간주한다. 독자는 '저주' 신앙이 쇠퇴하고 효과가 없다고 여겨지는 현대에 태어난 것을 다행으로 생각할지도 모른다. 그러나 나는 그것이 진정으로 다행스러운 일은 아니라고 본다. 왜냐하면 '저주'는 개인이나 사회집단의 정화 시스템이며, 달리 표현하자면 네거티브 형태를 띤 인간들의 커뮤니케이션, 즉 인간을 서로 규제하는 윤리적인 코드 시스템이었다고도 생각하기 때문이다. 그것을 잃어버린 우리는 인간인 이상 마음속에서 어쩔 수 없이 생겨나는 원념을 어떻게 정화하면 좋을까.

분명 '저주 행위'가 없는 '저주'가 현대에도 다양한 형태로 표출되고 있으며, 의례 없는 '불제'도 음으로 양으로 행해지고 있다. 그러나 이 '저주'와 '불제'는 인간을 구원하기보다는 인간을 한층 더 나락으로 끌고 가는 것으로 보인다. 만약 저주가 효과있는 것이라면 우리는 횡포를 부리는 권력자를 저주할 수 있으며, 권력자측도 저주를 두려워하며 자기규제를 할 것이다. 삼각관계가 악화됐을 때도 칼부림을 하기 전에 저주 행위가 원념을 정화시켜 줄지도 모른다.

지금 사람들의 관심은 효과가 있을 리 없는 '주술'과 '저주'로 다시 향하고 있는 것처럼 보인다. 사람들은 이러한 '저주' 속에서 무엇을 찾으려는 것일까.

지은이 후기

고분샤光文社
문고판 후기
—

고분샤光文社 문고판 후기

이 책의 원고는 고분샤光文社의 갓파·사이언스ヵッパ·サィェンス 시리즈 중 하나로 간행된『일본의 저주日本の呪い』(1988년)이다. 이번 문고판 제작에 맞추어 제목을『저주와 일본인呪いと日本人』이라고 바꾸면서 내용도 약간의 보완과 삭제 및 수정을 하였다.

이 책을 집필할 무렵, 고치 현高知縣에 전해지는 '이자나기류いざなぎ流' 조사에 노력을 기울이고 있었다. 그리고 이 이자나기류가 음양도陰陽道 계통의 저주신앙을 현저하게 전하고 있는 것을 알게 되었고, 그 신앙을 일본의 신앙사 속에 어떻게 자리매김 할 수 있는지에 대해 고심하였다.

지금은 상당히 개선되었지만, 그 무렵은 놀랍게도 일본 저주의 역사는커녕, 일본 음양도의 역사조차 아직 제대로 정리되어 있지 않았다. 그래서 어쩔 수 없이 이자나기류를 파악할 수 있는 단서를 찾아 다양한 책에 단편적으로 기록되어 있는 자료를 뒤적이며 직접 저주의 역사를 엮을 수밖에 없었다.

처음에는 고대부터 현대에 이르는 저주의 역사를 차근차근 조사한 통사적 저서를 구상하였다. 그러나 결국 역사가도 아니고 일본문학자도 아닌 나로서는 도저히 불가능하다는 생각이 들었기 때문에 수중의 자료를 어떻게든 연결시켜서 한권의 책으로 만들어 일본 저주신앙의 윤곽을 드러내고자 하였다.

아무래도 나는 '요괴'든 '가미카쿠시神隠し'[1]든 '백귀야행 그림 두루마리百鬼夜行繪巻'든 간에 원하는 선행연구가 없으면 무모함을 무릅쓰고 직접 연구의 공백을 메우려고 도전하는 성격인 듯싶다. 이번 '저주' 관련 저서도 그러했다.

내가 저주라는 문제에 대해 고심하면서 알게 된 것은, 현대에는 저주를 포함한 주술이나 의례, 제사가 그동안 담당했던 역할을 상실하였고, 저주를 박멸해 온 과학·합리적 사고는 그 대체 역할을 충분히 해내지 못하고 있다는 점이다.

예를 들어 최근 일본인의 정신상태의 추이를 나타내는 키워드라고도 할 수 있는 것으로 '썰렁하다', '메스껍다', '열받다', '가정폭력', '스토커 살인' 등의 어휘가 있다. 이것은 일본인의 마음이 갈수록 황폐해지고 있다는 사실을 말해준다.

이러한 상황 앞에서 나는 이제 되돌릴 수 없더라도 예전에는 마음의 폭주를 멈추게 하는 문화장치가 존재했음을 생각해보는 일이 중요하다고 생각하기에 이르렀다. 이 책에서 제시하였듯이 저주는 평소 친분이 있는 사람의 오만이나 모진 처사, 배반에 대한 억울함, 원념, 질투의 발로 장치이며 그 우선적인 해소장치였다.

'카타르시스'라는 단어가 있다. 원래는 고대 그리스의 의학·종교적 개념으로, 병원체를 체외로 배출한다는 의미이며 그 병원체를 '카타르마'라고 하였다. 이것은 옛 일본에서의 '모노노케物の怪'에 해당되는 것으로, 그 뜻이 변하여 마음속에 있는 '응어리'(저주하는 마음)를 의례나 연극 등을 통해서 정화하는 것을 의미한다. 말하자면 '우시노토키 마이리丑の時參り'와 같은 일본의 저주법에도 그러한 기능이 있었다.

그런데 그러한 카타르시스를 위한 문화가 쇠퇴함에 따라 개인의 체내에 응어리져 있는 '저주하는 마음'이 폭주하기 시작한 것은 아닐까. 그렇다면 일본의 전통적인 저주법에 의탁함으로써 조금이라도 마음의 '응어리'를 해소할 수 있을지 모른다고 생각하였다. 다만 카타르시스로는 '악'을 바로 잡을 수 없으므로, 이를 위해서는

---

1 어린아이나 여성이 갑자기 행방불명되는 일을 가리킨다. 옛날에는 덴구(天狗)나 산신의 소행이라고 생각하였다.

어떻게 하면 좋을지 다음 단계에서 냉정하게 생각해 봐야 할 것이다.

어쨌든 저주 문화사의 구축을 생각하는 과정에서 위정자, 민중, 그리고 개인의 '고뇌'와 '악恶'이 떠올랐다. 이 책에서는 대략적인 형태를 기술하는 데에 그쳤으나 앞으로 누군가에 의해 저주의 문화사에 대한 면밀한 구축 및 검토와 저주의 사회적 기능에 대한 분석이 이루어질 필요가 있을 것이다. 이 책은 그것을 촉구하는 선구적이며 야심찬 시도였다.

2014년 6월 1일

고마쓰 가즈히코小松和彦

저주하는 일본인 저주받는 일본인

———

옮긴이 후기

　2014년 여름방학을 이용하여 일본 교토京都에 들렀다가 나의 일본유학 시절 은사이신 고마쓰 가즈히코小松和彦 선생님으로부터 당신의 최근 저서 한권을 선물 받았습니다. 책 제목이『呪いと日本人』(角川書店, 2014)이었습니다. 우리말로 번역하면 '저주와 일본인'이라는 의미입니다. 나중에 숙소로 돌아와서 책을 대충 훑어보니 일본의 민속문화에 관한 재미있는 내용으로 가득했습니다. 언젠가 이 책을 한국어로 번역하여 소개했으면 좋겠다는 생각을 했었는데, 이번에『저주하는 일본인 저주받는 일본인』이라는 제목으로 출판하게 되었습니다.

　저자 고마쓰 가즈히코 선생님은 현재 교토에 위치한 국제일본문화연구센터의 소장으로 재직하고 계십니다. 문화인류학 및 민속학 분야를 연구하시는 학자로, 일찍이 한국에서도『일본인은 어떻게 신이 되는가』(김용의 외역, 2005, 민속원),『일본의 요괴학 연구』(박전열 역, 2009, 민속원) 등의 저서가 번역되기도 했습니다. 저자의 약력에 대해서는 이들 번역서에도 대략 소개되어 있으므로 여기서는 중복하여 소개하지 않겠습니다.

　고마쓰 선생님은 당신의 뜻과는 상관없이 흔히 일본에서 '요괴 연구의 제일인자'로 알려져 있습니다. 일본문화사, 일본사상사, 그리고 일본문학사에서 차지하는 요괴의 비중이 얼마나 크고 중요한 가를 당신의 수많은 저작을 통해서 일관되게 강조하셨기 때문입니다. 자칫 흥미위주로 다루기 쉬운 '요괴'라는 존재를 본격적인 학문의 영역으로 끌어들여 '요괴학'이라는 학문을 개척한 연구사적 공로가 적지 않습니다. 그 때문인지 고마쓰 선생님은 문화인류학자 및 민속학자로서의 명성뿐만 아니라 대중적으로도 널리 알려져 있습니다. 지금도 각종 대중매체 및 강연회에서 '고마쓰 가즈히코'라는 이름을 쉽게 찾아볼 수가 있습니다. 그 공로를 일본정부로부터 인정받아, 2013년에 자수포장紫綬褒章을 수여받고 2016년에는 문화공로자 표창을 받기도 했습니다.

본서는 프롤로그, 1장 되살아나는 '저주'의 세계, 2장 왜 사람들은 '저주'를 두려워하는가, 3장 어떻게 저주하는가, 4장 저주를 푸는 방법, 에필로그, 부록으로 구성되어 있습니다. 부록은 역자의 판단으로『일본인은 어떻게 신이 되는가』(2005, 민속원)에 수록된 몇몇 글을 새로 추가하여 함께 실었습니다. 이들 글은 아베노 세이메이安倍晴明, 이노에 내친왕井上內親王·사와라 친왕早良親王, 스가와라노 미치자네菅原道眞, 사쿠라 소고로佐倉惣五郎에 관한 것입니다. 모두 원서에서 저자가 자주 언급하고 있는 인물들로 일본의 '저주문화'를 이해하는 데에 필요한 역사적으로 중요한 인물들입니다. 이들 글을 함께 읽으면 독자들이 본서를 이해하는 데에 도움이 되실 것으로 판단했습니다.

본서의 본격적인 번역작업은 2016년 가을에 시작하였습니다. 제2학기에 필자가 담당하는 전남대학교 일어일문학과 대학원 수업을 수강하는 대학원생 및 강사 선생님들과 윤독을 하며 번역을 시작하였습니다. 윤독이 끝난 후에 최종적으로 송영숙, 김희영, 주혜정, 최가진 선생님과 함께 번역을 마무리하였으며, 대학원생 차주연 씨는 주로 역주달기 작업을 도왔습니다. 대학원의 사제지간에서 어느덧 학문적 동료로 크게 성장한 이들에게 고마움을 전하며 출판의 기쁨을 함께 나누고자 합니다. 그리고 늘 격려해 주시는 민속원의 홍종화 대표님, 역자들에게 힘을 보태주신 편집부 여러분들께 진심으로 감사드립니다.

2018년 11월 30일
김용의

가

자

차_타_파

지은이 _

고마쓰 가즈히코 小松和彦

1947년에 도쿄東京에서 태어났다. 현재 국제일본문화연구센터國際日本文化硏究センター 소장을 맡고 있다. 도쿄도립대학東京都立大學 대학원 사회과학연구과(사회인류학) 박사과정을 수료하였다. 전공은 문화인류학·민속학이다. 전공 분야와 관련한 100여권에 이르는 저서 및 편저를 저술하였다. 저서로는『異人論』(靑土社),『憑靈信仰論』(ありな書房),『いざなぎ流の研究 : 歷史のなかのいざなぎ流太夫』(角川學藝出版),『異界と日本人』(角川選書),『神隱しと日本人』(弘文堂),『妖怪文化入門』(角川文庫),『妖怪學新考』(小學館) 등이 있다. 편저로는『妖怪學の基礎知識』(角川選書),『記憶する民俗社會』(人文書院),『人生儀禮事典』(小學館) 등이 있다. 2013년에 일본 정부가 학문 및 예술 등에 공적이 있는 사람에게 수여하는 자수포장紫綬褒章을 받았다. 2016년에 일본 정부로부터 문화공로자로 선정되어 수상하였다. 그리고 2018년에는 교토시에서 수여하는 문화공로자를 수상하였다.

옮긴이 _

김용의 金容儀

전남대학교 일어일문학과 교수. 전남대학교 일어일문학과를 졸업하고 중앙대학교 대학원 일어일문학과(문학석사)에서 일본신화를 공부하였다. 일본 오사카대학 대학원 일본학과(문학석사 및 문학박사)에서 일본문화학(민속학)을 전공하였다. 주요 저역서로『도노 모노가타리』(역서),『유로설전』(역서),『혹부리 영감과 내선일체』(저서),『일본설화의 민속세계』(저서),『일본의 스모종교의례인가 스포츠인가』(저서) 등이 있다.

김희영 金希英

전남대학교 일어일문학과 강사. 전남대학교 일어일문학과 및 인류학과를 졸업하고 동 대학원에서 일본문화학 전공으로 박사학위를 받았다. 주요 저역서로『무라야마 지준의 조선 인식』(저서),『일본 문화의 현장과 현재』(공저),『종교민속학』(공역) 등이 있다. 그밖에도「오키나와의 가미우간 '아가리우마이'의 변용과 그 현재적 의의」등의 논문이 있다.

송영숙 宋英淑

전남대학교 일어일문학과 강사. 전남대학교 일어일문학과 석사 및 박사과정에서 일본문화학(일본설화) 전공으로 석사 및 박사학위를 받았다. 주요 저역서로『現代に生きる妖怪たち』(공저),『일본 문화의 현장과 현재』(공저),『일본 민담의 연구와 교육』(공역) 등이 있다. 그밖에도 일본의 동물설화와 불교설화에 관한 다수의 논문이 있다.

주혜정 朱蕙貞

청암대 재일코리안 연구소 학술연구교수. 전남대학교 일어일문학과에서 일본문화학 전공으로 박사학위를 받았다. 주요 저서로는『재일코리안의 생활 문화와 변용』(공저),『일본 문화의 현장과 현재』(공저) 등이 있다. 그밖에도「최양일 영화의 마이너리티 연구 : 공간의 폭력성을 중심으로」,「재일코리안이 바라본 광주민주화 운동」등의 논문이 있다.

차주연 車周娟

전남대학교 호남학연구원 연구원. 전남대학교 일어일문학과에서 일본문화학 전공으로 석사학위를 받고 박사과정을 수료하였다. 주요 저역서로『일본 문화의 현장과 현재』(공저),『동중국해 문화권』(공역) 등이 있다. 그밖에도「에도가와 란포의『변격 탐정소설』에 나타난 '이계'」,「에도가와 란포의『애벌레』다시 읽기」등의 논문이 있다.

최가진 車周娟

울산대학교 일본어·일본학과 박사후연구원. 전남대학교 일어일문학과에서 일본문화학 전공으로 박사학위를 받았다. 주요 저역서로『일본문화의 전통과 변용』(공저),『일본 문화의 현장과 현재』(공저),『종교민속학』(공역),『일본 민담의 연구와 교육』(공역) 등이 있다. 그밖에도「『百物語』에 나타난 괴이의 유형 및 양상」등의 논문이 있다.

저주하는 일본인 저주받는 일본인

초판 1쇄 발행 2019년 1월 30일

지은이 고마쓰 가즈히코
옮긴이 김용의 · 김희영 · 송영숙 · 주혜정 · 차주연 · 최가진
펴낸이 홍종화

편집·디자인 오경희 · 조정화 · 오성현 · 신나래
　　　　　　 김윤희 · 박선주 · 조윤주 · 최지혜
관리 박정대 · 최기엽

펴낸곳 민속원
창업 홍기원 　**편집주간** 박호원
출판등록 제1990-000045호
주소 서울시 마포구 토정로 25길 41(대흥동 337-25)
전화 02) 804-3320, 805-3320, 806-3320(代)
팩스 02) 802-3346
이메일 minsok1@chollian.net, minsokwon@naver.com
홈페이지 www.minsokwon.com

ISBN 978-89-285-1236-2　94380
S E T 978-89-285-0359-9　94380

ⓒ 민속원, 2018, Printed in Seoul, Korea

※ 책 값은 뒤표지에 있습니다.
※ 잘못된 책은 바꾸어 드립니다.